Roland W. Wagner - Grundlagen der mündlichen Kommunikation

Bibliographische Information der Deutschen Bibliothek

Die Deutsche Bibliothek verzeichnet diese Publikation
in der Deutschen Nationalbibliografie;
detaillierte bibliografische Daten
sind im Internet über http://dnb.ddb.de abrufbar.

Schwanenplatz 2 - D-93047 Regensburg

Herstellung: Druckerei Millizer GmbH & Co.
Druck und Verlag KG, D-91161 Hilpoltstein

ISBN 3-922757-80-4

€ 16,-

Roland W. Wagner

Grundlagen der mündlichen ***Kommunikation***

Sprechpädagogische Informationsbausteine für alle, die viel und gut reden müssen

Illustrationen: Karin Schmurr

9., erweiterte Auflage 2004

bvs

Falls Sie wissen wollen, wer dieses Buch geschrieben hat...

Roland W(alter) Wagner kam 1952 in Regensburg als Sohn einer Lehrerin und eines Postbeamten auf die Welt. Sein Weg zum Hochschul-Sprecherzieher ergab sich aus einer Reihe von Zufällen: mit 14 ging er zu einer Jugendgruppe (DPSG), war mit 15 erstmals Gruppenleiter und musste - meist mangels Gegenkandidaten - im Laufe der weiteren Jahre relativ schnell „Karriere“ in der Jugendarbeit machen (z. B. war er von 1977-1981 Vorsitzender des Stadtjugendrings Regensburg). Ferner steckte er seine Nase neugierig und bereitwillig in die Politik: Früher betätigte er sich unter anderem ein paar Jahre lang als Ortsvereinsvorsitzender einer großen sozialen und demokratischen Partei; zur Zeit vertritt er als Bezirksbeirat die Interessen der Heidelberger West- und Südstadt. Damit verbunden waren und sind nicht wenige Gelegenheiten, das Reden und Verhandeln in diversen Gremien und Versammlungen zu beobachten und zu praktizieren.

Nach dem Zivildienst (in einem Krankenhaus) studierte er an der Universität Regensburg zunächst Germanistik, Geographie, Sozialkunde und Pädagogik. Ein weiterer Zufall (= eine nette Mitstudentin) führte ihn in ein Seminar der Sprechwissenschaft/Sprecherziehung, so dass er (nach siebzehn Semestern!) mit den Abschlüssen „Staatsexamen für das höhere Lehramt“ und „Sprecherzieher (DGSS)“ bzw. „Sprecherzieher (univ.)“ die Uni verlassen durfte. Der entscheidende Zufall war schließlich eine frei gewordene hauptamtliche Stelle für Sprecherziehung an der Pädagogischen Hochschule Heidelberg, die er seit dem Wintersemester 1981/82 innehat. Fast genauso lange ist er Lehrbeauftragter für Sprechwissenschaft und Phonetik an der Staatlichen Hochschule für Musik und Darstellende Kunst Stuttgart.

Was macht ein Sprecherzieher in seiner Freizeit? Zum Beispiel mit seiner Frau gerne gut essen gehen (soweit es sein 1996 geborener Sohn gestattet) oder verreisen (am liebsten nach Frankreich, Italien oder Sri Lanka), CDs bzw. DVDs kaufen (zu viel) und Musik hören (zu selten), aber auch als Vorsitzender des Baden-Württemberger „Berufsverband Sprechen“ (BVS) und Vorstandsmitglied der DGSS (Deutsche Gesellschaft für Sprechwissenschaft und Sprecherziehung) agieren, Fortbildungstagungen besuchen, die Fachzeitschrift „sprechen“ mitgestalten und ziemlich viel lesen.

Falls Sie wissen wollen, von wem die Zeichnungen sind...

Karin Schmurr lebt in Heidelberg und arbeitet als Sprecherzieherin, Sprechkünstlerin, Rhetorik- und Kommunikationstrainerin. Ihre zeichnerischen Fähigkeiten entwickelte sie weitestgehend autodidaktisch. Sie textet und zeichnet vorwiegend Unterrichtsmaterialien für Kommunikationstrainings. Die charakteristischen Knollnasenfiguren wurden nicht von Loriot oder Morillo beeinflusst, sondern entstanden durch Studien am Selbstportrait.

Inhaltsübersicht

>>>

(Fortsetzung der Inhaltsübersicht)

Vorwort

Über zweihundertvierzig Seiten „Informationsbausteine“ liegen vor Ihnen - da stellt sich vielleicht die Frage „was soll's“? Damit die „Grundlagen der mündlichen Kommunikation“ auch für Sie etwas bringen, stehen am Beginn einige kurze Vorbemerkungen.

Zur Entstehung der Texte:

Als Ende der achtziger Jahre immer mehr an der Pädagogischen Hochschule Heidelberg studieren wollten, brachte dies unter anderem für mich den Abschied vom traditionellen Veranstaltungsstil der Sprecherziehung. Früher war es möglich, in relativ kleinen Gruppen vorgetragene Informationen, Diskussionen und praktische Übungen zu kombinieren. Jetzt erzwingt die im Durchschnitt doppelt bis dreifach höhere Teilnehmer(innen)zahl ein rationelleres Vorgehen. Das Motto heißt nun: (Übungs-)Zeit gewinnen durch individuelle Lektüre - und so kam es zu den hier vorliegenden „Informationsbausteinen“.

Die Zielrichtung:

Die „Grundlagen der mündlichen Kommunikation“ richten sich nicht nur, aber in erster Linie an (künftige) Lehrerinnen und Lehrer. Sie wollen schließlich einen Beruf ausüben, in dem viel und gut geredet werden muss. Wer sich etwas weniger für die schul- und unterrichtsorientierten Aspekte interessiert, kann die entsprechenden Passagen schnell überlesen.

Einige Empfehlungen:

Gut Informierte genießen sicher viele Vorteile, aber durch das Lesen allein hat noch niemand das Kommunikationsverhalten entscheidend verändern können. Auch die „Grundlagen“ können und wollen keine sprecherzieherischen Übungen und Seminare ersetzen. Sie enthalten jedoch vieles von dem, was üblicherweise dort gesagt wird oder gesagt werden könnte, und sehr viel von dem, was aus Zeitgründen meist nicht gesagt werden kann. Sie ersparen zumeist das missliebige Mitschreiben und vermeiden manche Missverständnisse.

Trotzdem wird vermutlich nicht allen alles ganz klar sein, da vieles in den Veranstaltungen praktisch vorgeführt werden muss (kein Wunder bei der Thematik!) und Platz- und Kostengründe oft nur kurze Erklärungen erlaubten.

Wer also optimalen Nutzen aus der Lektüre ziehen will, handle nach dem Leitsatz: Lesen - Unklarheiten anstreichen - Expert(inn)en fragen! Dies gilt besonders für manche im Text beschriebene Übungen. Soweit sie nicht im Kurs praktiziert werden, können sie natürlich individuell ausprobiert werden. Falls dabei jedoch unangenehme Empfindungen auftreten, ist es höchste Zeit für eine Rücksprache!

Zur ersten Orientierung eine Inhaltsübersicht:

Die Zusammenstellung beginnt mit der allgemeinen Vorstellung der „Sprechpädagogik" (bzw. „Sprecherziehung") und ihrer Arbeit (Baustein 1).

Die danach im Baustein 2 abgedruckten Modelle und Grundsätze zur Kommunikation demonstrieren, wie viele Elemente Gespräche oder Vorträge beeinflussen können.

Baustein 3 stellt unsere Zentralbegriffe bei der Beurteilung von Sprech- und Redeleistungen vor; er kann außerdem als Analysebogen benutzt werden.

Das Hauptproblem „Lampenfieber" behandelt Baustein 4, er wird ergänzt durch die Beschreibung zweier wichtiger Entspannungsmethoden: „Progressive Muskelentspannung" und „Das autogene Training" (Nr. 5).

Zur „Körpersprache" (präziser: „Nonverbale Kommunikation") steht im Baustein 6 das Wichtigste.

Die „handwerklichen" (oder vielleicht besser: „mundwerklichen") Grundlagen von Atmung, Stimme und Aussprache (Artikulation) finden sich unter den Nummern 7, 8 und 9, während Nr. 10 Betonung (Intonation) und Vorlesen zu fördern versucht.

Tipps zum verständlichen Formulieren enthält Baustein 11; was zum anschaulichen Erzählen gehört, erklärt Nr. 12 (u. a. mit einem Anhang zu den Stilfiguren und Tropen).

Danach kommt die „klassische" rhetorische Kommunikation: Vortragsvorbereitung und Konzepttechnik (Nr. 13), Hilfreiche Strukturierungen (Nr. 14), Einleitung und Schluss (Nr. 15), Visualisierungen (Nr. 16), Argumentation (Nr. 17), Fragetechnik (Nr. 18) sowie Gesprächs- und Verhandlungsführung mit Moderation (Nr. 20). Es folgen einige Gedanken, wie anderen in Gesprächen geholfen werden kann (Nr. 20) - ein Thema, das nicht nur im pädagogischen Alltag besonders wichtig ist.

Der Sprachentwicklung und dem richtigen Umgang mit größeren Sprechproblemen widmet sich der „therapeutische" Baustein 21. Damit Sie sich in

Prüfungssituationen einigermaßen souverän verhalten können, wurde das Kapitel 22 in diese Auflage neu aufgenommen.

Wer noch mehr lesen will, kann sich im Baustein 23 über geeignete Fachliteratur informieren; und wer das erworbene Wissen abschließend selbst testen will, hat dazu mit Baustein 24 die Möglichkeit.

Und wo bleibt das Kapitel zum Unterrichtsgespräch? Diese berechtigte Frage verdient eine etwas ausführlichere Antwort. Es fehlt aus mehreren Gründen:

- Die bisher zum Unterrichtsgespräch veröffentlichte Literatur ist so umfangreich, dass eine Synopse den Rahmen dieses Buchs gesprengt hätte[1].
- Die in der Praxis erlebten Vorlieben der Mentor(inn)en, Rektor(inn)en und anderer Beurteiler(innen) sind so unterschiedlich, dass im Interesse einer guten Benotung allen Betroffenen nur empfohlen werden kann, die jeweils verlangten Prioritäten zu erfragen und zu befolgen.
- Ein gutes Unterrichtsgespräch zeichnet sich nach meiner Meinung vor allem durch Echtheit („Authentizität") und Motivation aus. Dies sind bekanntlich Eigenschaften, die sich durch Lektüre kaum fördern lassen.
- Gute Unterrichtsgespräche erfordern (wie andere Gespräche auch!) eine Reihe von grundlegenden Fähigkeiten, die im vorliegenden Buch systematisch geordnet behandelt werden, z. B. den nötigen „kommunikativen Durchblick" (vgl. Kap. 2 und 3), ausreichende Sicherheit (vgl. Kap. 4), angemessene Körpersprache (vgl. Kap. 6), verständliches und anschauliches Formulieren (vgl. Kap. 11 und 12), motivierende Einleitungen (vgl. Kap. 15), faire Argumentation (vgl. Kap. 17), souveräne Gesprächsleitungskompetenz (vgl. Kap. 19), aber auch das Geschick, anderen im Gespräch zu helfen (vgl. Kap. 20). Aufgabe der sprechpädagogischen Praxis ist es also, in den Übungen und Seminaren die jeweils individuell benötigten Empfehlungen zu liefern.

Eine kurze Bemerkung zum „Copyright" (©):

Da ich als Lehrkraft an einer Hochschule vom Staat einigermaßen gut entlohnt werde, ich deshalb nicht auf die Einnahmen aus dem Buchverkauf angewiesen bin und ich außerdem von nicht kontrollierbaren Verboten wenig halte, wird hiermit allen ausdrücklich erlaubt, die „Bausteine" oder Teile daraus bei Bedarf weiter zu verbreiten (z. B. in Form von Kopien für Unterrichtszwecke).

Einzige Bedingung: es darf dabei keinen individuellen materiellen Profit geben!

---

1 Eine kritische Darstellung einiger Ansätze zum Unterrichtsgespräch lieferte Martin BECK in seinem Buch „Unterrichtsgespräche. Zwischen Lehrerdominanz und Schülerbeteiligung. Eine sprechwissenschaftliche Untersuchung didaktischer Ansätze zur Unterrichtskommunikation." (St. Ingbert: Röhrig Universitätsverlag, 1994. 143 S.; € 14,-; Reihe: Sprechen und Verstehen. Schriften zur Sprechwissenschaft und Sprecherziehung, Band 6)

Eine Anmerkung zur Neuauflage...

Die hier vorliegende neunte Auflage wurde nicht nur im Layout modifiziert, sondern auch im Vergleich zur achten um ein Kapitel (zum Prüfungsgespräch) ergänzt; etliche Kapitel wurden erweitert. Somit haben sich im Vergleich zu früheren Auflagen fast alle Seitenangaben geändert.

Abschließend eine Bitte...

Dieses Buch wird alle paar Jahre neu aufgelegt, so dass Vorschläge zur Verbesserung bzw. Erweiterung stets willkommen sind. Möglichkeiten dazu gibt es für die Studierenden der PH Heidelberg in meinen Veranstaltungen und Sprechstunden, anderenfalls telefonisch (Nr. 47 73 11 Büro / 2 95 48 privat; Vorwahl jeweils 0 62 21), schriftlich (Goethestraße 8, 69115 Heidelberg) bzw. per E-Mail unter den Adressen rolwa@aol.com oder wagner@ph-heidelberg.de.

... und ein Dank:

Ich darf und will nicht vergessen, allen ganz herzlich zu danken, die mit Anregungen und Hilfe meine Arbeit unterstützten und die Herausgabe dieses Buches in der vorliegenden Form ermöglichten!

Heidelberg, im März 2004 Roland W. Wagner

Ein Hinweis für Sehbehinderte:
Auf Anfrage ist beim Autor eine Text-Diskettenversion zur Weiterverarbeitung in entsprechenden Geräten oder ein in doppelter Größe kopiertes Exemplar der „Grundlagen“ erhältlich.

Die Bestelladresse:
Roland W. Wagner, Goethestraße 8, 69115 Heidelberg bzw. über E-Mail unter der Adresse: rolwa@aol.com

GRUNDLAGEN DER MÜNDLICHEN KOMMUNIKATION
INFORMATIONSBAUSTEIN 1

Ziele und Möglichkeiten der Sprechpädagogik

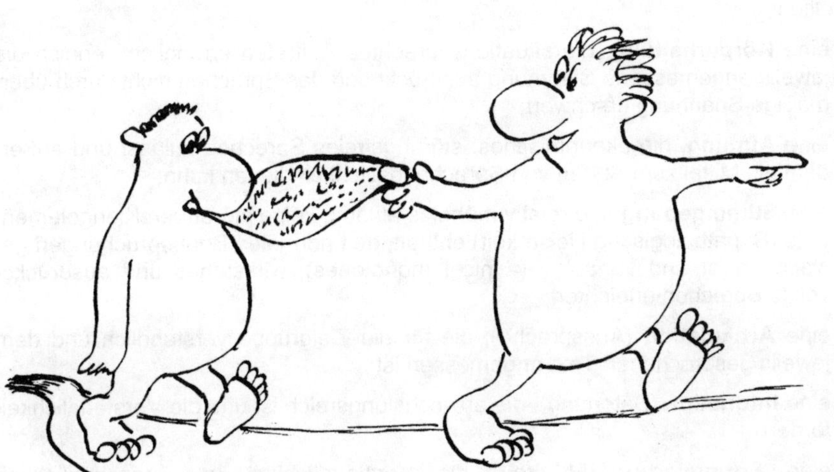

Was will die Sprechpädagogik?

Sprechpädagogik bzw. Sprecherziehung ist im deutschen Sprachraum kein Schulfach. Sogar an den meisten Hochschulen und Universitäten fehlen entsprechende Angebote. So kommt es, dass nur wenige wissen, welche Ziele dieses Fach verfolgt und welche Möglichkeiten es bietet. Um das Informationsdefizit zu beheben, wurde dieser Text geschrieben. Er enthält außerdem einige Prinzipien, die für unsere Arbeit - wenn sie „etwas bringen soll" - wichtig sind.

**Das grundsätzliche Ziel der Sprechpädagogik ist es,
die individuelle Gesprächs- und Redefähigkeit
soweit zu verbessern,
dass relativ störungsfreie Kommunikation entstehen kann,
also gutes „Miteinandersprechen" möglich wird.**

Konkreter und ausführlicher formuliert heißt dies, dass Sprechende im Rahmen der vorhandenen Möglichkeiten folgende Fähigkeiten besitzen bzw. erreichen sollten:

- eine **Körperhaltung**, die situationsgerechtes Auftreten ermöglicht, ehrlich die jeweils angemessene Stimmung ausdrückt und das Sprechen nicht durch übermäßige Spannung erschwert;
- eine **Atmung**, die ökonomisches, störungsfreies Sprechen zulässt und außerdem als Mittel zum Abbau von Sprechängstlichkeit dienen kann;
- eine **Stimmgebung**, die relativ mühelos abläuft, keine störenden Klangelemente (z. B. pathologische Heiserkeit) enthält, den normalen Beanspruchungen gewachsen ist und variables (= nicht monotones), wirksames und ausdrucksvolles Sprechen erleichtert;
- eine **Artikulation** (Aussprache), die für die Zielgruppe verständlich und dem jeweils gesprochenen Text angemessen ist;
- eine **Intonation** (Betonung), die abwechslungsreich ist und die Verständlichkeit fördert;
- eine **Formulierungsfähigkeit**, die Verständlichkeit und Anschaulichkeit gewährleistet;
- eine **Argumentationsweise**, die Schutz vor Manipulationen bietet und wirksame Darbietung der eigenen Meinung ermöglicht;
- eine **Gesprächsführungskompetenz**, mit der z. B. Kontaktaufnahmen erleichtert, Probleme effektiv geklärt, verschiedene Meinungen fair diskutiert und andere gut beraten werden können.

Diese Ziele gelten nicht nur für den privaten Bereich, sondern ebenso für das öffentliche Wirken in Ausbildung und Beruf, in der Wirtschaft und in der Politik.

Unser Staat fordert mündige Bürger(innen), die ihre Interessen argumentativ vertreten können. Bis heute werden jedoch in den Schulen schriftliche Kommunikationsfähigkeiten vorrangig gefordert und gefördert. Die Sprechpädagogik versucht, dieser praxisfremden Entwicklung entgegenzuwirken: damit Sie das, was Sie denken, so sagen können, dass andere es verstehen und verantwortlich handeln können!

Für viele Berufsgruppen (z. B. im pädagogischen, künstlerischen und therapeutischen Sektor) bestehen besondere Sprechanforderungen. Alle Unterrichtenden sollten beispielsweise in der Lage sein, die sprachliche und sprecherische Kompetenz ihrer Schülerinnen und Schüler beurteilen und fördern zu können.

Im Fach Deutsch wird zusätzlich gefordert, dass die Kommunikationsfähigkeit als „Unterrichtsgegenstand" berücksichtigt werden kann („Mündlicher Sprachgebrauch"), dass literarische Texte unterschiedlicher Gattungen und Stile angemessen vorgetragen werden können, dass auch Formen des Spiels (v. a. des darstellenden Spiels) sinnvoll eingesetzt werden.

Die vier Hauptziele der Sprechpädagogik

a) Alle am besseren Miteinander Interessierten bekommen individuelles „Feedback" (= „Eindrucksrückmeldungen") über ihre Kommunikationsfähigkeit und die dabei wichtigen Kriterien;

b) Die Sprechpädagogik vermittelt Kenntnisse und Informationen, damit Kommunikationssituationen mit ihren Problemen und Möglichkeiten und (vor allem!) die jeweiligen Gesprächspartner(innen) besser verstanden werden können.

c) Die Sprechpädagogik will Übungen vorstellen und anregen, die zum Abbau störender Angewohnheiten und zur Weiterentwicklung der sprecherischen Fähigkeiten sinnvoll sind;

d) Bei Lehrkräften soll eine Grundkompetenz angebahnt werden, damit sie mit ihren Schülerinnen und Schülern auch sprechpädagogisch arbeiten können[1].

Keinesfalls soll und kann ein uniformer, „fehlerfreier" Sprechtyp antrainiert werden - dies wäre unmöglich und widersinnig, da es den Verlust der erwünschten menschlichen Individualität bedeuten würde.

---

1 Ein bekannter Vertreter der deutschen Sprechkunde bzw. Sprechwissenschaft, Erich DRACH (1885 - 1935) formulierte dazu folgende, noch heute gültige Thesen: „Sprecherziehung [ist] Erziehung zum Sprechen [und] Erziehung durch Sprechen." (S. 6) und „Sprecherziehung ist nicht Lehrfach, sondern Lehrgrundsatz" (S. 7). Quelle: Erich DRACH: Sprecherziehung. Die Pflege des gesprochenen Wortes in der Schule. 13. Auflage. Frankfurt/Main: Diesterweg, 1969 (Erste Auflage: 1922)

Es gibt kein „gutes Sprechen“ an sich,
das für jede Situation gleichermaßen geeignet wäre und
auf alle Zielgruppen ausnahmslos positiv wirken könnte!

Zur ersten Orientierung im Feld der Sprecherziehung soll die folgende Übersicht dienen:

Fachgliederung und Hauptinhalte der Sprechwissenschaft und Sprecherziehung/Sprechpädagogik

(nach der Prüfungsordnung für Sprecherzieher(innen) der Deutschen Gesellschaft für Sprechwissenschaft und Sprecherziehung)

Sprechwissenschaftliche Grundlagen

(Forschungsstand und Problemgeschichte; Aufgaben und Ziele des Faches; wissenschaftstheoretische Grundlagen; Bezugslinien zu angrenzenden Wissenschaften; Methodologie der Sprecherziehung)

Sprechbildung

(Körperhaltung, Atmung, Stimme, Aussprache, Sprechausdruck, Grundformen mündlichen Sprachgebrauchs)

Rhetorische Kommunikation

(Gesprächs- und Vortragsformen einschließlich Redeanalyse und Gesprächsleitung; Wirkung gesprochener Sprache; Argumentationslehre; Theorie und Geschichte der Rhetorik, Nonverbale Kommunikation [„Körpersprache“])

Sprechkunst / Ästhetische Kommunikation

(Leselehre, Vortrag literarischer Texte; Erzählen; Szenisches Lesen [z. B. Hörspiel], Darstellendes Spiel)

Sprechtherapie

(Ätiologie [= Ursachenlehre], Diagnostik und Therapie von Sprech- und Kommunikationsstörungen)

Wie können die Ziele der Sprechpädagogik verwirklicht werden?

Das Hauptproblem der Sprechpädagogik besteht darin, dass sie es mit jahrzehntelang erworbenen Gewohnheiten zu tun hat. Naiv wäre es also, in wenigen Übungs- und Seminarstunden entscheidende Veränderungen des jeweiligen Kommunikationsverhaltens zu erwarten (obwohl auch dies gar nicht so selten vorkommt!). Hier sollen deshalb einige Prinzipien unserer Arbeit vorgestellt werden, die deren Effektivität steigern können.

Die praktischen Übungen

Eine Grunderfahrung der Sprecherziehung heißt: „**Verbesserung der Kommunikationsfähigkeit ist (fast) nur durch praktische Übungen zu erzielen.**"

Bei diesen praktischen Übungen handelt es sich jedoch nicht um „Zaubertricks", die in wenigen Sekunden Wunder wirken, sondern um erprobte Methoden, die erst bei mehrmaliger bis regelmäßiger Anwendung die angestrebten Auswirkungen zeigen. Die knappe Veranstaltungszeit und die normalerweise sehr hohe Zahl der Teilnehmenden erlauben es in der Regel leider nicht, entsprechende Übungseinheiten häufiger zu erleben. Dies wäre auch langweilig für die, die nicht das jeweils angegangene Problem haben (zum Glück kommt es so gut wie nie vor, dass eine Person in allen für das Sprechen wichtigen Kriterien Defizite aufweist). Zudem würden diese Wiederholungen die Breite der vorzustellenden Themen ziemlich einschränken! Natürlich wollen die Lehrenden stets die Übungen in den Veranstaltungen so intensiv vorstellen, dass sie verstanden werden (im Zweifelsfall bitte sofort protestieren und nachfragen!) und (im pädagogischen Bereich) mit anderen eingesetzt werden können. Vor allem aber geht es um die Aufgabe, die den Teilnehmenden überlassen bleiben muss: die ihnen individuell empfohlenen Übungen selbst zu erproben und durchzuführen, bis der angestrebte Effekt eingetreten ist.

Bei diesen selbständig praktizierten Übungen gilt ein weiterer wichtiger Grundsatz, auf den schon hier hingewiesen werden soll: **Positive und realistische Ziele setzen**. Es wäre - um ein banales Beispiel zu nennen - weder ein realistisches noch ein positives Ziel, wenn Sie sich einreden wollten: *„Ich will nie mehr 'äh' sagen!"* Da das Unterbewusstsein keine Negation kennt, würden Sie vermutlich sehr intensiv an eben dieses „äh" denken und somit stark irritiert werden. Der positive Vorsatz könnte stattdessen lauten: *„Wenn ich (beim Sprechen) einen Moment lang überlegen muss, dann setze ich bewusst eine (spannungsfördernde) Pause!"*

Nun zurück zu den in den Lehrveranstaltungen durchgeführten praktischen Übungen: es sollte nicht verschwiegen werden, dass dabei unter den heute an Hochschulen üblichen Bedingungen (meist zu große und zu heterogene Gruppen!) gelegentlich einige Probleme auftreten können. Diese und die Möglichkeiten ihrer Entgegnung werden in den anschließenden Abschnitten aufgezeigt.

Das „Motivations-Problem"

Es gibt sicher Situationen, in denen aus diversen legitimen Gründen (z. B. Müdigkeit) keine Lust zum Sprechen besteht. Sprecherzieherische Veranstaltungen bleiben jedoch (fast) wirkungslos, wenn keine Bereitschaft zur aktiven Beteiligung besteht; ein erzwungenes Sprechen lässt kaum positive Eindrücke (auf beiden Seiten!) entstehen. Vielleicht hilft folgende Überlegung: Bei Sprechberufen kann in der Regel nicht immer das Prinzip der Freiwilligkeit gelten (Wer absolviert z. B. freiwillig eine Lehrprobe?), häufige „Verweigerung" führt bei fast allen zu einer Verstärkung von Sprechhemmungen und verhindert Erfolgserlebnisse. Der scheinbar bequeme Weg des Übungsverzichts wäre so der sicherste Weg zum Gefühl des „Mir hat es nichts gebracht".

Trotzdem: Wer gelegentlich oder grundsätzlich an den Übungen nicht teilnehmen kann oder will, braucht dies nur anzusprechen - für die anderen Teilnehmenden bleibt dann etwas mehr Zeit!

Das „Langeweile-Problem"

Wenn individuell in den meist zu großen Gruppen geübt wird und alle die Chance zum persönlichen Feedback erhalten sollen, droht zuweilen Monotonie. Für die Beobachtenden bietet dieses Verfahren jedoch zwei Vorteile: verschiedene Möglichkeiten einer Themenbearbeitung kennen zu lernen und das aufmerksame Beurteilen von Sprechleistungen zu trainieren (übrigens ein wichtiger Schritt zur Steigerung der Kommunikationsfähigkeit!). Außerdem sind kleinere Erholungspausen auch nicht zu verachten...

Das „Angst-Problem"

Manche befürchten, in den sprechpädagogischen Veranstaltungen zu hart kritisiert zu werden. Man hört ja manchmal von Seminarleitern, die ihre eigenen Komplexe durch besonders hohe Anforderungen und extrem strenge Beurteilungen kompensieren. Zur Beruhigung sollte der folgende Abschnitt zum „Feedback" genau gelesen werden. Falls das nicht ausreicht, müssten die jeweils auftretenden Befürchtungen und Ängste innerhalb oder außerhalb der Übung mit der Kursleitung besprochen werden, da sonst durch Kompensationsmechanismen Missverständnisse und Überforderungen vorprogrammiert wären. Ein weiterer Aspekt: bei der Sprecherziehung gibt es i. d. R. keine Noten oder ähnliche nach außen wirkende Beurteilungen - statt dessen haben Sie die Chance, jene Fähigkeiten verbessern zu können, die in späteren, von anderen benoteten Sprechsituationen (z. B. in mündliche Prüfungen und Lehrproben) gefordert werden.

Das „Stress-Problem"

Die Sprechpädagogik hält ein reiches Repertoire von Übungsmöglichkeiten bereit: neben angenehm-lustigen auch realitätsnah-stressige. Die letzteren verfolgen primär das Ziel, das Verhalten in schwierigen Kommunikationssituationen zu simulieren, Erkenntnisse über jeweils vorhandene Reaktionsmuster zu gewinnen und Sicherheit durch wiederholtes Bestehen von „Stressübungen" zu fördern. Es ist übrigens fast die Regel, dass eine objektivere Beurteilung (z. B. mit Hilfe der Videoaufzeichnung) weit mehr Sicherheit offenbart, als es das subjektive Gefühl für möglich gehalten hat. Trotzdem ist es gerade hier wichtig, dass eine mögliche Überforderung einzelner Teilnehmender von diesen rechtzeitig mitgeteilt wird - nur dann kann die Übung angemessen gestaltet werden.

Das „Feedback"

Ein zentraler Begriff der Sprechpädagogik lautet „Feedback" (= „Rückmeldung")[2]. Gemeint sind damit nicht absolute Wahrheiten, sondern individuelle Informationen über und an eine Person, wie ihr Kommunikationsverhalten auf andere wirkt und welche Eindrücke sie bei ihren Zuhörer(inne)n oder Gesprächspartner(inne)n auslöste.

Gutes Feedback enthält fast immer positive und negative Beobachtungen („nobody is perfect"); es sollte stets individuell, situationsabhängig, verarbeitbar, ehrlich und hilfreich formuliert sein.

In den meisten sprechpädagogischen Seminaren wird Feedback sowohl von den dafür ausgebildeten Sprecherzieher(inne)n wie auch von den Teilnehmenden selbst geliefert. Oft verhindert jedoch Zeitknappheit ein ausführlicheres Austauschen der Eindrücke, so dass diese entweder nur in kleinen Gruppen oder nur von der Seminarleitung angesprochen werden. Nicht nur in diesen Fällen sollten folgende Prinzipien gelten:

- alles, was nicht im Feedback angesprochen wurde, war bzw. ist unauffällig, also in Ordnung!
- etwa bestehende Zweifel müssen in der Gruppe angesprochen werden - selbstverständlich sind auch Sprecherzieher(innen) nicht im Besitz der absoluten Wahrheit!

---

2 Mehr zu diesem Thema in SLEMBEK, Edith; GEISSNER, Hellmut (Hrsg.): Feedback. Das Selbstbild im Spiegel der Fremdbilder. St. Ingbert: Röhrig Universitätsverlag, 2., durchges. und erweiterte Auflage 2001 (1. Auflage 1998). 257 S.; € 22,- (Reihe: Sprechen und Verstehen. Schriften zur Sprechwissenschaft und Sprecherziehung, Band 15)

Weitere Möglichkeiten der Sprecherziehung

Es wurde schon angedeutet, dass das größte Problem einer wirksamen Sprechpädagogik in der relativ knappen verfügbaren Zeit begründet liegt. Hinzu kommen häufig Gruppenzusammensetzungen mit sehr unterschiedlichen Kommunikationserfahrungen und Interessen. Deshalb sollten die folgenden Möglichkeiten bekannt sein und bei Bedarf genutzt werden:

- **die Mitbestimmung:** Es wird vermutlich stets unmöglich sein, alle wichtigen Inhalte der Sprechpädagogik in einer Lehrveranstaltung ausreichend zu behandeln. Aufgabe der Teilnehmenden ist es folglich, z. B. durch Themenauswahl oder durch Fragen über die Inhalte mitzubestimmen (nicht nur in den Anfangsphasen der Seminare) und bei zu ausführlicher Behandlung zu protestieren.

- **die Kritikmöglichkeit:** In aller Interesse sollten eventuell auftretende Probleme möglichst sofort angesprochen werden, damit sie gelöst oder erklärt werden können. Sprecherzieher(innen) sind normalerweise für kritische Anmerkungen sehr dankbar - nicht nur, weil dadurch echte Gesprächssituationen entstehen.

- **die eigene Lektüre:** Zu allen zentralen Themen wurden die hier vorliegenden „Bausteine“ erstellt, die weit mehr Informationen und Übungen enthalten, als normalerweise in einer Veranstaltung vorgestellt werden können. Ebenfalls steht eine kommentierte Auswahlbibliographie zur Verfügung (= Baustein 23 am Ende dieses Buches).

- **die „Zusatzveranstaltungen“:** Vielleicht können über das eventuell vorgeschriebene Pflichtpensum hinaus weiterführende Veranstaltungen besucht werden? - Werfen Sie doch einmal einen Blick in ein Vorlesungsverzeichnis, ein Volkshochschul-Programm oder auf die Homepage eines anerkannten Seminaranbieters!

- **„Beratungen“:** In Sprechstunden, in speziell angebotenen Beratungsstunden oder nach individueller Vereinbarung besteht oft die Möglichkeit, mit Experten über alle Fragen und Probleme zu sprechen, die zu wenig oder überhaupt nicht in den Gruppenübungen behandelt werden können (z. B. Hilfen bei besonderen Sprechauffälligkeiten durch Einzeltherapie; Beratung und Unterstützung bei der Vorbereitung von Unterrichtsversuchen oder Examensarbeiten mit sprechpädagogischer Thematik; Literaturvermittlung usw.).

Sprecherzieher(innen) werden bezahlt, um Ihnen zu helfen -

nutzen Sie die Gelegenheit!

GRUNDLAGEN DER MÜNDLICHEN KOMMUNIKATION
INFORMATIONSBAUSTEIN 2

Modelle und Leitsätze zur Kommunikation

Menschen können nicht nur kommunizieren, sie können auch über Kommunikation sprechen, also Metakommunikation betreiben.

Genau das soll in diesem Baustein geschehen. Eine Einschränkung müsste jedoch vorab bewusst werden: Modelle sind stets bloß unvollkommene Abbilder der Wirklichkeit; noch so kluge Sätze können nur jeweils einzelne Teilaspekte der menschlichen Kommunikation beschreiben oder beeinflussen.

Auf den folgenden Seiten finden Sie zunächst einige Modelle (1-6), danach ein paar grundlegende Definitionsversuche bzw. Regelkataloge (7-12) und abschließend zwei nicht ganz unwichtige Methoden zur Kommunikationsbeeinflussung.

1 Ein „klassisches“ Kommunikationsmodell

Viele stellen sich Kommunikation nur als Übermittlung von Informationen vor - nach der Meinung der meisten Experten eine ziemlich „beschränkte“ Vorstellung! Trotzdem sind relativ einfache Modelle, die von der technischen Nachrichtenübermittlung ausgehen, weit verbreitet, z. B. in Sprachbüchern und Linguistik-Einführungen („Sender - Signal - Empfänger“). Je mehr jedoch die reale Kommunikation beeinflussenden Faktoren berücksichtigt werden, umso komplizierter werden die Darstellungen. Das auf der nächsten Seite abgedruckte Modell baut auf bekannten Vorschlägen auf und versucht einen Kompromiss zwischen Übersichtlichkeit und Vollständigkeit.

Eine wichtige Tatsache kann leider kein zweidimensionales, statisches Modell darstellen:

Bei jeder Kommunikation werden nicht nur Informationen übermittelt, sondern auch neue Bewusstheitszustände erreicht.

Dazu ein Beispiel: Auch wenn eine Lehrkraft eine Unterrichtseinheit wirklich wörtlich wiederholen könnte - es wäre nie dieselbe Stunde! (Die Situation ist anders, die Lehrkraft hat bereits mehr Routine, die Klasse andere Vorkenntnisse usw.)

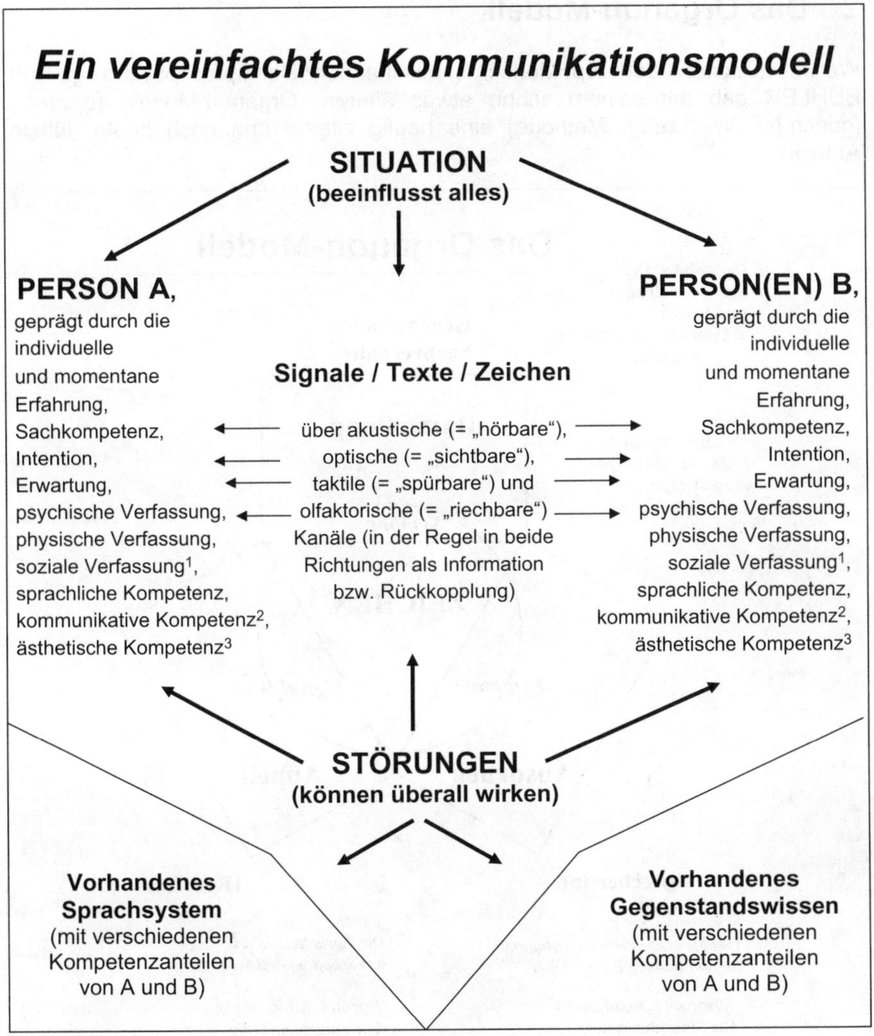

1 Die „Soziale Verfassung" resultiert aus der Zugehörigkeit zu bestimmten sozialen Gruppen, deren Prestige und deren Einflüssen.

2 Die „kommunikative Kompetenz" symbolisiert die Art, wie Kommunikation aufgebaut und gepflegt werden kann (z. B. durch spontane Offenheit, Interesse am Dialog).

3 Zur „Ästhetischen Kompetenz" zählt v. a. das Aussehen (incl. Frisur, Kleidung, Make-up, Schmuck), der Klang der gesprochenen Sprache, aber auch die von einer Person verbreiteten Düfte. Die Geschmäcker sind dabei natürlich verschieden.

2 Das Organon-Modell

Warum sprechen überhaupt Menschen miteinander? Der Sprachpsychologe Karl BÜHLER gab mit seinem schon etwas älteren „Organon-Modell“ (*organon* [griech.] = Werkzeug, Methode) eine häufig zitierte und noch heute gültige Antwort:

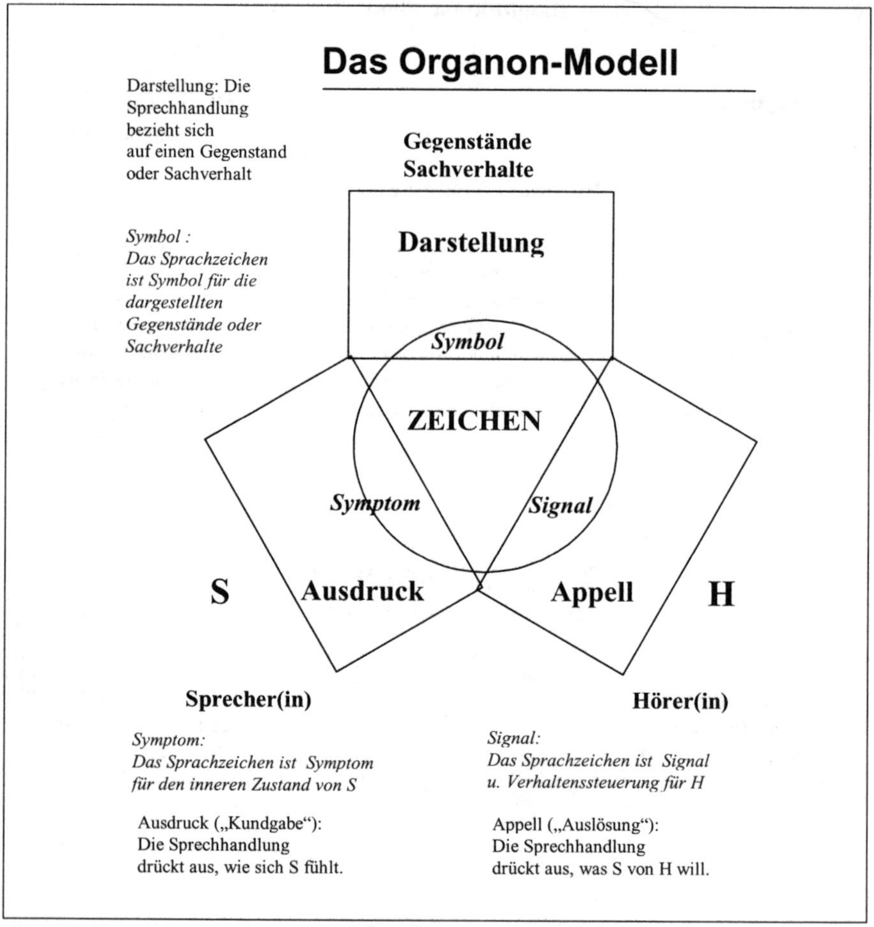

Ausdruck (einer Person), **Darstellung** (eines Themas) und **Appell** (an eine Person oder Personengruppe) sind die **Grundfunktionen von Sprache** (hier „Zeichen“ genannt) **und Kommunikation.**

Sprachliche Zeichen sind gleichzeitig **Symbol** für Gegenstände und Sachverhalte; **Symptom** für den Zustand der sprechenden Person und **Signal** für die angesprochene Person.

Zur weitergehenden Erläuterung des Organon-Modells ein Zitat von Karl BÜHLER: „Der Kreis in der Mitte symbolisiert das konkrete Schallphänomen. Drei variable Momente an ihm sind berufen, es dreimal verschieden zum Rang eines Zeichens zu erheben. Die Seiten des eingezeichneten Dreiecks symbolisieren diese drei Momente. Das Dreieck umschließt in einer Hinsicht weniger als der Kreis (Prinzip der abstraktiven Relevanz). In anderer Richtung wieder greift es über den Kreis hinaus, um anzudeuten, daß das sinnlich Gegebene stets eine apperzeptive Ergänzung erfährt." (BÜHLER 1934, S. 28)

Quelle des Zitats und des hier neu gezeichneten Modells: BÜHLER, Karl: Sprachtheorie. Die Darstellungsfunktion der Sprache. Jena: G. Fischer, 1934 (Nachdruck Stuttgart, 1982). S. 28.

3 Das „Situationsmodell"

Die wichtigsten Faktoren, die Kommunikation beeinflussen, hat Hellmut GEISSNER im folgenden Modell mit neun Fragewörtern zusammengefasst.

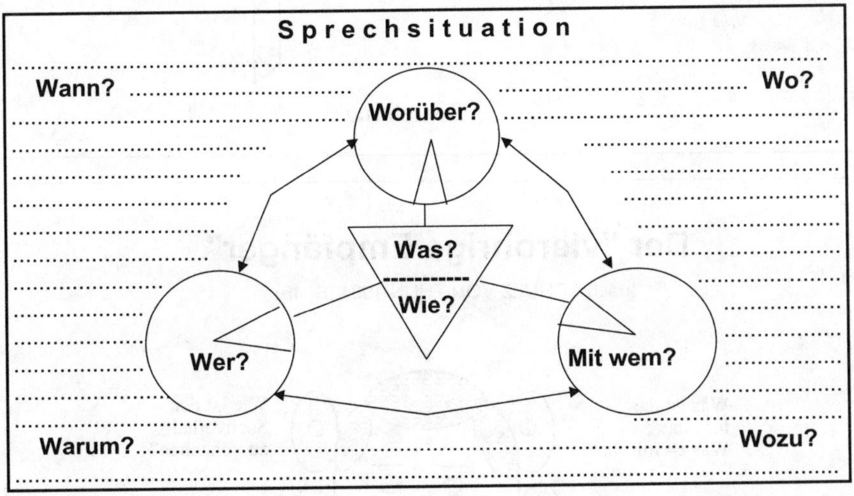

Quelle des hier neu gezeichneten Modells: GEISSNER, Hellmut: Rhetorik und politische Bildung. Otzenhausen, 1973 (S. 103)

4 Der „vierohrige Empfänger"

Der Hamburger Psychologe Friedemann SCHULZ VON THUN versuchte 1977, die Sichtweisen von BÜHLER und WATZLAWICK zu kombinieren. Seine beiden wichtigsten Modelle stehen hier: „die vier Seiten einer Nachricht" (Sachinhalt, Selbstoffenbarung, Appell und Beziehung) und der „vierohrige Empfänger", der eben diese vier Seiten gleichzeitig zu erfassen versucht.

Die vier Seiten einer Nachricht

(nach SCHULZ VON THUN 1981, S. 14)

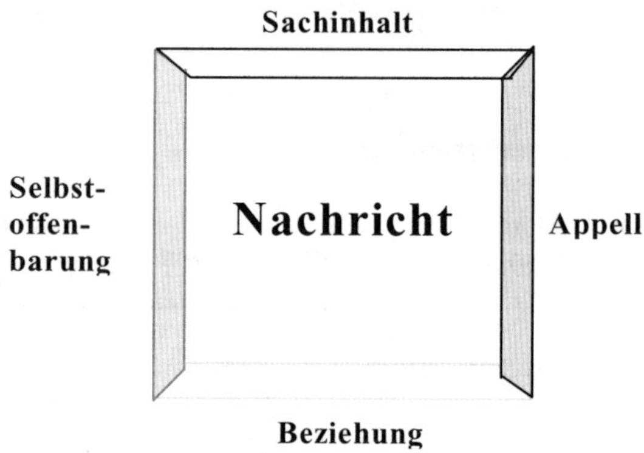

Der "vierohrige Empfänger"

(nach SCHULZ VON THUN 1981, S. 45)

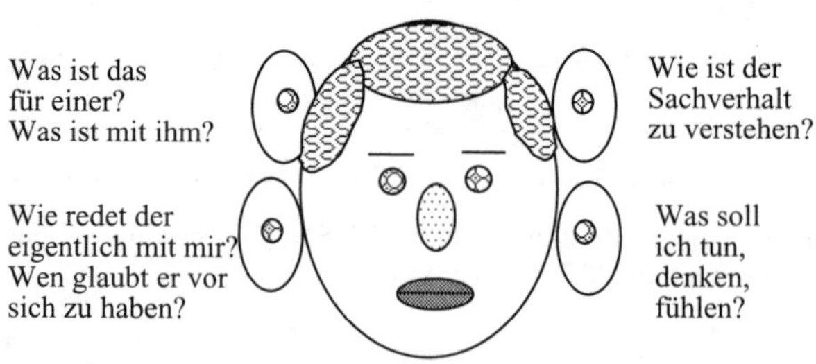

Quellen und weiterführende Literatur:

- SCHULZ VON THUN, Friedemann: Miteinander reden: Störungen und Klärungen. Psychologie der zwischenmenschlichen Kommunikation. Reinbek: Rowohlt Taschenbuch Verlag, 1981 (zahlreiche Neuauflagen)
- SCHULZ VON THUN, Friedemann: Miteinander reden 2: Stile, Werte und Persönlichkeitsentwicklung. Differentielle Psychologie der Kommunikation. Reinbek: Rowohlt Taschenbuch Verlag, 1989 (zahlreiche Neuauflagen)
- SCHULZ VON THUN, Friedemann: Miteinander reden 3: Das „Innere Team" und situationsgerechte Kommunikation. Reinbek: Rowohlt Taschenbuch Verlag, 1998

5 Das Johari-Fenster

Sehr häufig erleben wir als Ursache von Kommunikationsstörungen unterschiedliche Selbst- und Fremdeinschätzungen. Dieses Problem wurde anschaulich von Joe LUFT und Harry INGMAN (zwei amerikanische Sozialpsychologen) in dem nach ihren Vornamen benannten **„Johari-Fenster"** demonstriert.

		EINEM SELBST	
		bekannt	**nicht bekannt**
ANDEREN	**bekannt**	I Bereich der freien Aktivität	II Bereich des blinden Flecks
	nicht bekannt	III Bereich des Vermeidens oder Verbergens	IV Bereich der unbekannten Aktivität

Nach diesem Modell wäre es ein Hauptziel, das Feld I möglichst groß werden zu lassen. Feld Nr. II kann mit Hilfe von gutem „Feedback" verkleinert werden (wir versuchen dies z. B. in der Sprechpädagogik); Feld III kann von jeder Person selbst und vom „Kommunikationsklima" beeinflusst werden.

Quelle: LUFT, Joe; INGHAM, Harry: Human Relations Training News. Washington: Nat. Education Ass., 1961.

6 Die Bedürfnispyramide

Soll Kommunikation gelingen, so dürfen die menschlichen Motive nicht missachtet werden. Gern wird in diesem Zusammenhang die Bedürfnispyramide von Abraham H. MASLOW zitiert. Deren Prinzip: „Höhere“ Bedürfnisse können erst dann angegangen werden, wenn die „niedrigeren“ einigermaßen befriedigt sind. Oder umgekehrt: wenn ein Bedürfnis befriedigt ist, strebt der Mensch die Befriedigung des nächst höheren an. Der Haken an dieser Theorie: Sie stimmt nicht immer[4]. Bestimmte Versuche der Selbstverwirklichung oder Ich-Bedürfnisse können eine so starke Motivationswirkung entwickeln, dass Sicherheitsaspekte nebensächlich werden oder einem (wörtlich verstanden) „der Appetit vergehen kann“.

Die Bedürfnispyramide

Selbst-
verwirklichung

Ich-Bedürfnisse (Prestige, Status)

Soziale Bedürfnisse (Familie, Bekannte, Freunde)

Sicherheits-Bedürfnisse (Wohnung, Arbeit, Versicherungen)

Physiologische Bedürfnisse (trinken, essen, schlafen, sich fortpflanzen)

(Zitiert nach M. BIRKENBIHL, S. 26; erheblich verändert)

Quellen und weiterführende Literatur:

- BIRKENBIHL, Michael: Train the Trainer. Arbeitshandbuch für Ausbilder und Dozenten. 10. Auflage. Landsberg: Verlag moderne Industrie, 1992 (zahlreiche Neuauflagen).
- MASLOW, Abraham H.: Motivation and personality. New York: Harper, 1954 (Eine deutsche Übersetzung ist 1981 unter dem Titel “Motivation und Persönlichkeit” als Rowohlt-Taschenbuch erschienen; € 7,90)

4 Vgl. die Kritik von Rupert LAY im Geleitwort zu: Managementtrainer. Hrsg. von Sabina Bolender. Frankfurt, New York, 1998. S. 11-12.

7 Sprechwissenschaftliche Definitionen

Natürlich kann „Sprechen" bzw. „Kommunikation" auch mit Worten beschrieben werden. Zunächst zwei eher wissenschaftlich formulierte Definitionen:

> „(Miteinander-) Sprechen ist die kommunikative Reziprokhandlung, die situativ gesteuert, persongebunden, sprachbezogen, formbestimmt, leibhaft vollzogen Sinn konstituiert und Handlungen auslöst."
>
> „Gespräch, als Prototyp der Kommunikation, ist als mündliche Kommunikation die intentionale, wechselseitige Verständigungshandlung mit dem Ziel, etwas zur gemeinsamen Sache zu machen, bzw. etwas gemeinsam zur Sache zu machen."
>
> (Hellmut GEISSNER, ^{2}1988, S. 61 und 45)

Hellmut GEISSNER hat einzelne Aspekte seines Ansatzes auch einfacher ausgedrückt, z. B. für eine Rundfunksendung (GEISSNER 1985, S. 4-18):

„Immer wenn nur einer redet, gibt es kein 'Miteinanderreden'.... Wer nicht zuhört, versteht nicht, was der andere sagt.... Zuhören heißt, ... sich hörend konzentrieren. Erst dann kann es zum nächsten Schritt kommen: Zum Verstehen des Gehörten (Hörverstehen)."

„Ohne Sachverstand ‚geht´s nicht'... hinzukommen [muss] der Kommunikationsverstand. Das heißt: die Gesprächspartner müssen fähig sein, sich aufeinander einzustellen... Oft sind es nicht einmal die Worte, die jemand sagt; oft ist es der Stimmklang, der spricht."

„Es miteinander versuchen heißt: sich aufeinander einstellen, sich wechselseitig ernst nehmen, zuhören, nachfragen, reden.... Das heißt in jedem Fall: Nicht nur die eigene Ansicht für die allein richtige halten. Heißt: Zugeben, dass ich mich irren, und der andere 'Recht haben' kann. Heißt: Sich nicht entmutigen lassen, wenn wir doch wieder 'aneinander vorbeireden'."

„Nur wenn wir uns verständigen, können wir miteinander auskommen."

Quellen und weiterführende Literatur:

- GEISSNER, Hellmut: Sprechwissenschaft. Theorie der mündlichen Kommunikation. 2., durchges. Auflage. Frankfurt am Main: Scriptor, 1988 (1. Aufl. 1981), vergriffen
- GEISSNER, Hellmut: Sprecherziehung. Didaktik und Methodik der mündlichen Kommunikation. 2. Auflage. Frankfurt am Main: Scriptor, 1986 (1. Aufl. 1982), vergriffen
- GEISSNER, Hellmut: Miteinanderreden. Über Kommunikation in alltäglichen Situationen. In: sprechen, April 1985, S. 4-18
- GEISSNER, Hellmut: Kommunikationspädagogik. Transformationen der „Sprech"-Erziehung. St. Ingbert: Röhrig Universitätsverlag, 2000. 238 S.; € 22,- (S. u. V. 17)

8 Axiome zur Kommunikation

Weit verbreitete grundlegende Thesen (= Axiome) zur Thematik „Mündliche Kommunikation“ stammen aus der Schule von Paul WATZLAWICK:

Die Pragmatik von Interaktion und Kommunikation

In jeder zwischenmenschlichen Situation besteht ein Zwang zur Kommunikation
„Man kann nicht *nicht* kommunizieren.“ (Dieses berühmte Zitat von WATZLAWICK geht natürlich von Situationen aus, in denen zwischenmenschliches Verhalten grundsätzlich möglich ist.)

Jede Kommunikation enthält Inhalts- und Beziehungsaspekte.
Inhaltsaspekt = Neue Sachinformation, z. B. Uhrzeit,
Beziehungsaspekt = das jeweilige Verhältnis zueinander, z. B. sachlich.
Beide Aspekte beeinflussen sich gegenseitig.

Die Interaktionsstruktur wird stark beeinflusst durch die individuellen Vorstellungen vom Ablauf der Kommunikationsprozesse.
Ein Beispiel für diese unterschiedliche „Interpunktion“:
A: „Ich ziehe mich zurück, weil B nörgelt.“
B: „Ich nörgle, weil A sich zurückzieht.“

Kommunikation wird durch digitale und analoge Modalitäten bestimmt.
(digital = verbal, z. B. der formulierte Text; analog = nonverbal; z. B. der Stimmklang oder die Mimik)

Kommunikationsabläufe können annähernd symmetrisch oder komplementär sein.
(symmetrisch = alle haben etwa die gleichen Möglichkeiten; komplementär = asymmetrische Kommunikation, eine Seite dominiert)

(vgl. HABERMAS und WATZLAWICK/BEAVIN/JACKSON)

Die von WATZLAWICK maßgeblich gestaltete Schule des „Konstruktivismus“ geht davon aus, dass es nicht die eine und von allen gleich wahrgenommene Wirklichkeit gibt, sondern dass jeder Mensch aus seiner individuellen Perspektive heraus diese Wirklichkeit anders sieht und interpretiert. Gerade bei Konflikten und Streitgesprächen sollte an diese These gedacht werden!

Quelle: WATZLAWICK, Paul; BEAVIN, Janet H.; JACKSON, Don D.: Menschliche Kommunikation. Formen, Störungen, Paradoxien. Bern: Huber, 1969 (5. Auflage 1980; Nachdruck 2003, € 17,95)

9 Individuelle Kommunikationsstile

Die Psychologie (speziell die Sozialpsychologie) interessiert sich natürlich auch für individuelle Kommunikationsstile; eine zentrale These lautet:

Persönliches Kommunikationsverhalten bewegt sich stets zwischen Dominanz (Machtverhalten) und Komplianz (sich fügen)
und
Affiliation (Zuwendung) und Ditention (Abstandsbildung)

Typisch für Dominanz und Affiliation: führen, initiieren, koordinieren, lenken, raten

... für Dominanz und Ditention: beurteilen, kritisieren, missbilligen, sich widersetzen

... für Komplianz und Affiliation: dulden, gefällig sein, mitarbeiten, zustimmen

... für Komplianz und Ditention: aufgeben, ausweichen, einräumen, sich zurückziehen

(nach BENESCH, Bd. I, S. 213)

Quelle und weiterführende Literatur

- ANDERSON, J. R.: Kognitive Psychologie. 3. Auflage. Übersetzt und hrsg. v. R. Graf und J. Grabowski. Spektrum, Heidelberg/Berlin, 2001. XVIII, 542 S.; € 39,95
- ATKINSON, R. L. u. a.: Hilgards Einführung in die Psychologie. Hrsg. V. Joachim Grabowski und Elke van der Meer. Spektrum, Heidelberg/Berlin, 2001. XXIV, 808 S.; € 39,95
- BENESCH, Hellmuth: dtv-Atlas zur Psychologie. Tafeln und Texte. 2 Bände. München: dtv, 1987 (darin vor allem das Kap. XI: Kommunikationspsychologie). Band 1: 7. Auflage 2002, € 13,50; Band 2: 5. Auflage 1997, € 13,50
- HERRMANN, Theo; GRABOWSKI, Joachim (Hrsg.): Sprachproduktion. Enzyklopädie der Psychologie, Band C/III/Band 1. Göttingen: Hogrefe, 2003. 969 S.; € 159,-
- HERRMANN, Theo; GRABOWSKI, Joachim: Sprechen. Psychologie der Sprachproduktion. Heidelberg, Berlin, Oxford: Spektrum, 1994 (vergriffen)

10 Die Kommunikations-Kategorien und -Maximen von H. Paul GRICE

Der englische Sprachphilosoph H. Paul Grice gilt als ein Hauptinitiator der "Handlungstheoretischen Semantik". Seine erstmalig 1968 veröffentlichten Kommunikations-Kategorien und -Maximen[5] werden in der modernen Linguistik häufig zitiert.

Kategorie 1: Quantität (in Beziehung zur Quantität der zu gebenden Information)

Maxime 1: **Mache deinen Beitrag so informativ wie (für die gegebenen Gesprächszwecke) nötig.**
Maxime 2: **Mache deinen Beitrag nicht informativer als nötig.**

Kategorie 2: Qualität

Obermaxime: **Versuche deinen Beitrag so zu machen, dass er wahr ist“**

Speziellere Maxime 1: **Sage nichts, was du für falsch hältst.**
Speziellere Maxime 2: **Sage nichts, wofür dir angemessene Gründe fehlen.**

Kategorie 3: Relation
Einzige Maxime: **Sei relevant!**

Kategorie 4: Modalität (bezieht sich nicht wie die vorausgegangenen Kategorien darauf, was gesagt wird, sondern darauf, wie das, was gesagt wird, zu sagen ist)

Obermaxime: **Sei klar!**
Maxime 1: **Vermeide Dunkelheit des Ausdrucks!**
Maxime 2: **Vermeide Mehrdeutigkeit!**
Maxime 3: **Sei kurz (vermeide unnötige Weitschweifigkeit)!**
Maxime 4: **Der Reihe nach!**

5 Quelle: H. Paul GRICE: Logik und Konversation. In: Georg MEGGLE (Hrsg.): Handlung, Kommunikation, Bedeutung. Frankfurt am Main: Suhrkamp, 1979. S. 243-265. Die vier Kategorien **Quantität, Qualität, Relation** und **Modalität** verwendete Grice in Anlehnung an Kant.

11 Die Themenzentrierte Interaktion (TZI)

Viele haben schon versucht, ihr Kommunikationsverhalten mit Hilfe von Regeln positiv zu beeinflussen. Ein bewährter Ansatz stammt von Ruth COHN. Ihre Vorstellung von idealer Interaktion umfasst die „dynamische Balance“ der drei gleich wichtigen Eckpunkte „ICH“ (= individuelle Bedürfnisse, Motivebene), „WIR“ (= Gruppenbedürfnisse, Beziehungsebene) und „ES“ (= thematische Bedürfnisse, Sachebene), selbstverständlich jeweils beeinflusst durch die Situation (= Zeit, Ort, historische und soziale Gegebenheiten).

Folgende zwei Hauptforderungen („Postulate“) sollten befolgt werden:

1 **„Sei dein eigener Chairman!“**
(bzw. geschlechtsneutral: **„Sei deine eigene Chairperson!“)**
Die Begriffe „Chairman“ / „Chairperson“ sind in diesem Zusammenhang wegen ihres Doppelsinns leider nicht einfach übersetzbar: Sie bedeuten einerseits „Leiter(in) der eigenen Person“, andererseits „Interessenvertreter(in) der Gruppe“. Jede Person ist also für sich und für die Gruppe verantwortlich; niemand sollte Probleme auf die Gruppe oder die offizielle Gesprächsleitung schieben.

2 **Störungen haben Vorrang!**
Erst wenn eventuell aufgetretene Störungen beseitigt bzw. besprochen wurden, kann das Thema optimal behandelt werden.

Zehn Hilfsregeln unterstützen diese Hauptforderungen (sie sollten jedoch nicht „diktatorisch verabsolutiert“ werden):

1 Vertritt dich selbst in deinen Aussagen; sprich per „Ich“ und nicht per „Wir“ oder per „man“.

2 Wenn du eine Frage stellst, sage, warum du fragst und was deine Frage für dich bedeutet. Sage dich selbst aus und vermeide das Interview.

3 Sei authentisch und selektiv in deinen Kommunikationen. Mache dir bewußt, was du denkst und fühlst, und wähle, was du sagst und tust.

4 Halte dich mit Interpretationen von anderen so lange wie möglich zurück. Sprich statt dessen deine persönlichen Reaktionen aus. (Also nicht: *„Du redest, weil du im Mittelpunkt stehen möchtest“* sondern: *„Bitte rede jetzt nicht, ich möchte nachdenken“*)

5 Sei zurückhaltend mit Verallgemeinerungen.

6 Wenn du etwas über das Benehmen oder die Charakteristik eines anderen Teilnehmers aussagst, sage auch, was es dir bedeutet, daß er so ist, wie er ist (d. h. wie du ihn siehst).

7 Seitengespräche haben Vorrang. Sie stören und sind meist wichtig.

8 Nur einer zur gleichen Zeit bitte.

9 Wenn mehr als einer gleichzeitig sprechen will, verständigt euch in Stichworten, über was ihr zu sprechen beabsichtigt.

10 Laß den Körper sprechen. *Dein Fuß klopft auf die Erde. Was sagt er?*

(zitiert - in der Originalschreibweise - nach Ruth COHN, S. 120 - 128 und 202)

Quelle: COHN, Ruth C.: Von der Psychoanalyse zur themenzentrierten Interaktion: von der Behandlung einzelner zu einer Pädagogik für alle. Stuttgart: Klett-Cotta, 1975 (14. Auflage 2000; 248 S.; € 21,-).

12 Die Diskurs-Regeln von Jürgen HABERMAS

Sollen kompliziertere Gespräche (= Diskurse) optimal geführt werden, so helfen eventuell die (nicht ganz einfach formulierten) Regeln von Jürgen HABERMAS:

a) Diskurse setzen kooperative Verständigungsbereitschaft voraus.

b) Diskurse fordern die vorübergehende Aufhebung absoluter Geltungsansprüche.

c) Diskurse erfordern die Anerkennung gegenseitiger Ebenbürtigkeit.

d) Diskurse fordern die vernünftige Wahrhaftigkeit aller Äußerungen, die an der Richtigkeit der individuellen Handlungen zu prüfen ist.

e) Diskurse verlangen eine „ideale Sprechsituation".

Quellen und weiterführende Literatur:

- HABERMAS, Jürgen: Vorbereitende Bemerkungen zu einer Theorie der kommunikativen Kompetenz. In: J. HABERMAS / N. LUHMANN, Theorie der Gesellschaft oder Sozialtechnologie. Frankfurt a. M.: Suhrkamp, 1971
- HABERMAS, Jürgen: Erläuterungen zur Diskursethik. Frankfurt: Suhrkamp, 1991
- HABERMAS, Jürgen: Theorie des kommunikativen Handelns. Zweibändige Taschenbuchausgabe. Frankfurt: Suhrkamp, 1988 (1. Auflage 1981; Nachdruck 1995; € 25,50)

13 Die Transaktionsanalyse

Einen nicht nur in der Therapie weit verbreiteten Erklärungsansatz für kommunikatives Verhalten versucht die von Eric BERNE in den USA begründete **Transaktionsanalyse.** Sie unterscheidet **drei Ich-Zustände** (= Kombination aus Gedanken, Gefühlen und Verhalten), die jeder Mensch in verschiedenen Ausprägungen demonstrieren kann:

1. Das „Kindheits-Ich";

es kann in folgenden drei Arten auftreten:

- spontan (natürliches, unbefangenes Agieren ohne auf Konsequenzen zu achten)
- angepasst (gehorsam und folgsam)
- trotzig (aufbegehrend, widersetzt sich vorgegebenen Normen)

2. Das „Eltern-Ich":

es ist stets aus einer überlegenen Position heraus entweder

- kritisch (verkörpert Werte, Normen, Gebote, Verbote, soziale Gefühle, wirkt belehrend) oder
- helfend (verkörpert Wohlwollen, Trost, Unterstützung)

3. Das „Erwachsenen-Ich":

Es verkörpert die rationale Autonomie; es betont die „Vernunft", wobei (überprüfte und akzeptierte) Gefühle durchaus die Grundlage der jeweiligen Entscheidung bilden können. Dabei wird - soweit nötig - geprüft, abgewogen und nach den Erfordernissen der Realität entschieden.

Keiner dieser Ich-Zustände ist grundsätzlich gut oder schlecht. Kommunikationsstörungen treten erst dann auf, wenn nicht zusammenpassende Ich-Zustände aufeinander treffen, so z. B. ein kritisches „Eltern-Ich" mit einem ausgeprägtem „Erwachsenen-Ich".

Quellen und weiterführende Literatur:

- BERNE, Eric: Transactional Analysis and Psychotherapy. New York: Grove Press, 1961.
- HARRIS, Thomas A.: Ich bin o.k. Du bist o.k. Wie wir uns selbst besser verstehen und unsere Einstellung zu anderen verändern können. Eine Einführung in die Transaktionsanalyse. Reinbek: Rowohlt Taschenbuch Verlag, 1975 (38. Auflage 2003; € 7,90)
- WEISBACH, Christian-Rainer: Professionelle Gesprächsführung. Ein praxisnahes Lese- und Übungsbuch. München: dtv, 1992 (6. Auflage 2003; € 12,-)

14 NLP - Neuro-Linguistisches Programmieren

Eine in den letzten Jahren ziemlich erfolgreiche, jedoch kontrovers diskutierte Methode soll hier mit ihren Kernbegriffen vorgestellt werden. 1979 hatten der Mathematiker Richard BANDLER und der Linguist John GRINDER in Kalifornien die Idee, das im Verkäufertraining schon länger praktizierte „Master-modelling“[6] in die Therapie zu übertragen. Bei der NLP-Namensgebung spielten folgende Überlegungen eine Rolle: Verhalten wird von Nervenzellen (= neuronal) gesteuert, mittels Sprache (= linguistisch) erlernt und beeinflusst (= programmiert). NLP wird inzwischen nicht nur therapeutisch, sondern auch als Methode zur „Persönlichkeitsentwicklung“ und zur Beeinflussung anderer eingesetzt.

NLP geht davon aus, dass Wahrnehmungen interessegeleitet und somit verschieden sind („mental maps“). Ferner hat jeder Mensch unterschiedliche Veranlagungen („RSP“ = „Representational System Predicates“), nämlich eher visuell, akustisch oder kinästhetisch (= körperliche Wahrnehmungen wie fühlen, riechen, schmecken, spüren). Wer es schafft, sich auf die jeweiligen Prioritäten der Gesprächspartner einzustellen (= „Pacing“), schafft einen guten Kontakt (= „Rapport“) und kann diese anschließend beeinflussen (= „Leading“). Ähnlich wie das klassische Konditionieren funktioniert das „Ankern“ (z. B. in Trancezuständen). Generell sollen die individuellen „Ressourcen“ (Stärken, Talente, Neigungen) optimal genutzt werden; dabei helfen „innere Bilder“ oder „wohlgeformte Sätze“, die alle relevanten Informationen enthalten. Bei „Blockaden“ wird versucht, das Problem in einen neuen Rahmen zu setzen („Reframing“) und mit sich zufrieden zu werden (= „ökologische Lösung“).

Kritisiert wird an NLP nicht nur, dass man - oft ohne Quellenangabe - aus vielen anderen etablierten Richtungen die wirksamsten Techniken übernommen hat. Problematisch ist vor allem die Überzeugung, dass Menschen mittels (Selbst-) Beeinflussung optimal Richtung Erfolg konditionierbar seien. Dieses „mechanistische“ Menschenbild kann bei bestimmten Klienten ziemlich negativ wirken, z. B. wenn eher äußere Umstände oder andere Menschen für die Störung ursächlich sind.

Quellen und weiterführende Literatur:

- BIRKENBIHL, Vera F.; BLICKHAN, Claus; ULSAMER, Bertold: Einstieg in das. Neuro-Linguistische Programmieren. 5. verbesserte Auflage. Speyer: GABAL-Verlag, 1992

---

6 Beim „Master-modelling“ werden z. B. die umsatzstärksten Verkäufer genau beobachtet, ihre Verhaltensweisen und Techniken möglichst exakt beschrieben und anschließend als Schulungsgrundlage benutzt. BANDLER und GRINDER praktizierten dies mit den berühmten Therapeuten Frederic [Fritz] PERLS, Milton H. ERICKSON und Virginia SATIR.

- BLICKHAN, Daniela und Claus: Denken, Fühlen, Leben. Vom bewußten Wahrnehmen zum kreativen Handeln. München: Landsberg am Lech: mvg-Verlag 1989 (6. Auflage 2000; 208 S.; € 8,64)
- GRINDER, Michael: NLP für Lehrer. 2. Auflage. Freiburg: VAK, 1992 (5. Auflage 1998, 226 S.; € 25,80)
- MOHL, Alexa: NLP - Was ist das eigentlich? Eine Entscheidungshilfe für Berater, Therapeuten, Lehrer, Trainer, Verkäufer und Führungskräfte. Neurolinguistische Fähigkeiten im Überblick. Paderborn: Junfermann, 2001. 117 S.; € 12,50
- SOMMER, Michael: Esoterischer Spuk oder effektive Lehrmethode? NLP und andere Psychomethoden erfreuen sich auch in der Weiterbildung wachsender Beliebtheit. In: EB 44 (1998), 2, S. 70-72
- STAHL, Thies: Neurolinguistisches Programmieren (NLP). Was es kann, wie es wirkt und wem es hilft. 5. Auflage. Mannheim: PAL, 1996. 157 S. (1. Aufl. 1992)

15 Ein anti-perfektionistisches Kapitel-Schlusswort

Bei allen Erklärungsmodellen sollte eines nicht vergessen werden:

Perfekte Kommunikation gibt es nicht,

wir sind ja keine Maschinen.

Wir können nur versuchen, unterschiedliche Sprechweisen

besser zu verstehen, indem wir unsere eigene

nicht als die einzig logische betrachten.

(Deborah TANNEN, zitiert nach einem Interview im STERN, Nr. 39/92, S. 254)

GRUNDLAGEN DER MÜNDLICHEN KOMMUNIKATION
INFORMATIONSBAUSTEIN 3

Kriterien zur Beurteilung von Sprech- und Redeleistungen

Die Zusammenstellung in diesem Kapitel liefert einen Überblick, welche Aspekte beim Sprechen und Reden eine Rolle spielen (können). Dabei werden einige zentrale Begriffe der Sprechwissenschaft und Sprecherziehung vorgestellt. Außerdem hilft dieser Baustein, Sprech- und Redeleistungen (bei sich selbst und bei anderen) genauer und ausführlicher beobachten und beurteilen zu können.

Vorbemerkungen zur Begriffswahl:

Leider gibt es für einige Bereiche nur Fremdwort-Bezeichnungen, die zwar erklärbar, aber nicht übersetzbar sind. Vor allem fehlen für die Hauptunterscheidung „nonverbal" und „verbal" entsprechende deutsche Begriffe.

„Verbales" kann unsere Buchstabenschrift problemlos zu Papier bringen; im Mittelpunkt steht die Frage, was und wie formuliert wird.

„Nonverbales" lässt sich in der Regel nur beschreiben; es geht in erster Linie um das optisch und akustisch wahrnehmbare Verhalten beim Sprechen.

Ganz genaue Sprachwissenschaftler benutzen statt „nonverbal" die Termini „paralinguistisch" oder „paraverbal" (= beim Sprechen gleichzeitig auftretend) und „extralinguistisch" oder „extraverbal" (= Körpersprache im engeren Sinn, die auch ohne Sprechen zu beobachten ist).

Paul WATZLAWICK prägte die Begriffe „analoge" (= nonverbale) und „digitale" (= verbale) Kommunikation, die ebenfalls häufig verwendet werden (vgl. Baustein 2, S. 28).

Einige Grundsätze zur Beurteilung von Sprech- und Redeleistungen

(Sie sollten vorab gelesen und beachtet werden, wenn mit den folgenden Beurteilungskriterien gearbeitet wird!)

Ein zentrales Prinzip lautet: Was nicht auffällt, ist (fast immer) in Ordnung! Deshalb sollten nur die Punkte des Katalogs markiert werden, die bei den Beobachteten störend oder in bemerkenswert positiver Form wahrgenommen wurden.

Aus diesem Grund sind im Beurteilungsbogen vorrangig negative Beispiele aufgeführt, die bei Bedarf unterstrichen bzw. ergänzt werden können.

Falsch wäre es allerdings, wenn die Beurteilung von Sprech- und Redeleistungen zu schematisch und absolut ablaufen würde. Es gibt kein „gutes Sprechen" an sich, das für jede Situation gleichermaßen geeignet wäre und auf alle Zielgruppen ausnahmslos positiv wirken könnte!

Falsch wäre es ebenfalls, beim eigenen Sprechen den gesamten Kriterienkatalog „im Kopf zu haben" (das würde zu stark ablenken!). Nur wirklich störende Angewohnheiten verdienen es, Schritt für Schritt berücksichtigt zu werden.

Gute Tipps gegen schlechte Gewohnheiten

Grundsätzlich finde ich es eher problematisch, sich etwas **ab**gewöhnen zu wollen, denn fast alles kann man zumindest als schlechtes Beispiel oder als Imitationseffekt brauchen. Viel sinnvoller wäre es, sich etwas Neues **an**zugewöhnen, z. B. kurze Pausen statt „äh" oder eine entspannte Stimme statt einer überhöhten. Als erstes sollten Sie das absichtliche Umschalten von der alten Gewohnheit zur neuen ausprobieren (ohne Zuhörende). Sie könnten z. B. den Satz „Ich kann sehr hoch und grell reden" ganz gespannt und überhöht sprechen, dann sich mit einem herzhaften Gähnen entspannen und den Satz „Ich kann auch entspannt tief sprechen" möglichst glaubwürdig in normaler Lautstärke produzieren. Diese Übung wird so lange wiederholt, bis das Umschalten („switchen") zur Routine geworden ist. Versuchen Sie anschließend, die neue Fähigkeit in relativ alltäglichen Situationen mit eher unbekannten Gesprächspartner(inne)n (z. B. beim Einkaufen, in der Cafeteria) solange bewusst zu beachten, bis die erwünschte Routine eingetreten ist! Aber überfordern Sie sich bitte nicht: In schwierigen Gesprächen sollten Sie sich primär auf das konzentrieren, **was** Sie sagen wollen!

Bei störenden „Lieblingswörtern" lohnt es sich, eine kleine Liste von Formulierungsalternativen zu erarbeiten. Viele relativieren ihre Aussagen z. B. mit dem Wörtchen „halt" („Ich meine halt, dass man halt was tun sollte..."). Alternativen wären (neben dem einfachen „Weglassen" oder dem Setzen einer gespannten Pause): also, deshalb, eben, in der Tat, jetzt, konsequenterweise, nun, nur, folglich, tatsächlich, vielmehr, wirklich.

Gegen hartnäckige störende Gewohnheiten hat sich in vielen Fällen die „Aversionsmethode" bewährt, die folgendermaßen funktioniert: Bringen Sie allein (ohne Zuhörende) für sich eine kleine Rede und Ihr Problem darin so oft und so massiv wie möglich. Bei zu vielen „Ähs" könnten eben diese nach fast jedem Wort eingefügt werden - bis es Ihnen bewusst (und unterbewusst!) zum Hals heraus hängt. Zum Beispiel so: „Meine äh sehr äh verehrten äh Damen und äh Herren, äh, liebe Eltern, äh, ich freue mich äh, dass äh heute äh..."

Noch zwei Anmerkungen zum eben erwähnten „Äh-Problem": Zum Glück tritt dieses bei so vielen Sprecher(inne)n auf, dass es als ganz normal empfunden wird und z. B. in meinen Seminaren bis zu 7 „Ähs" pro Minute in frei gesprochenen Gesprächsbeiträgen von ca. 90 % der Zuhörenden gar nicht bemerkt wurden. Ursache für viele „Ähs" ist übrigens oft ein überdurchschnittlich großer aktiver Wortschatz: „Wer die Wahl hat, hat das ‚Äh'!"

Zum einfachen Ankreuzen:

Eine Kurzbeurteilung von Sprech- und Redeleistungen

1	**Sicherheit:**	--	-	0	+	++
2	**Sachkompetenz und Vorbereitung:**	--	-	0	+	++
3	**Verständlichkeit:**	--	-	0	+	++
4	**Glaubwürdigkeit und Überzeugung:**	--	-	0	+	++
5	**Engagement und Angemessenheit [1]:**	--	-	0	+	++
6	**Dialogfähigkeit [2]:**	--	-	0	+	++
7	**Sonstige Auffälligkeiten:**					

1 Es mag manche wundern, dass hier Engagement und Angemessenheit zu einer Rubrik kombiniert wurden. Der Grund: Nur unter der Berücksichtigung der gebotenen Angemessenheit ist engagiertes Sprechen vorteilhaft. Übertriebenes Engagement wirkt schnell lächerlich und eine unangemessene Zurückhaltung führt ebenfalls zu schlechteren Eindrücken.

2 Wer dialogfähig ist, interessiert sich für die Meinungen der anderen, hört gut zu, argumentiert sachlich-freundlich und lässt erkennen, dass die eigene Position nicht die allein richtige ist.

Kriterien zur Beurteilung von Sprech- und Redeleistungen

1 Nonverbale Kriterien

1.1 Sichtbare Kriterien („Visueller Eindruck“)

1.1.1 **Haltung und Auftreten** (z. B. verspannt, lässig, sicher, unruhig, ...)

1.1.2 **Gestik** (z. B. nicht wahrnehmbar, eingeschränkt, lebhaft, übertrieben, fahrig, „Übersprungsgesten“, „Haarpflegegestik“, ...)

1.1.3 **Mimik** (z. B. freundlich, verspannt, grimassierend, zu ernst, ...)

1.1.4 **Blickkontakt** (z. B. nicht vorhanden, zu selten, zu kurz, eher fixierend, nur zu einzelnen, lange ins Konzept, zur Decke, zum Boden, ...)

1.1.5 **Konzepttechnik** (= Gestaltung und Handhabung des Konzepts) (z. B. unübersichtlich, zu eng, zu knapp, zu ausführlich, „abgelesen“, ...)

1.1.6 **Proxemik** (= Verhalten im Raum und Distanz zu anderen) (z. B. ungünstiger Standpunkt im Raum, zu naher/zu weiter Abstand zum Tisch/zu den Gesprächspartnern, ...)

1.1.7 **Sonstige sichtbare Auffälligkeiten** (z. B. sichtbare Hochatmung, Mundeinatmung, Aussehen, Kleidung, Frisur, ...)

(Dieses Kästchen bitte bei Verwendung als Beurteilungsbogen ausfüllen!)

Datum: .... Beurteilende Person: ....

Ort: .... Beurteilte Person: ....

1.2 Hörbare Kriterien („Auditiver Eindruck“)

1.2.1 **Stimmklang und Stimmlage** („**Phonation**“)
(z. B. angenehm, angespannt, grell, heiser, knarrend, rau, unterspannt, überhöht, verhaucht, ...)

1.2.2 **Aussprache** („**Artikulation**“) (z. B. undeutlich, etwas/stark dialektal, nuschelnd, umgangssprachlich, normgerecht, übertrieben exakt, ...)

1.2.3 **Betonung** („**Intonation**“) (z. B. monoton, gekünstelt, variationsreich, dem Text angemessen, überbetont, ...)

- **Lautstärke** und **Lautstärkevariation**
  (z. B. zu leise, zu laut, ohne Variation, ...)

- **Sprechgeschwindigkeit** und **Pausensetzung**
  (z. B. zu langsam / zu schnell; zu seltene / zu häufige / zu kurze / zu lange Pausen, ...)

- **Sprechmelodie** und **Stimmsenkungen**
  (z. B. zu gleichförmig, zu große Melodieintervalle, keine/seltene/gute Stimmsenkungen am Ende von Aussagen, ...)

1.2.4 **Sonstige hörbare Auffälligkeiten**
(z. B. gelegentliche/häufige Verlegenheitslaute [äh...], hörbare Atmung, Lippenöffnungsgeräusche, ...)

2 Verbale Kriterien

2.1 Verständlichkeit [3]

2.1.1 Einfachheit

(z. B. zu viele oder überflüssige Fremdwörter, zu lange Sätze,
zahlreiche Wörter mit abstrakten Endungen, komplizierter Satzbau,
relativ abstrakter Stil, ...)

2.1.2 Gliederung und Ordnung

(z. B. kein/deutlich wahrnehmbarer „roter Faden“,
ohne/gute Gliederungsübersicht in der Einleitung ,
keine/deutlich getrennte Abschnitte, ...)

2.1.3 Kürze und Prägnanz

(z. B. zu knapp oder zu ausführlich formuliert;
zu viele/zu wenige Aspekte behandelt;
zu kurz oder zu lang gesprochen, ...)

2.1.4 Zusätzliche Anregungen

(z. B. nicht vorhanden, zu selten in den Sprechtext eingebaut,
gute/wenige/keine anschaulichen Beispiele,
witzige Formulierungen;
kein/gutes direktes Ansprechen der Zuhörenden, ...)

---

3 Die Terminologie dieses Abschnitts orientiert sich am Standardwerk von LANGER, SCHULZ VON THUN und TAUSCH: Sich verständlich ausdrücken (vgl. die Auswahlbibliographie im Baustein 23).
Entsprechende Forderungen finden sich allerdings schon in der antiken Rhetoriklehre bei QUINTILIAN: **claritas** und **perspicuitas** (Einfachheit), **dispositio** und **compositio** (Gliederung und Ordnung), **brevitas** (Kürze) und **commotio** bzw. **excitatio** (Anregung).

2.2 Rhetorische Wirksamkeit

2.2.1 **Einleitung**
(z. B. ohne Motivation, zu kurz/zu lang, ohne Themennennung, zu trocken, originell, engagiert, ...)

2.2.2 **Allgemeiner Aufbau**
(z. B. spannungslos, erweckt Vorurteile, logisch, erschwert/erleichtert das Mitdenken, evtl. ungeplant, ...)

2.2.3 **Schluss**
(z. B. ohne klare Schlussaussage, zu ausführlich, zu vage, richtig zusammenfassend, eindringlich, deutlich erkennbar, ...)

2.2.4 **Argumentation**
(z. B. logisch, sachlich, mehr behauptend als argumentierend, nachdenklich, Einsatz unfairer Tricks, ohne Bezug zur Zielgruppe, ...)

2.2.5 **Formulierungen und rhetorische Stilmittel**
(z. B. gleichförmiger, langweiliger Satzbau, „Schreibstil", Tendenz zu „Lieblingswörtern" („halt", „eben", „also", ...), keine besonderen Stilmittel erkennbar, ...)

2.3 Sonstige Auffälligkeiten

(z. B. grundsätzliche Dialogbereitschaft, inhaltliche Aspekte, Eindruck von Sachkompetenz bzw. ausführlicher Vorbereitung, ...)

Bei der Verwendung als Beurteilungsbogen gilt:

Gepunktete Unterstreichung = schwach ausgeprägtes Merkmal

Unterbrochene Unterstreichung = normal ausgeprägtes Merkmal

Durchgezogene Unterstreichung = stark ausgeprägtes Merkmal

Pfeil nach schräg oben (↗) = wurde im Verlauf des Beitrags besser

Pfeil nach schräg unten (↘) = wurde im Verlauf des Beitrags schlechter

Ein ABC kommunikativer Adjektive

Der folgende Katalog zeigt nicht nur, wie viele Adjektive in Frage kommen, wenn Sprech- und Redeleistungen differenziert beurteilt werden sollen. Er kann auch als Übungs- oder Spielmaterial verwendet werden, um zu einem variableren Sprechausdruck zu gelangen.

1. abwechslungsreich
2. abwehrend
3. affektiert
4. aggressiv
5. albern
6. angeberisch
7. angeekelt
8. angespannt
9. ängstlich
10. anpassungsfähig
11. apathisch
12. ärgerlich
13. arrogant
14. ästhetisch
15. atemlos
16. aufdringlich
17. auffordernd
18. aufgedreht
19. aufgeregt
20. ausdrucksstark
21. ausgeglichen
22. ausgelaugt
23. autoritär
24. bedrückt
25. beflissen
26. begeisternd
27. begeistert
28. bekommen
29. belegt
30. belehrend
31. beleidigt
32. bemüht
33. besoffen
34. besorgt
35. besserwisserisch
36. bestürzt
37. betroffen
38. betrunken
39. bitter
40. blöd
41. böse
42. brüchig
43. brüllend
44. brummend
45. brutal
46. charmant
47. cool
48. depressiv
49. deprimiert
50. deutlich
51. devot
52. dialektal
53. diplomatisch
54. diplophon
55. direkt
56. distanziert
57. distanzlos
58. dominant
59. dumm
60. dumpf
61. dünn
62. durchdringend
63. dynamisch
64. eifrig
65. einfühlsam
66. eingebildet
67. ekstatisch
68. empört
69. engagiert
70. enthusiastisch
71. entrüstet
72. entsetzt
73. entspannt
74. enttäuscht
75. entzückt
76. erfreut
77. ergriffen
78. erleichtert
79. ermüdet
80. ernst
81. erregt
82. erschreckt
83. erschüttert
84. erstaunt
85. erzürnt
86. euphorisch
87. fasziniert
88. flüsternd
89. forsch
90. fragend
91. frech
92. freundlich
93. froh
94. fröhlich
95. frustriert
96. gähnend

97. gefühlvoll
98. gekränkt
99. gelangweilt
100. gelassen
101. gellend
102. genau
103. genervt
104. gepresst
105. gereizt
106. gerührt
107. gespannt
108. glaubwürdig
109. glücklich
110. grell
111. grob
112. großspurig
113. großzügig
114. gutgelaunt
115. hämisch
116. hart
117. hasserfüllt
118. hastig
119. hauchend
120. hauchig
121. heiser
122. heiter
123. heuchelnd
124. hilflos
125. hoch
126. hocherfreut
127. hochnäsig
128. hoffend
129. hoffnungsvoll
130. höflich
131. holprig
132. humorvoll
133. hysterisch
134. interessiert
135. intolerant
136. ironisch
137. irritiert
138. jammernd
139. jauchzend
140. johlend
141. jubelnd
142. kalt
143. kehlig
144. keuchend
145. kichernd
146. kicksend
147. kindisch
148. klangarm
149. klar
150. kleinlaut
151. kleinmütig
152. klug
153. knarrend
154. knödelnd
155. knurrig
156. kompetent
157. kompliziert
158. konfus
159. krächzend
160. kräftig
161. kraftvoll
162. kreischend
163. kritiklos
164. kritisch
165. kühl
166. lächelnd
167. lampenfiebrig
168. langsam
169. lasch
170. lässig
171. lauernd
172. laut
173. leiernd
174. leise
175. lethargisch
176. lieb
177. liebevoll
178. lispelnd
179. locker
180. lustig
181. lustlos
182. matt
183. melodiös
184. misstrauisch
185. monoton
186. motiviert
187. müde
188. muffig
189. munter
190. mutlos
191. nachdenklich
192. nachgiebig
193. naiv
194. nasal
195. näselnd
196. nervös
197. neugierig
198. neutral
199. niedergeschlagen
200. nüchtern
201. nuschelnd
202. offen
203. optimistisch
204. ordinär
205. panisch
206. pausenreich
207. pedantisch
208. perplex
209. pessimistisch
210. piepsend
211. plappernd
212. polemisch
213. polternd
214. positiv
215. pfeifend
216. provozierend
217. quäkend
218. quirlig
219. rau

220. raunend
221. räuspernd
222. rechthaberisch
223. resonanzarm
224. resonanzreich
225. röchelnd
226. rufend
227. ruhig
228. sachlich
229. sanft
230. sauber
231. säuselnd
232. scharf
233. schlapp
234. schlau
235. schluchzend
236. schmeichelnd
237. schneidend
238. schnell
239. schnippisch
240. schockiert
241. schreiend
242. schrill
243. schüchtern
244. schweigsam
245. schwungvoll
246. selbstbewusst
247. selbstkritisch
248. selbstsicher
249. selbstzufrieden
250. selig
251. singend
252. skeptisch
253. sonor
254. spontan
255. spöttisch
256. spröde
257. still
258. stimmlos
259. stockend
260. stöhnend
261. stotternd
262. strahlend
263. streitlustig
264. streitsüchtig
265. streng
266. stumm
267. stur
268. tadelnd
269. taktvoll
270. teilnahmslos
271. temperamentvoll
272. tief
273. tiefgründig
274. tolerant
275. tonlos
276. traurig
277. tuntig
278. überglücklich
279. überheblich
280. überrascht
281. überschwänglich
282. überwältigt
283. unaufdringlich
284. unauffällig
285. unbekümmert
286. unbeschwert
287. unfreundlich
288. uninformiert
289. uninteressiert
290. unnachgiebig
291. unsachlich
292. unsicher
293. unterspannt
294. unterwürfig
295. unverschämt
296. variabel
297. verärgert
298. verbindlich
299. verbissen
300. verbittert
301. verdrossen
302. vergnügt
303. verhalten
304. verlegen
305. verliebt
306. verschämt
307. verspielt
308. verständlich
309. verträumt
310. verwirrt
311. verzweifelt
312. vorlaut
313. vorsichtig
314. warmherzig
315. weich
316. weinend
317. weinerlich
318. widerwillig
319. winselnd
320. witzig
321. wortkarg
322. wütend
323. zappelig
324. zart
325. zärtlich
326. zerstreut
327. zischend
328. zitternd
329. zögerlich
330. zögernd
331. zornig
332. zufrieden
333. zurückhaltend
334. zuversichtlich
335. zwitschernd
336. zynisch

GRUNDLAGEN DER MÜNDLICHEN KOMMUNIKATION
INFORMATIONSBAUSTEIN 4

Sprechängstlichkeit

(„Lampenfieber“)

Ursachen, Symptome und Eingriffsmöglichkeiten

1 Vorbemerkungen

(Zum Stellenwert der Sprechängstlichkeit und ihrer Therapie)

Mehrere Untersuchungen belegen, dass Sprechängstlichkeit in unserer Kultur eher die Regel als die Ausnahme bildet: nur für ein knappes Zehntel der Bevölkerung scheint es kein Problem zu sein, in für sie schwierigen Situationen „unbeschwert" zu reden.

Eine leicht erhöhte Spannung in problematischen Kommunikationssituationen wirkt sich in der Regel positiv aus: Sie wird von den Zuhörenden erwartet, sie führt fast immer zu konzentriertem und besserem Sprechen (z. B. durch eine etwas intensivere Gehirndurchblutung), sie hilft ferner oft, Eindrücke von aufdringlicher Arroganz oder unangemessener Lässigkeit zu vermeiden.

Wird hingegen durch übergroße Spannung die Sprechqualität objektiv verschlechtert, fallen also bestimmte Symptome (sie werden im dritten Abschnitt dieses Kapitels beschrieben) Ihnen selbst und anderen störend auf, so kann und sollte dagegen etwas getan werden. In den sprecherzieherischen Lehrveranstaltungen werden hierzu Empfehlungen geliefert, die auf die Teilnehmenden individuell abgestimmt sind.

2 Ursachen von Sprechängstlichkeit

Die Wissenschaft erklärt die Sprechängstlichkeit aus zwei Perspektiven: als Folge der individuellen Sozialisation (Herkunft, Erziehung, Sprecherfahrungen usw.) und als Ergebnis von allgemein angelegten Reaktionsmustern („Stress").

Folgende Sozialisationsfaktoren führen nach Umfragen verstärkt zu Sprechängstlichkeit: bestimmte Berufe der Eltern (primär jene, in denen wenig frei gesprochen werden muss), Dialekt im Elternhaus (nur wenn die Kinder später eine einigermaßen korrekte Standardsprache gebrauchen müssen!), fehlende bzw. unangenehme Sprecherfahrungen und vor allem ein autoritärer Erziehungsstil (der negative Selbsteinschätzung fördert). Frauen geben „Lampenfieber" meist bereitwilliger zu als Männer.

Für eine erfolgreiche Therapie wichtiger ist zumeist der zweite Ansatz: für ihn ist Sprechängstlichkeit „normale" Stressreaktion des Menschen. Im Stress stellt sich der Organismus unbewusst auf die echte oder vermeintliche Notwendigkeit ein, hohe körperliche Leistung erbringen zu müssen (Ziel: Angriff, Flucht oder „Sich tot stellen"). Die im folgenden Abschnitt aufgeführten Symptome werden daraus verständlich.

3 Symptome der Sprechängstlichkeit

Die Symptome der Sprechängstlichkeit können in drei verschiedenen Ebenen auftreten. Sie beeinflussen sich in der Regel gegenseitig, so dass es bei positiven Eingriffen zur Angstreduzierung, im negativen Fall aber zu einem „Aufschaukeleffekt" kommt.

3.1 „Kognitiv-emotionale Ebene"
(= was die Gedanken und Gefühle betrifft)

- Angstgefühle, Verunsicherung, situative Fehleinschätzung (der Schwierigkeitsgrad der Sprechsituation wird überschätzt);
- Vermeidungsverhalten (es wird versucht, den Angst auslösenden Situationen auszuweichen);
- negative Selbsteinschätzung; evtl. Minderwertigkeitskomplexe
- trotzdem Drang zur Perfektion („möglichst keine Fehler machen wollen", gerade dadurch entsteht eine ungünstige Fixierung auf eben diese Probleme)

3.2 „Physiologische Ebene"
(= was sich im Körper ereignet)

- gesteigerte Aktivierung des Sympathicus („ergotrope Reaktion" = „die Arbeit liebendes Verhalten")
- die Hypophyse (ein Teil des Stammhirns) schüttet ACTH (= adrenocorticotropes Hormon) in die Blutbahn; die Nebennieren registrieren dies
- stärkere Produktion von Glukokortikoiden (Kortisol, Kortison, Kortikosteron)
- vermehrte Freisetzung von Noradrenalin und Adrenalin („Stresshormone")
- Erhöhung der Herz- und Pulsfrequenz, höherer Blutdruck
- schnellere und höhere Atmung („Leistungsatmung")
- Zunahme der Blutgerinnungsfähigkeit und des Blutzuckerspiegels
- Steigerung der Energiezufuhr für die Muskulatur; höherer Muskeltonus
- vermehrte Schweißabsonderung, feuchte Hände, Schweißperlen
- Austrocknung der Schleimhäute im Kehlkopf- und Mundbereich (trockener Mund)

- Überspannung der Muskulatur im Stimm- und Artikulationsbereich
- Verminderung der Darmperistaltik (Reduktion der Verdauungsaktivität), daher Harn- und Stuhldrang
- Funktionsbeeinträchtigung der Großhirnrinde und der Synapsen im Gehirn, somit gestörte Weiterleitung von Impulsen („Denkblockade“ / „Blackout“)
- Erweiterung der Pupillen
(dies erweckt einen eher interessierten, sympathischen Eindruck!)
- allgemeine, auch längerfristige Überspannung der Muskulatur

3.3 „Motorisch-behaviorale Ebene“ (= Bewegungs- und Sprechverhalten)

- eingeschränkte Gesamtmotorik („verkrampfte Haltung“)
- unkontrollierte Bewegungen oder fehlende Gestik
- starre Mimik oder unnatürliche „Grimassen“
- fehlender oder eingeschränkter Blickkontakt
- überhöhte Stimmlage
- unhygienischer, gepresster Stimmeinsatz („Knackgeräusch“)
- übermäßiges Pressen der Stimmlippen beim Stimmabsatz (hörbares „Abknarren“)
- schlechterer Stimmklang durch Überspannung der Schlund- und Rachenmuskeln („faukale Enge“)
- Zunahme von Verlegenheitslauten und -floskeln („äh“, „nicht wahr“)
- Unterbrechung des Gedanken- und Redeflusses („Steckenbleiben“)
- eingeschränkte Wahrnehmungsfähigkeit
(z. B. erschwertes Erkennen von Konzept und „Publikumsreaktion“)

4 Eingriffsmöglichkeiten bei Sprechängstlichkeit

In der Therapie der Sprechängstlichkeit sollten im Normalfall alle drei aufgeführten Symptomebenen berücksichtigt werden. Auch hier ist eine gegenseitige Beeinflussung nachweisbar.

4.1 „Einstellungsänderung“

Sprechängstliche Personen sind meistens eher selbstkritisch und pessimistisch veranlagt (bzw. erzogen). Deshalb geht es hier um die Überprüfung und Änderung der Selbsteinschätzung sowie der individuellen Einstellung zur Sprechängstlichkeit bzw. zu den damit verbundenen Situationen.

Einige Hilfsfragen dazu:

- Besteht ein realistischer Grund zur Sprechängstlichkeit?
- Welche Nachteile kommen im schlimmsten Fall auf mich zu?
- Welche Vorteile liefert mir meine Ängstlichkeit? [1]
- Bin ich gut genug vorbereitet?
- Haben mich andere richtig über die Situation informiert?
- Ist meine Selbstwahrnehmung/-einstellung realistisch?
- Neige ich zu Strategien wie Verleugnung („Ich will nichts von Angst wissen!“), Intellektualisieren („Ich erfinde gute Ausreden!“) oder Vermeidung („Ich will gar nicht erst in die unangenehme Situation kommen!“)?
- Habe ich schon einmal bewusst „Positives Denken“ versucht? (Statt negativer Erwartungen werden absichtlich positive eingesetzt.)
- Akzeptiere ich, dass bestimmte Symptome auftreten?
- Akzeptiere ich, dass ich manchmal unsicher und nicht „perfekt“ bin?

Eigenes intensives Nachdenken und gute Gespräche mit Vertrauten bzw. gesprächstherapeutisch Geschulten (im Rahmen von Einzelsitzungen oder Gruppentherapie) können zusammen mit Informationen über Stress auslösende bzw. erhöhende Faktoren (z. B. Autoritätssignale [2]) die nötige Sicherheit aufbauen.

Ungewohnte Umgebungen wirken fast immer ablenkend. Diese (in der Regel nur unbewusst) störenden Einflüsse können minimiert werden, wenn die Gelegenheit besteht, den neuen Raum vorher auf sich einwirken zu lassen. Vor Examina

---

1 Ja, Sie haben richtig gelesen! Eventuell liegt ein Grund für die Sprechängstlichkeit darin, dass damit eine Reihe von Vorteilen verknüpft sind; z. B. Entschuldigungsmöglichkeiten, die scheinbare Sicherheit bei Vermeidungsstrategien, das Verhindern von Blamagen etc.

2 Autoritätssignale beeinflussen massiv Kommunikationsprozesse. Es handelt sich dabei um Attribute, die Macht demonstrieren und Unsicherheit fördern. Sie können in vielfältiger Form auftreten, z. B. als Folge von Raumgestaltung, Sitzordnung, Kleidung, Distanzverhalten, Blickkontakt, laute Stimme oder auch als die Gewohnheit, andere warten zu lassen. Nicht immer werden Autoritätssignale absichtlich bzw. bewusst eingesetzt. Einmal erkannt, wirken sie kaum mehr!

könnten die Prüfungszimmer (meist Unterrichts- oder Lehrkraftsräume) z. B. zu einer Beratung aufgesucht werden.

Ein praktischer Tipp: Viele nutzen höchst erfolgreich die Möglichkeit, sich vorher „warm zu reden". Sie plaudern z. B. vor Beginn der schwierigen Redesituation mit netten Bekannten bzw. melden sich zum frühestmöglichen Zeitpunkt zu einer anderen Frage.

4.2 Eingriffe bei körperlichen Symptomen

Verlockend klingt die Möglichkeit, mit Hilfe bestimmter Medikamente die Wirkung der „Stresshormone" zu reduzieren bzw. auszuschalten. Rezeptfreie Mittel (z. B. auf Baldrian-, Hopfen- oder Johanniskrautbasis) können in der empfohlenen Dosierung wirklich ein wenig helfen und einen besseren Schlaf in der Nacht vor dem wichtigen Auftritt fördern - starker Glaube an die Wirkung vorausgesetzt. Bei anderen Pillen ist eine deutliche Warnung angebracht: der unkontrollierte Einsatz von „Tranquilizern" oder „Beta-Blockern" kann zu schwerwiegenden Nebenwirkungen führen!

Weit mehr bringen regelmäßig eingesetzte und im Schwierigkeitsgrad gesteigerte Atmungsübungen. Sie verhelfen zu einer allgemein reduzierten Spannung (vgl. Informationsbaustein 7, S. 81-85).

Wer die Möglichkeit hat, vor schwierigen Sprechsituationen ein wenig auf und ab zu gehen, hilft dem Körper, die Stresshormone produktiv umzusetzen und lockert sich dabei gleichzeitig.

Grundsätzlich sollten beim Sprechen Körperhaltungen eingenommen werden, die Verspannungen erschweren bzw. verhindern. Ungünstig ist z. B. ein Verschränken der Arme, das vor allem die natürliche Gestik blockiert.

Die höhere Muskelspannung des Körpers kann notfalls (!) über die Füße durch einen kurzen und intensiven Druck in den Boden „abgeleitet" werden.

Gegen Trockenheit im Mundraum hilft meist ein alter Schauspielertrick: leichtes Beißen auf die Zungenspitze erhöht kurzfristig den Speichelfluss.

Einige zum Teil höchst lustige **Lockerungsübungen** für den Stimm- und Artikulationsbereich verhindern Überspannungen[3]. Diese werden im Folgenden kurz beschrieben; sie sollten so lange individuell geübt werden, bis sie jederzeit bei Bedarf abrufbar sind.

---

3 Erfahrungsgemäß ist es günstiger, wenn diese Übungen allein und nicht vor dem Spiegel praktiziert werden. Sobald nämlich ein Lachzwang entsteht, wird die muskuläre Anspannung zu groß.

Lockerungsübungen für Stimme und Aussprache vor schwierigen Sprechsituationen

- **„Lippenflattern“**: Lippen mit der Zunge leicht befeuchten, Unterkiefer locker hängen lassen, Lippen bequem geschlossen halten (nicht zusammenpressen!), dies alles bei relativ entspannter Mimik („Schafsgesicht“), dann ein paar Sekunden lang durch den Mund blasen, so dass sich ein blubberndes Geräusch ergibt (vgl. Pferdeschnauben).
- **„Motorrad“**: die gleiche Übung wie das Lippenflattern, aber mit Stimme. Wichtig: ein sonorer, eher tiefer und nicht zu lauter Summton fördert die Entspannung!
- **„Kieferschütteln“**: Eine gefährliche Übung, wenn sie übertrieben eingesetzt wird! Die Unterkieferpartie hängt - wie der ganze Kopf - so bequem wie möglich nach unten. Dann sollte nur ein paar Sekunden lang und nur im Millimeterbereich der Kopf so schnell nach links und rechts geschüttelt werden, dass ein „klapperndes“ Geräusch entsteht. Auch diese Übung kann mit oder ohne (bequemen) Stimmton praktiziert werden. Eine wichtige Warnung: Bei falscher (= zu langer und zu intensiver) Anwendung entstehen unangenehme Schwindelgefühle!
- **Gähnen bzw. Höflichkeitsgähnen**[4]: diese unproblematischen und allgemein bekannten Tätigkeiten entspannen vor allem die Kehlkopfregion und damit die Stimme!
- **dezente Brummtöne**. Statt Räuspern sind die fast unhörbaren Tönchen im besonders entspannten (= relativ tiefen) Tonbereich eine bewährte Lockerungshilfe. Bei überhöhter Stimmlage reicht übrigens oft schon der Vorsatz, etwas tiefer zu sprechen bzw. die bewusste Stimmsenkung am Ende von Aussagen. Letztere wirkt nicht nur entspannend, sondern bringt auch die Äußerungen „auf den Punkt".

Soll eine der jeweiligen Situation angemessene Körperspannung das Ziel sein, so helfen vor allem komplexere Entspannungsmethoden („Progressive Muskelrelaxation“ und „autogenes Training“). Sie werden im nächsten Kapitel (Baustein 5) ausführlich beschrieben.

Übrigens: kohlehydratreiche Ernährung (Zucker, Getreidekost), Vitamin B (z. B. in Milchprodukten) und vegetarische Kost (Gemüse, Obst) können die Lampenfiebersymptome ebenfalls reduzieren! Auch Schokolade wird häufig als Stimmungsaufheller empfohlen, da sie den Serotoninspiegel erhöht (vgl. TARR KRÜGER).

---

4 „Höflichkeitsgähnen“ bedeutet hier: Gähnen mit geschlossenem Mund (und nicht: mit vorgehaltener Hand)!

4.3 Änderungen im Bewegungs- und Sprechverhalten

Hier wird das gesamte rhetorische Trainingsrepertoire wirksam. Neben Haltungsempfehlungen (vgl. S. 77) und Lockerungsübungen (vgl. S. 53) nützen vor allem Übungen zur Arbeit mit Konzepten, zum Blickkontakt, zur Stimmführung, zur Pausensetzung, zur Strukturierung und Formulierung. Sie sind in den folgenden Kapiteln dieses Buchs beschrieben.

Die aufmerksame und geschulte Beobachtung - nicht nur im rhetorischen Seminar - verhilft mit angemessenem Feedback zur Gewissheit, welche Faktoren unauffällig sind (es sind meist überraschend viele!) und welche verändert werden sollten.

Obwohl es banal klingt, muss es hier erwähnt werden: Routine und Sicherheit werden in erster Linie durch wiederholtes Üben (auch und vor allem in der Praxis) erworben.

Zum Problem des Steckenbleibens:

Meist ist es keine Schande (im Gegenteil: es schafft sogar oft größere Sympathie), wenn man ehrlich zugibt, aus dem Konzept gekommen zu sein oder - geschickter - „einen Moment überlegen muss“. Sprechpausen werden i. d. R. von den Zuhörenden kürzer als von den Sprechenden selbst empfunden; Pausen schaffen ferner positive Spannung. Die folgenden Möglichkeiten sollten sehr vorsichtig eingesetzt werden: sobald der Verdacht entsteht, dass Sie Tricks einsetzen, ist Ihre Glaubwürdigkeit dahin!

a) Sie haben ein Wortfindungsproblem oder ein Name ist Ihnen entfallen?

- Hilft eine kleine Pause oder ein Blick ins Konzept?
- Sie fragen sich selbst: Wie heißt das Wort?
- Sie bringen zunächst andere Informationen, die mit dem entfallenen Wort in Verbindung stehen (z. B. biographische Fakten bei einem entfallenen Namen).
- Ist die Information besonders wichtig? Wenn nicht, dann sagen Sie dies und gehen zum nächsten Gedanken über.
- Fragen Sie doch die Zuhörenden direkt! Meist gibt es mitdenkende Hilfsbereite!

b) Sie haben sich vergaloppiert: Sie wissen z. B. nicht mehr, wie ein kompliziert begonnener Satz korrekt zu Ende geführt werden kann...

- Dieses Problem ist oft kein objektives Problem, denn die meisten Zuhörenden können sich vermutlich nicht mehr an den Anfang erinnern und wissen erst recht nicht, wie dieser komplizierte Satz korrekt zum Ende geführt werden muss. Fast jeder mit Überzeugung gesprochene Satzschluss klingt gut.

- Satzabbruch: Sie formulieren den Gedanken neu; Überleitung z. B.: Ich möchte dies einmal anders / etwas einfacher ausdrücken.

- Ebenenwechsel: Statt Theorie ein konkretes Beispiel, statt weiterem Monolog ein nachgespielter Dialog.

- (Falls dies häufiger vorkommen sollte): Sie üben einfacheren Satzbau mit vielen Stimmsenkungen und Pausen (vgl. Baustein 12 „Verständliches Formulieren", S. 111-112).

c) Sie wissen überhaupt nicht mehr, wie es weitergehen soll?

- Manche Redeprofis haben einen kleinen Fundus von (fast immer) passenden Versatzstücken (Sätze, Zitate, Anekdoten, z. B. eine kleine Erzählung, wie eine prominente Person in einer ähnlichen Situation handelte: *„Jetzt geht es mir fast so wie dem ehemaligen deutschen Bundespräsident Heinrich Lübke, als er in Helmstedt einen absoluten Blackout hatte und nicht mehr wusste, in welcher Stadt er gerade war..."*).

- Sie formulieren eine rhetorische Frage, die Sie dann selbst beantworten.

- Sie fragen das Publikum, ob zum letzten Abschnitt Fragen aufgetreten sind (und gönnen allen Beteiligten eine längere Überlegungspause).

- Sie wiederholen sinngemäß den letzten Gedanken (weil er so wichtig ist und deshalb wegen der besseren Einprägsamkeit zweimal gesagt werden sollte!).

- Sie schlagen eine kleine Pause vor (z. B. zum Lüften).

- Sie beenden den Beitrag (Vielleicht haben Sie ja den Schluss gut vorbereitet - was stets empfehlenswert ist - oder sogar wörtlich im Konzept?).

5 Weiterführende Literatur und Quellenangaben

- ALLHOFF, Dieter-W.: Sprechangst. Psychophysische Grundlagen und Modelle zur Reduktion. In: Mündliche Kommunikation: Störungen und Therapie. Dieter-W. ALLHOFF (Hrsg.). Frankfurt/Main: Scriptor, 1983 (S. 145 - 159)
- ALLHOFF, Dieter-W.; BERNER, Winfried: Ursachen und Ausmaß von Sprechangst. Ergebnisse einer empirischen Untersuchung. In: sprechen, März 1983, S. 23 - 31
- ANDERS, Hans-Ulrich; WAGNER, Roland W.: Rhetorische Übungen in der Sprechangsttherapie - Hilfen oder Stressoren. In: LOTZMANN, Geert (Hrsg.): Sprechangst in ihrer Beziehung zu Kommunikationsstörungen. Berlin: Marhold, 1986. S. 219-237
- BERCKHAN, Barbara; KRAUSE, Carola; RÖDER, Ulrike: Schreck laß nach! Was Frauen gegen Redeangst und Lampenfieber tun können. München: Kösel, 1993 (vergriffen)
- BEUSHAUSEN, Ulla: Sprechangst. Erklärungsmodelle und Therapieformen. Opladen: Westdeutscher Verlag, 1996 (vergriffen)
- KRIEBEL, Reinholde: Sprechangst. Analyse und Behandlung einer verbalen Kommunikationsstörung. Stuttgart u. a.: Kohlhammer, 1984 (vergriffen)
- KRIEBEL, Reinholde: Sprechangst. In: Manfred GROHNFELDT (Hrsg.): Handbuch der Sprachtherapie, Band 5 - Störungen der Redefähigkeit. Berlin: Ed. Marhold, 1992
- LOTZMANN, Geert (Hrsg.): Sprechangst in ihrer Beziehung zu Kommunikationsstörungen. Berlin: Marhold, 1986 (251 S.; € 19,80)
- METZIG, Werner; SCHUSTER, Martin: Prüfungsangst und Lampenfieber. Bewertungssituationen vorbereiten und meistern. Berlin, Heidelberg, New York: Springer, 1998 (205 S.; € 16,95)
- PÜTTJER, Christian; SCHNIERDA, Uwe: Reden ohne Angst. Souverän auftreten und vortragen. Frankfurt/M.: Campus, 2002. 203 S., € 19,90
- SONNTAG, Robert: Hilfe, ich muss reden! Rede- und Sprechangst verstehen und einfach überwinden. Die Erfolgsmethode für mehr Selbstsicherheit: So sprechen Sie frei und gelassen. Das Selbsthilfe-Paket aus CD und Buch. Stuttgart: MVS Medizinverlage, 2003. 127 S., CD, € 19,95
- STEINBUCH; Ursula: Raus mit der Sprache. Ohne Redeangst durchs Studium. Frankfurt, New York: Campus, 1998. 128 S. (vergriffen)
- TARR KRÜGER, Irmtraud: Lampenfieber. Ursachen; Wirkung; Therapie. Stuttgart: Kreuz-Verlag, 1993. 229 S. (vergriffen)

GRUNDLAGEN DER MÜNDLICHEN KOMMUNIKATION
INFORMATIONSBAUSTEIN 5

Entspanntes Sprechen

Progressive Muskelentspannung und autogenes Training

(Übungsbegleitende Kurzdarstellungen)

1 Progressive Muskelentspannung

1.1 Die Methode

Die Progressive Muskelentspannung („Progressive Relaxation"; „PMR") nach Edmund JACOBSON ist eine anerkannte und relativ leicht erlernbare Entspannungsmethode. Sie nutzt ein allgemein bekanntes Prinzip systematisch aus: eine vorangehende Anspannung bestimmter Muskeln bewirkt automatisch eine anschließende Entspannung. Diese Anspannung sollte dabei vorsichtig bis an die Grenze der jeweiligen Belastungsfähigkeit geführt werden (= 100%-Spannung), ohne dass jedoch Schmerzgefühle bzw. Verkrampfungen auftreten.

„Progressiv" bedeutet hier, dass systematisch von vertrauten zu weniger vertrauten Körperregionen fortgeschritten wird. Damit erhöht sich die Wahrnehmungsfähigkeit für Körperempfindungen; in vielen Fällen wird sogar gegen Ende der Lernphase eine nur noch durch Vorstellung ausgelöste Spannungsbeeinflussung möglich.

Die Progressive Muskelentspannung hat in ihrer Normalform den Nachteil, dass sie nicht vor Publikum eingesetzt werden kann - sie erleichtert jedoch erheblich das Einüben von anspruchsvolleren Methoden (z. B. des autogenen Trainings).

1.2 Der Übungsablauf

Eine Übung der Progressiven Muskelentspannung besteht in der Regel aus drei Abschnitten:

1. **Vorbereitung**
2. **Wechsel von Spannung und Entspannung,**
3. **Rücknahme** (entfällt beim Einschlafen).

Erläuterungen zum Abschnitt 1 der PMR („Vorbereitung"):

Bei der **Vorbereitung** sollen stets folgende Elemente berücksichtigt werden:

- Keine äußeren Störungen (z. B. Abstellen von Klingel und Telefon);
- bequeme Kleidung (evtl. Schuhe ausziehen);
- entspannende Lage (in der Regel auf dem Rücken liegend);
- Augen schließen (evtl. Brille abnehmen bzw. Kontaktlinsen entfernen);

- „Körpererforschung" (= Konzentration auf einzelne Muskelpartien und deren spielerisch-leichte Betätigung mit minimalem Kraftaufwand);
- „Atemkontrolle" (Beobachtung der langsamen und ruhigen Zwerchfellatmung mit entsprechender leichter Hebung und Senkung der Bauchdecke).

Die Dauer der Vorbereitungsphase ist unterschiedlich; mit zunehmender Routine wird sie immer kürzer.

Erläuterungen zum PMR-Abschnitt 2 („Spannung/Entspannung"):

Der **Wechsel von Spannung und Entspannung** ist das Zentralprinzip der PMR. In der Lernphase steht die Spannungserprobung im Mittelpunkt. Hauptziel dabei ist die Selbsterfahrung: wie spüre ich die jeweilige Körperpartie, wenn sie normal, hoch oder gering gespannt ist?

Hilfreich wäre die Vorstellung eines von 0 bis 100 reichenden „Spannungsmessgeräts" (0 = absolute Entspannung; 40 - 60 = Normalspannung; 100 = größtmögliche **schmerzfreie** Anspannung).

Die grundsätzliche Vorgehensweise für jeden Übungsteil:

- a) aus der Normalspannung langsame (= 5 - 10 Sekunden lange) Steigerung bis ca. „90 von 100" der größtmöglichen schmerzfreien Anspannung

  b) kurze (ca. 2 - 5 Sek.) Spannungsverminderung („50 - 60")
- c) kurze (ca. 2 - 5 Sek.) Extremspannung („100")
- d) Loslassen und Entspannung spüren (ca. 5 - 10 Sek.)

  (Die angegebenen Zeiten können mit zunehmender Routine erheblich verkürzt werden!)

Nach dem Loslassen sollte das Gefühl in der nunmehr entspannten Körperregion gespürt werden (= Wärme- und Schweregefühl auf Grund der intensiveren Durchblutung), auch durch Vergleich mit anderen bzw. den jeweils komplementären Körperteilen (z. B. rechte Hand / linke Hand).

Der Übungsweg der PMR verläuft systematisch von vertrauten zu weniger gut spürbaren Regionen. Für das individuelle Training ist es sinnvoll, erst dann einen neuen Schritt zu erproben, wenn die vorangegangenen problemlos ablaufen (z. B. dreimal hintereinander erfolgreich).

Die Übungsteile der Progressiven Muskelrelaxation (PMR) nach der Vorbereitungsphase

Für jeden Schritt gilt die oben beschriebene grundsätzliche Vorgehensweise; Linkshänder sollten im folgenden rechts und links vertauschen!

1 **Rechte Hand** („Schreibhand"). Sie wird von der Unterlage abgehoben und zur Faust geballt.

2 **Rechter Unterarm.** Die mäßig angespannte Faust wird nach innen gegen den von der Unterlage abgehobenen Unterarm gedrückt. Vorsicht: hier besteht eine etwas höhere Verkrampfungsgefahr!
Variante: Die Faust wird nach außen gegen den Unterarm gedrückt.

3 **Rechter Oberarm.** Faust und Unterarm (jeweils mäßig angespannt) werden gegen den von der Unterlage abgehobenen Oberarm gedrückt („Boxerstellung").

4 **Linke Hand** (wie beim Übungsteil 1).

5 **Linker Unterarm** (wie beim Übungsteil 2).

6 **Linker Oberarm** (wie beim Übungsteil 3).

7 **Schultern und Nacken.** Die Schultern werden in Richtung Ohren hochgezogen und der Kopf wird nach hinten gedrückt. Ein ganz vorsichtiges „Kopfrollen" nach links und rechts ermöglicht eine intensivere Erfahrung der Spannung.

8 **Rücken:** ausgeprägtes Hohlkreuz bilden (Hinterkopf, Schultern und Becken bleiben auf der Unterlage, der Bauch wird angehoben).

9 **Gesicht:**

Hierzu gibt es eine Reihe verschiedener Teilübungen. Die Augenübungen sollten nicht mit Kontaktlinsen durchgeführt werden!

9.1 Die Stirne einmal intensiv nach oben, dann nach unten ziehen.

9.2 Die Augen bei geschlossenen Lidern weit aufreißen.

9.3 Die Augen fest zusammenkneifen, die Nase rümpfen und die Wangenmuskulatur anspannen.

9.4 Die Lippen einmal nach vorne spitzen und dabei fest (vertikal) zusammendrücken, danach beide Mundwinkel möglichst breit auseinander ziehen (wie beim „künstlichen Grinsen").

9.5 Den Unterkiefer fest gegen den Oberkiefer drücken (= „Zähne zusammenbeißen"; diese Übung aber nicht bei Zahnproblemen durchführen!)

Kombinierte Kurzform der Gesichtsentspannung:
gleichzeitig die Stirn und die Augenbrauen nach unten, die Augen fest zusammenkneifen, die Nase rümpfen und die Wangenmuskulatur anspannen, die Lippen nach vorn spitzen und dabei fest zusammendrücken, und den Unterkiefer gegen den Oberkiefer drücken.

10 **Brustbereich:** Es beginnt mit einigen Sekunden der Atmungsbeobachtung; dann wird die eingeatmete Luft einige Sekunden angehalten und wieder ausgeatmet; danach die großen, äußeren Brustmuskeln anspannen: die angewinkelten Arme werden dazu mit nach vorn gekippten Schultern nach vorn innen gedrückt.

11 **Bauch:** Beide Beine gestreckt von der Unterlage abheben (ca. 5-10 cm); gleichzeitig den Bauch gegen den Gürtel bzw. Bund drücken (evtl. mehrmals wiederholen).

12 **Gesäß:** Zunehmend die großen Gesäßmuskeln nach innen zusammenpressen, bis die Unterlage nur noch seitlich spürbar ist.

13 **Oberschenkel:** Bei durchgedrückten Knien die Fußspitzen vom Körper weg drücken.

14 **Unterschenkel:** Bei durchgedrückten Knien die Fußspitzen zum Körper hin drücken. Vorsicht: erhöhte Verkrampfungsgefahr!

15 **Füße:**

15.1 Die Zehen in Richtung Rumpf drücken und gleichzeitig die Fersen vom Körper wegdrücken.

15.2 Die Zehen nach vorne „gegen die Sohle“ bzw. „Zusammenkrallen“ der Füße.

Erläuterungen zum Teil 3 der PMR („Rücknahme“):

Die **Rücknahme** schließt die PMR-Übung ab. Sie ist **wichtig**, um die Körperspannung wieder auf ein normales und angemessenes Niveau zu bringen.

Ohne Rücknahme könnte es zu einem „Zusammenklappen“ nach dem Aufstehen kommen; die Rücknahme muss natürlich nicht durchgeführt werden, wenn die PMR als Einschlafhilfe benutzt wird.

Die Rücknahme läuft wie folgt:

1. **spielerisches Räkeln, Dehnen und Strecken;**
2. **mehrmaliges (ca. 3x) mäßig intensives Anspannen der Arme;**
3. **mehrmaliges (ca. 3x) Einatmen mit leichter Schulterhebung;**
4. **Öffnen der Augen und gemütliches Aufstehen.**

1.3 Die Kurzform der Progressiven Muskelentspannung

Nach einigen Wochen der relativ regelmäßigen Übung (mindestens einmal täglich!) sollte die An- und Entspannung in allen Bereichen problemlos und zügig ablaufen.

Erst dann kann die rationelle Kurzform versucht werden, die innerhalb von 2 - 5 Sekunden eine Spannungsnormalisierung bewirkt. Jedoch sollte auch bei der Kurzform die Gefahr von Verkrampfungen und Muskelüberspannungen berücksichtigt werden; es empfiehlt sich ein eher vorsichtiges Herangehen.

Die Kurzform kann liegend und sitzend praktiziert werden; im Notfall sogar auf einer Toilette. Somit ist es möglich, sie als schnell wirkende Entspannungstechnik kurz vor Stress auslösenden Situationen einzusetzen.

Zur Kurzform werden folgende Elemente der Progressiven Muskelentspannung möglichst gleichzeitig innerhalb von wenigen (= 2 - 5) Sekunden zusammengefasst:

- **Spannung beider Hände, Unter- und Oberarme**

  (vgl. die Übungsabschnitte 1 - 6).

- **Kombinierte Kurzform der Gesichtsanspannung**

  (gleichzeitig die Stirn und die Augenbrauen nach unten, die Augen fest zusammenkneifen, die Nase rümpfen und die Wangenmuskulatur anspannen, die Lippen nach vorn spitzen und dabei fest zusammendrücken, und den Unterkiefer gegen den Oberkiefer drücken).

- **Der Rücken wird nach vorne gebogen, der Kopf drückt gegen den Rumpf.**
- **Die Schultern werden hochgezogen, die Atmung wird angehalten.**
- **Die angewinkelten Beine werden Richtung Kinn angehoben**

  („Knie unters Kinn").

Bei ungewollt großer Entspannung („Schlappheit") können danach Elemente der (oben beschriebenen) Rücknahme genutzt werden.

2. Das autogene Training

2.1 Die Methode

Autogenes Training ist eine sehr gute und praktische Methode, um körperliche Spannungen (so wie sie z. B. in unerwünschter Form bei Sprechängstlichkeit auftreten) regulieren zu können. Bereits zu Beginn des 20. Jahrhunderts erkannte der Berliner „Nervenarzt" Johannes H. SCHULTZ, dass Entspannung auch durch entsprechende Konzentration, unterstützt durch bestimmte Formeln, erreicht werden kann („Konzentrative Selbstentspannung"). Ständig weiterentwickelt und überprüft, gehört das autogene Training heute zu den klassischen Methoden der Medizin und Psychotherapie.

2.2 Die Voraussetzungen

„Autogen" bedeutet: „selbsttätig"; „Training" deutet auf eine konsequent durchzuführende Übungsform hin. In der Tat ist das Erlernen des autogenen Trainings ohne eigene und regelmäßig ablaufende Übung praktisch unmöglich (Denken Sie an die Vergleichsbeispiele Auto fahren oder Maschinenschreiben!). Leider gelingt es auch sehr selten, unter akuter Stressbelastung das autogene Training Erfolg versprechend zu üben. Folgende wichtige Frage muss deshalb zunächst positiv beantwortet werden können:

Habe ich in den nächsten Wochen jeden Tag zwei- bis dreimal jeweils eine bis drei Minuten Zeit, um ungestört und einigermaßen ausgeglichen das autogene Training üben zu können? Muss nun hierzu „nein" oder „ich weiß nicht" gesagt werden, so sollte besser auf ein wahrscheinlich eintretendes Misserfolgserlebnis verzichtet werden, denn dadurch würde ein späteres Üben unter günstigeren Bedingungen erschwert werden.

Einige weitere Übungshindernisse:
- Erkrankungen, vor allem Infekte, Fieber, Operationen, Knochenbrüche;
- vorangegangener intensiver Genuss von Kaffee oder schwarzem Tee;
- Einnahme von anregenden Medikamenten;
- extreme Müdigkeit oder Anspannung.

Oft, vor allem zu Beginn des autogenen Trainings, werden Übungen einfach vergessen. Dagegen helfen optische Erinnerungssignale („**AT!**") und ein **Protokollheft**. Dieses bietet vor allem den Vorteil, dass Erfolge und eventuell auftretende Besonderheiten bzw. Misserfolge notiert und danach leichter im Kurs besprochen werden können. Legen Sie also ein Heft an, in das Sie alle Übungen und die dabei erlebten Erfahrungen eintragen!

Bequeme, lockere Kleidung gehört ebenfalls zu den Voraussetzungen. Viele ziehen beim Üben ihre Schuhe aus. Mögliche Störungen sollten vorher unterbunden werden (z. B. durch Abstellen von Klingel und Telefon, Versperren der Tür, Hinweiszettel „Bitte nicht stören").

2.3 Der Übungsverlauf

Am besten lässt sich das autogene Training erlernen, wenn zwei- bis dreimal täglich und zunächst an gleicher Stelle im Tagesablauf abwechselnd liegend und sitzend geübt werden kann. Vorangegangenes Strecken und Räkeln bzw. Einsatz der „Progressiven Muskelrelaxation" (vgl. den Informationsbaustein 5, S. 57 ff.) erleichtern die Entspannung.

Folgende **Trainingshaltungen** sind möglich:

a) auf dem Rücken liegen (Beine leicht gespreizt, die Fußspitzen fallen locker zur Seite, die Arme sind leicht angewinkelt): ideale Lage für den Anfang bzw. bei niedrigem Blutdruck;

b) andere bequeme Liegelagen (auf dem Bauch oder auf der Seite): nur für „Fortgeschrittene";

c) angelehntes Sitzen (am besten im Lehn- oder Fernsehsessel mit hoch gelagerten Beinen): in der idealen Haltung zum „Einnicken";

d) freies Sitzen („Droschkenkutschersitz" - volles Aufstützen der Beine auf den Fußsohlen, Kniewinkel ca. 90 Grad, Oberschenkel leicht geöffnet, Rumpf und Kopf befinden sich im labilen Gleichgewicht): eine vielseitig einsetzbare Haltung, die leider eine Restspannung im Kreuz erfordert;

e) der „Lotossitz" (nur für die, die ihn beherrschen);

f) bequem stehen (erst im Spätstadium des autogenen Trainings auszuprobieren!).

Die **Dauer** der Übungen sollte zwischen einer und drei Minuten liegen. Bei längeren Übungen ist für die meisten die Willensanspannung zu groß, es entsteht kein signifikant höherer Erfolg und u. U. können sogar Verkrampfungen auftreten. Wer jedoch längere Übungszeiten als angenehmer empfindet, braucht diese Empfehlung nicht beachten.

Jede Übung beginnt mit dem Gedanken „autogenes Training" - jede Übung endet mit einer Rücknahme! (Einzige Ausnahme: das autogene Training wird als Einschlafhilfe praktiziert)

Die Formeln des autogenen Trainings müssen mit den individuellen Sprachgewohnheiten harmonieren (Sie können also auch Umgangssprache oder Dialekt verwenden!); **sie sind stets als uneingeschränkte Tatsachenaussagen und in der Gegenwartszeit („Präsens") zu formulieren.**

Beispiel: Die Arme sind schwer! (Sie wiegen wirklich 3 - 4 kg!) - und nicht: „Die Arme werden vielleicht in nächster Zeit schwer werden..."

Die Zahl der Formelnennungen muss nur ungefähr eingehalten werden!

(Manche verwirrt das exakte Zählen zu sehr...)

Alle Formeln können in Gedanken gesprochen werden (dabei am besten jeweils zusammen mit der Ausatmung!), der Text kann vor dem „inneren Auge" stehen; passende Bildvorstellungen oder Erinnerungen wirken oft unterstützend. Die anschließend dargestellten Formulierungen der Formeln (kursiv fett geschrieben) sind als bewährte, aber individuell modifizierbare Vorschläge zu sehen.

Der nächste Übungsschritt kann beim autogenen Training immer dann angegangen werden, wenn an zwei bis drei Tagen hintereinander keine Probleme aufgetreten sind und der angestrebte Effekt erreicht worden ist.

Der Ablauf einer Übung des autogenen Trainings (AT) in Stichworten:

1. Äußere Voraussetzungen zum ungestörten Üben schaffen; eventuell strecken und räkeln bzw. Progressive Muskelrelaxation;
2. Übungshaltung einnehmen;
3. Augen schließen;
4. Formel: ***„Jetzt mache ich autogenes Training"*** (1x)
5. Formel: ***„Ich bin ganz ruhig"*** (1x)
6. Schwereübung:
   - ***„Der rechte Arm ist ganz schwer!"*** (zunächst 6x, später nur noch 1x)

   ...

   ... (hier folgen dann die anderen Übungsschritte)

   ...
7. Rücknahme (entfällt beim Einschlafen):
   - ***„Arme strecken"***
   - ***„Leistungsatmung"***
   - ***„Augen auf"***

Mit zunehmender Geläufigkeit kann die Zahl der Formelnennungen reduziert werden; nach einiger Zeit wird in sehr vielen Fällen der Effekt auftreten, dass die angestrebte Wirkung auch ohne konkrete Formelvorstellung nur beim Gedanken an „autogenes Training" eintritt.

2.3.1 Die Schwereübung

Ein subjektives Schweregefühl ist ein Zeichen von Entspannung. Beim AT kann durch die formelunterstützte Konzentration die Durchblutung bestimmter Körperpartien angeregt werden; somit werden diese auf Grund von Durchblutungsveränderungen wirklich und nachweisbar etwas schwerer (ein Arm eines 75 kg schweren Menschen um ca. 100 g)!

Die Formeln der Schwereübung:

- ***Der rechte Arm ist ganz schwer.***
- ***Beide Arme sind ganz schwer.***
- ***Beide Beine sind ganz schwer.***
- ***Arme und Beine sind ganz schwer.***

Mögliche Trainingshilfen zur Schwereübung:
In der Badewanne liegend den Arm aus dem Wasser heben und die Schwere erleben; sich angenehme und entspannende Erlebnisse vergegenwärtigen; eventuell ruhige, meditative Musik.

2.3.2 Die Wärmeübung

Zuweilen kommt bereits bei der Schwereübung der Eindruck der Wärme (Ursache: bessere Durchblutung). In der Regel kann jedoch die Entspannung durch die „Wärmevorstellung" erheblich gefördert werden. Durchschnittlich steigt die Hauttemperatur um ca. drei Grad.

Die Formeln der Wärmeübung:

- ***Der rechte Arm ist ganz warm.***
- ***Beide Arme sind ganz warm.***
- ***Beide Beine sind ganz warm.***
- ***Arme und Beine sind ganz warm.***

(Bei zu großer Schweißabsonderung statt „ganz warm": „angenehm warm und trocken".)

Mögliche Trainingshilfen zur Wärmeübung:
Vorstellungen von selbst erlebten, angenehm warmen Situationen (Strand, Terrasse, Balkon, Badewanne); vorangehende Wechsel- oder Warmbäder; Handschuhe.

2.3.3 Die Schulter- bzw. Gesichtsübung

Diese Schritte wurden erst in den letzten Jahren in die klassische Übungsreihenfolge eingebaut. Sie entspannen vor allem die Teile des Körpers, die für das Sprechen besonders wichtig sind.

Die Formeln dieser Übung:

- Die Schultern sind schwer - ich bin ganz ruhig.
- Schultern und Nacken sind warm und weich.
- Das Gesicht ist entspannt.

Mögliche Trainingshilfen zur Schulter- und Gesichtsübung sind - ähnlich den bereits genannten - aus der eigenen Erlebniswelt zu rekonstruieren (z. B. das Gefühl, entspannt im Bett liegen zu dürfen).

2.3.4 Die Atemübung

Im Gegensatz zu anderen Methoden soll beim autogenen Training nicht bewusst eine bestimmte entspannende Atmungsform geübt werden: im Gegenteil könnten davon „Vorgeprägte" sogar schlechter zu der angestrebten zunehmenden und automatisierten Entspannung kommen.

Achtung: Die hier vorgestellte Übung empfiehlt sich nicht für Personen mit Atmungsbeschwerden (z. B. Asthma).

Die Formel der Atmungsübung:

- (Die) Atmung (ist/läuft) ganz ruhig (und gleichmäßig).

Alternativen: Es atmet mich. / Der Atem fließt ganz ruhig. / Es atmet ganz ruhig in mir.

Die Formel sollte dem Atemrhythmus angepasst werden; folglich ist es sinnvoll, diesen zunächst 2 - 3 Atemzüge lang zu beobachten. Falsch wären Formulierungen, die ein aktives Eingreifen signalisieren, z. B. „Ich atme...".

Trainingshilfen sind wiederum zum Atemrhythmus passende Vorstellungen, z. B. Wellen am Strand auslaufend, Dünen, im Boot oder auf einer Luftmatratze treibend. Ein manchmal beobachtetes Gefühl einer leicht unangenehm verstärkten, kräftigeren Atmung verschwindet in der Regel nach 2 - 3 Tagen.

2.3.5 Die „Bauchübung“ (Entspannung des Magen-Darm-Bereichs)

Durch die Regulierung der Bauchorgane wird die Entspannung in eine für das vegetative Nervensystem besonders wichtige Zone gebracht. „Flaue Gefühle“ im Bauchraum verschwinden, der Kopf wird durch Ableitung des Blutes entlastet. Daneben hat sich dieser Übungsteil bewährt bei Magen-Darm- bzw. Verdauungsproblemen, Koliken, Nierenleiden und Menstruationsbeschwerden.

Das zentrale vegetative Steuerzentrum im Bauchraum ist das Sonnengeflecht („Plexus solaris“ / „Solarplexus“). Seine Lage sollten Sie sich vor Beginn der Übung vergegenwärtigen (z. B. mit Hilfe anatomischer Darstellungen).

Im Sonnengeflecht bündeln sich die Nerven, die vom oberen Körper ausgehend hin zum Magen, Zwölffinger-, Dünn-, Dickdarm, zur Leber, Galle, Bauchspeicheldrüse, Milz und zu den Nieren führen. Es liegt hinter dem Magen auf halber Strecke zwischen Brustbein und Nabel.

Die Formel zur Bauchübung:

- Der Bauch ist angenehm / strömend warm.

Alternativen: Das Sonnengeflecht / der Solarplexus / der Magen ist strömend warm.

Trainingshilfen: eine Hand auf den Bauch legen, dabei den Ellbogen bequem mit einem Kissen abstützen; vor bzw. nach einer Mahlzeit lässt sich der Magen leichter spüren; Vorstellungen bzw. echter Einsatz von Wärmflasche, Heizkissen, heißen Getränken erleichtern notfalls die Übung. Manche empfehlen einen kleinen Schluck „Hochprozentiges“ (am besten auf nüchternen Magen) - ein nicht selten gefährlicher Ratschlag!

Als mögliche Probleme sind zu nennen: unangenehme Darmgeräusche oder Gefühle von Schwere, Weite, Leichtigkeit statt Wärme. Die durchschnittliche Erlerndauer beträgt ca. einen Monat; besonders lange Übungszeiten benötigen jene, die einen Druckreiz auf die Bauchdecke nicht als unangenehm empfinden.

2.3.6 Die Kopfübung

Am Ende der Standardformeln steht die Entspannung des Kopfes, um „einen kühlen Kopf“ und ein entspanntes Gesicht zu behalten bzw. zu bekommen. Ziel der Gesichtsentspannung ist nicht die Erschlaffung aller Gesichtsmuskeln, sondern eine gelöste und entspannte Mimik (vgl. z. B. Buddha-Darstellungen)!

Die Übung sollte jedoch nicht eingesetzt werden, wenn eine Neigung zu Kopfschmerzen (v. a. Migräne) besteht; ebenfalls wirkt sie ungünstig, wenn das autogene Training als Einschlafhilfe benutzt wird. Um unerwünschte (= übergroße) Abkühleffekte zu verhindern, empfiehlt sich zunächst eine Beschränkung auf nur zweimalige Formelnennungen.

Die Formeln der Kopfübung:

- (Die) Stirn (ist) (glatt und) angenehm kühl.
- (Das) Gesicht (ist) entspannt (gelöst).

Alternativen: Stirn ein wenig kühl / entspannt und angenehm kühl /
der Kopf ist klar, frisch und entspannt / der Kopf ist gelöst und frei /
Kiefer und Gesicht sind (angenehm) schwer /
Wangen und Schläfen entspannt.

Trainingshilfen: die beste Vorstellung lautet: „ein angenehm kühler Lufthauch streicht über die Stirn. Es können auch diverse Alternativformeln versucht werden, die nur auf einzelne Teile des Gesichts wirken (vgl. HOFFMANN).

2.4 Die Kurzform des autogenen Trainings

Nach intensiver Übung wird sich die Erfahrung einstellen, dass die angestrebten Effekte immer schneller eintreten. Dies ermöglicht es, die Zahl der Formelvorstellungen zu reduzieren und diverse Übungsteile zusammenzufassen.

Trainingshilfe: Das Erlernen der Kurzform geht am besten, wenn sie direkt nach einer „normalen“ Übung einschließlich Rücknahme angeschlossen wird. Erst nach zwei bis drei Wochen entsprechenden Trainings sollte sie isoliert versucht werden. Dann wird es durchschnittlich 5 - 6 Monate dauern, bis auch nach der „Kurzübung“ die entspannende Wirkung optimal gespürt wird.

Die spezielle hier vorgestellte „Kurzform“ erzielt etwa ein Drittel der Wirkung des normalen AT in ca. einem Zehntel der üblichen Zeit. Benötigt werden sechs Atemzüge, die mit folgenden Vorstellungen verbunden werden:

1. Atemzug - *„autogenes Training“*
2. Atemzug - *„Schwere“*
3. Atemzug - *„Wärme“*
4. Atemzug - *„Bauch warm“*
5. Atemzug - *„Kopf kühl und entspannt“*
6. Atemzug - *„Ruhe“ (bzw. „Entspannung“)*

Die Wirkung des ersten und letzten Schrittes kann durch ein intensiveres Ausatmen gesteigert werden (ein „Stoßseufzer“, falls es die Situation erlaubt).

Viele schaffen nach der Kurzform einen abschließenden Schritt: nur durch die extrem schnelle Konzentration auf „autogenes Training - angemessene Entspannung“ wird eben diese erreicht.

3 Die Systematische Desensitivierung

(bzw. Systematische Desensibilisierung)

Wer eine Entspannungsmethode gut beherrscht, kann mit der erprobten Methode der „Systematischen Desensitivierung“ erlernte Ängste verlieren. Das Prinzip ist einfach: die „systematische“ Kombination von unangenehmen Vorstellungen Angst auslösender Situationen mit angenehmen Entspannungsübungen löscht mit der Zeit die negativen Angsterscheinungen aus - auch in der Realität.

„Systematisch“ bedeutet hier: ein Stufenweg wird geplant und beschritten, der von minimaler Angsterregung hin zu den am meisten belastenden Situationen führt. Somit stellt sich zunächst die Aufgabe, eine „Angsthierarchie“ für sich selbst zu ermitteln.

Praktischer Tipp: Schreiben Sie stichwortartig alle Angst auslösenden Situationen, die für Sie relevant sind, auf kleine Zettel. Es sollten mindestens zehn unterschiedlich stark belastende Ereignisse, Aufgaben, Gedanken etc. herauskommen (z. B. „Ich denke an die Lehrprobe, die in acht/vier/zwei... Wochen stattfinden wird.“ „Ich stehe vor dem Prüfungsraum und warte.“ „Ich bekomme eine Frage und weiß die Antwort nicht“). Ordnen Sie dann die Zettel nach dem Grad der damit verbundenen Angst.

Der Übungsweg einer systematischen Desensitivierung:

1 Stellen Sie sich in einer entspannten und bequemen Lage so konkret wie möglich die Situation vor, die bei Ihnen eine kaum spürbare Angstreaktion auslöst (= Hierarchiestufe 1). Sobald ein unangenehmes Gefühl wahrgenommen werden kann, beginnen Sie konzentriert mit einer Entspannungsübung. Ideal ist das autogene Training; es genügt jedoch auch die „Progressive Muskelrelaxation“. Normalerweise wird bei mehrmaliger Übung (hintereinander und an verschiedenen Tagen!) die Angstempfindung immer weniger spürbar. Ist sie nicht mehr wahrnehmbar, kann zur zweiten Stufe weitergegangen werden. Merken Sie keine Besserung, so muss eine neue, leichtere Stufe eins ausgedacht und eingesetzt werden.

2 Mit der Vorstellung der „zweitgeringsten“ Angstsituation geht es weiter; das Übungsprinzip bleibt. Bei nicht wahrnehmbarer Wirkung wird ein Zwischenschritt mit weniger unangenehmen Gefühlen eingebaut; unter Umständen (bei fehlenden Angstempfindungen) können mehrere Stufen auf einmal bewältigt werden.

3 Analog zum beschriebenen Vorgehen erreichen Sie mit der Zeit die zunächst als extreme Angst auslösend angesehenen Situationen. Rechnen Sie jedoch für den gesamten Übungsweg mit einigen Wochen, eventuell sogar Monaten!

4. Weiterführende Literatur und Quellenangaben

- BRENNER, Helmut: Das große Buch der Entspannungstechniken. München: Humboldt-Taschenbuchverlag, 1989
- FLORIN, Irmela: Entspannung - Desensibilisierung. Leitfaden für die Praxis. Stuttgart: Kohlhammer, 1978
- HOFFMANN, Bernt: Handbuch autogenes Training. Grundlagen - Technik - Anwendung. Neuauflage. München: Deutscher Taschenbuch Verlag, 2000. 640 S.; € 14,-
- HUBER, Günther K. M.: Anti-Angst Training. Praktische Methoden der Angstbeseitigung nach den Erkenntnissen der modernen Psychologie. München: Heyne, 1975
- HUBER, Günther K. M.; KLAUSNITZER, Josef E.: Erfolg im Beruf durch autogenes Training. München: Heyne, 1973
- JACOBSON, Edmund: Progressive Relaxation. Chicago: The University of Chicago Press, 1929
- LANGEN, Dietrich (Hrsg.): Der Weg des autogenen Trainings. Darmstadt: Wissenschaftliche Buchgemeinschaft, 1968
- SCHULTZ, Johannes Heinrich: Das autogene Training. Konzentrative Selbstentspannung. Versuch einer klinisch-praktischen Darstellung. 20. Auflage. Stuttgart: Thieme, 2003. XXVIII, 410 S.; € 59,95
- SCHULTZ, Johannes Heinrich: Übungsheft für das autogene Training. Konzentrative Selbstentspannung. 23. Auflage, bearbeitet v. Dietrich Langen. Stuttgart, New York: Thieme, 2000. 56 S.; € 5,45

GRUNDLAGEN DER MÜNDLICHEN KOMMUNIKATION
INFORMATIONSBAUSTEIN 6

Nonverbale Kommunikation

(„Körpersprache")

1. Allgemeines zur nonverbalen Kommunikation

Bei jeder Kommunikation geht es nicht nur um das, was gesagt wird - viel wichtiger ist oft, wie es gesagt wird[1].

Sogar wenn wir nicht sprechen und andere uns beobachten können - bestimmte Ausdrucksmerkmale bleiben immer sichtbar.

Die „Nonverbale Kommunikation" umfasst die sichtbaren und hörbaren Verhaltenskomponenten Auftreten, Körperhaltung, Gestik, Mimik, Blickkontakt, Stimmklang, Aussprache, Betonung usw. (vgl. Baustein 3, S. 36 ff.). Die zentrale Fragestellung bei ihrer Erforschung heißt: Was bedeuten bestimmte Signale?

Allgemein können nonverbale Signale folgende Aufgaben wahrnehmen (nach ALLHOFF):

1. Sie fördern die Sprechproduktion, begleiten und unterstützen das Gesagte (z. B. mit unterstreichenden Gesten).
2. Sie schwächen Äußerungen ab (z. B. als freundliche Ermahnung).
3. Sie verschärfen Aussagen (z. B. als Bitte im Befehlston).
4. Sie widersprechen dem formulierten Text (z. B. beim unprofessionellen Lügen).
5. Sie ersetzen gesprochene Sprache (z. B. beim „Vogelzeigen").
6. Sie demonstrieren die Einstellung beim Zuhören (z. B. durch Nicken).
7. Sie regeln Dialogabläufe (z. B. durch Variation des Sprechtempos).
8. Sie verdeutlichen die Stimmung der beteiligten Personen (z. B. durch Angespanntheit oder Gähnen).
9. Sie prägen die Einschätzung bei anderen (z. B. durch das Aussehen).
10. Sie weisen auf die Art der Beziehung hin (z. B. enge Distanz bei Verliebten).

In sprecherzieherischen Veranstaltungen spielt die nonverbale Kommunikation fast durchgängig eine zentrale Rolle. In diesem Informationsbaustein geht es vor allem um die Frage, wie körpersprachliche Signale interpretiert werden können.

Die Zusammenstellung auf den nächsten Seiten enthält Zusammenhänge, die in zahlreichen sozial-psychologischen Untersuchungen als **relativ wahrscheinlich** ermittelt wurden. Keine dieser Interpretationen ist immer zutreffend. Absolut falsch wäre es also, voreilig „nach Katalog" zu urteilen (so wie es leider viele tun)!

---

[1] Die oft zu lesenden Prozentangaben „55% Wirkung durch die Körpersprache, 38 % durch die Stimme, 7 % durch den Inhalt" sind allerdings unangemessene Verallgemeinerungen von Experimenten mit inhaltlich unbestimmten Ein-Wort-Sätzen („maybe"). Vgl. LENHART, Heinrich; WACHTEL, Stefan: Zu sieben Prozent kommt es auf den Inhalt an. Wie ein Mythos entsteht und was er anrichtet. In: LEMKE, Siegrun (Hrsg.): Sprechwissenschaftler/in und Sprecherzieher/in. Eignung und Qualifikation. München, Basel, 2001, S. 74-79

2. Nonverbale Kommunikation: Beispiele für häufig angenommene Interpretationen [2]

Diese Signale...	... **können bedeuten**... :
die Füße um die Stuhlbeine winden	Unsicherheit, Halt suchen
die Füße nach hinten nehmen	Gespannte Aufmerksamkeit, Abneigung, Widerspruchslust
mit den Füßen gemächlich wippen	Arroganz, Sicherheit, Langeweile
die Beine zur anderen Person hin übereinander schlagen	Aufbau eines Sympathiefeldes (oder bloße Gewohnheit)
die Beine von der anderen Person abgewandt übereinander schlagen	Ablehnung, Unwillen (oder nur Unbequemlichkeit)
den Oberkörper nach vorne legen	Engagement; Zuneigung, Versuch zu unterbrechen
den Oberkörper weit zurücklehnen	Desinteresse, Ablehnung
die Schultern hochziehen	Angst, Nervosität, Verkrampfung
die Arme beim Sprechen verschränken	Ablehnung, Verschlossenheit (Mann ?) Angst, Schutzbedürftigkeit (Frau ?) [3]
weite Armbewegungen machen	Sicherheit (oder Südländer)
sich die Hände reiben	Selbstzufriedenheit, -gefälligkeit (oder kalte Hände)
mit den Händen ein Spitzdach formen	Arroganz, Konzentration, Abwehr von Einwänden

---

2 Die hier wiedergegebene Zusammenstellung wurde nicht als „Merkliste" aufgenommen, sondern um zu zeigen, welche Körpersprach-Klischees in der populären Literatur gepflegt und leider auch oft von deren Leser(inne)n unkritisch übernommen werden.

3 Die unterschiedlichen Beurteilungen sind das Ergebnis von Einschätzungsexperimenten. Vermutlich standen jedoch überholte Rollenklischees hinter diesen Urteilen!

Diese Signale...	**... können bedeuten**... :
mit einem Stift spielen	Nervosität, Angst, Suche nach Halt
mit dem Zeigefinger auf andere zeigen	Wut, verhaltener Zorn, Anklage
mit den Fingern trommeln	Nervosität, Ungeduld
das Kinn streicheln	Nachdenklichkeit, Zufriedenheit
die Finger an den Mund halten	Verlegenheit, Unsicherheit
während des Sprechens die Hand vor den Mund nehmen	Unsicherheit (oder Mundgeruch)
nach dem Sprechen die Hand vor den Mund nehmen	Versuch, das Gesagte zurückzunehmen
die Oberlippe hochziehen	Verachtung, Skepsis
sich an die Nase greifen	Verlegenheit, Fehlereingeständnis
einen Nasenflügel reiben	Nachdenklichkeit
hastig die Brille abnehmen	Widerspruch, Angriff, Nervosität
keinen/kaum Blickkontakt halten	Verlegenheit, Nachdenklichkeit, Inkompetenz, Unehrlichkeit
zu intensiver Blickkontakt [4]	Dominanz, Aufdringlichkeit
die Augenbrauen heben	Skepsis, Arroganz
häufig die Augenlider bewegen	Nervosität (oder Nervenleiden)
mit überhöhter Stimme sprechen (jedoch nicht beim Ausdruck bestimmter Gefühle!)	Anspannung, Naivität, Inkompetenz, geringere Glaubwürdigkeit

4 „Zu intensiv" meint hier: über 90 % der Redezeit (im Alltag als „Fixieren" bezeichnet). Übrigens ist ein sehr intensiver Blickkontakt auch bei Hörbehinderten festzustellen, die oft nur mit permanenter „Antlitzgerichtetheit" kommunizieren können.

Diese Signale...	**... können bedeuten... :**
sehr laut sprechen	Dominanz, Aggressivität (aber auch Schwerhörigkeit)
leiser und/oder langsamer werden	Unsicherheit, Ende des Beitrags
überdurchschnittliches Sprechtempo	Engagement, Kompetenz, Hektik
auffälliger Dialektgebrauch	unterschiedlich (je nach Vorurteil!) [5]

Quelle: Unveröffentlichtes Schulungsmaterial einer politischen Bildungseinrichtung (Zusammenstellung: Klaus BODEL; vermutlich in Anlehnung an Rolf RUHLEDER und dessen Buch „Rhetorik - Kinesik - Dialektik. Redegewandtheit - Körpersprache - Überzeugungskunst“ (11. Auflage. Bonn, 1992); erheblich verändert und erweitert.

3. Übungstipps

Die Hauptziele eines Trainings im nonverbalen Bereich sind bewusste und sensiblere Wahrnehmungen der Kommunikationspartner ohne „Schubladeninterpretationen“ und selbstkritische Beobachtung des eigenen Ausdrucks (zur Vermeidung von Inkongruenz) ohne Beeinträchtigung der angemessenen Authentizität („Echtheit“) und Spontaneität.

Dabei nützen aufmerksame Beobachtungen anderer (auch mit Hilfe von Fotos, Filmen und Videos, evtl. ohne Bild oder Ton), Analyseversuche mit Rückfragen, Selbstbeobachtungen mit Bandaufzeichnungen und Kommentierungen durch andere, Ausdrucksübungen (z. B. Stimmungen ohne Text darstellen, Interpretationen mehrdeutiger Sätze), Scharaden (= pantomimisches Begriffe- bzw. Personenraten), „Spiegeln“ (= Imitieren einer gegenüberstehenden Person), absichtliche Demonstration problematischer bzw. inkongruenter nonverbaler Mittel, angemessenes Vorlesen ausdrucksstarker Texte, Pantomime, Hörspiele, Rollen- und Planspiele, darstellendes Spiel, gruppendynamische Übungen zum Blickkontakt und zum Distanzverhalten.

5 Leider scheint kaum eine Person frei von Dialektvorurteilen zu sein - auch Lehrer und Lehrerinnen nicht! In Umfragen wurde bewiesen, dass kein Dialekt einer Gegend in anderen Regionen mehrheitliche Zustimmung erhält; besonders negativ ist die Einschätzung mancher mitteldeutscher Mundarten. Viele Mundartsprechende glauben selbst (dies selbstverständlich zu Unrecht!), dass ihre Sprachform grundsätzlich „weniger wert“ sei. Vgl. hierzu den Baustein 9 zur Artikulation der deutschen Standardsprache (S. 94 ff.)!

Körpersprachliche Grundlagen des Sprechens

Die folgenden Empfehlungen zur Körpersprache haben sich in der Seminarpraxis als besonders nötig und sinnvoll erwiesen.

1. Ein guter Stand gibt mehr Sicherheit. Wenn es Ihnen schwer fällt, die übliche entspannte Grundstellung mit Stand- und Spielbein einzusetzen, sollten die Füße etwa „beckenbreit" auseinander stehen und gleichmäßig guten Bodenkontakt herstellen. Die Zehen zeigen leicht nach außen, so dass Sie sich gut nach allen Seiten abstützen können.
2. Die Knie sind bei einem stabilen Stand nicht durchgedrückt, sondern federn das Körpergewicht elastisch ab.
3. Die Arme und Hände sollten eine Grundstellung einnehmen, die Gestik ermöglicht (und so für eine variable Intonation sorgt). Das bedeutet: kein Sich-an-den-eigenen-Händen-Festhalten, keine verschränkten Arme, keine Hände in den Hosentaschen (nur wenn man sich in einer eher lässigen bzw. von US-amerikanischen Sitten beeinflussten Umgebung befindet, wird eine Hand in der Tasche toleriert). Für manche „Gestikmuffel" kann eine vor dem ersten Satz kurzfristig absichtlich eingesetzte eher unbequeme Armhaltung dafür sorgen, dass rasch die normale unterstreichende Gestik einsetzt. Wer nicht weiß, wohin mit den Händen, kann etwas zur Situation Passendes in die Hand nehmen (z. B. Konzeptkarten oder eine Schreibmappe).
4. Auch beim Sitzen ist ein guter Kontakt zum Stuhl vorteilhaft. Wer nur die vordere Stuhlkante als Unterlage nutzt, gerät automatisch in eine etwas höhere Körperspannung.
5. Wenn man hinter einem Tisch sitzt, dann sollten die Hände für die Gegenübersitzenden sichtbar sein. Als Ausgangsposition empfiehlt sich eine lockere, offene Ablage der Hände und Unterarme auf dem Tisch. Achten Sie einfach einmal auf die üblichen Sitzpositionen bei informativen Fernsehsendungen - diese werden (meist unbewusst) als Standard interpretiert!
6. Sobald man mit dem Sprechen begonnen hat, kann und sollte die Gestik vergessen werden, damit Sie sich auf den Inhalt, die Formulierungen und die Gesprächspartner konzentrieren können. In der Regel entwickelt sich aus einer günstigen Anfangshaltung die natürliche Körpersprache von selbst.
7. Falls für andere unangenehme oder für einen selbst unpraktische körpersprachliche Gewohnheiten entdeckt wurden, geht es vor allem darum, positive Alternativen zu entwickeln. Diese sollten dann ohne Publikum solange geübt werden, bis die neuen Verhaltensweisen zur Routine geworden sind.

4. Kommentierte Auswahlbibliographie zur Nonverbalen Kommunikation

4.1 „Populärwissenschaftliche" Bücher

(Allgemeine Charakteristik: Trend zur Vereinfachung und Verallgemeinerung, weite Verbreitung, leicht lesbar)

- AXTELL, Roger E.: Reden mit Händen und Füßen. Körpersprache in aller Welt. München: Knaur, 1994. 320 S. *(Gesten von Kopf bis Fuß und von Afrika bis Zentralamerika; vergriffen; eine engl. Ausgabe „Gestures" ist noch für € 17,90 erhältlich)*
- FAST, Julius: Körpersprache. Reinbek: rororo 2002. 188 S.; € 5,- *(= rororo 7244; das Taschenbuch wird laufend neu aufgelegt; amerikanische Erstveröffentlichung. 1970; Motto: „Körpersprache ist Symbolsprache: Gesten und Bewegungen enthüllen das Unbewußte, die verschleierten Gefühle"; der „Klassiker der Körpersprache" mit immenser Verbreitung)*
- MOLCHO, Samy: Körpersprache. München: Mosaik 1983. 224 S., € 10,-. Neuauflage bei F. Bassermann 2003, € 11,- *(Der weltbekannte Pantomime demonstriert optisch und verbal scheinbar eindeutige Interpretationen; schönes „Bilderbuch")*
- MOLCHO, Samy: Körpersprache der Kinder. München: Mosaik Verlag 1992. 192 S.; € 14,95; als Goldmann-Taschenbuch € 10,- *(Teils einleuchtende, teils etwas gewagte Interpretationen)*
- MOLCHO, Samy: Alles über Körpersprache. Sich selbst und andere besser verstehen. München: Mosaik Verlag 2002. 224 S.; € 14,95 *(1. Aufl. 1995; Das opulent ausgestattete Buch enthält zwar nicht alles, aber vieles zum Thema)*
- MORRIS, Desmond: Der Mensch, mit dem wir leben. Ein Handbuch unseres Verhaltens. Sonderausgabe. München: Droemer, 1978. 320 S. Großformat; vergriffen *(empfehlenswerte und mit 680 Farbfotos illustrierte Zusammenstellung von Forschungsergebnissen)*
- MORRIS, Desmond: Körpersignale (Bodywatching). München: Heyne, 1986. 256 S. Großformat; vergriffen *(mit 500 Abbildungen; „Körperbeobachtung von Kopf bis Fuß")*
- SCHWERTFEGER, Bärbel: Macht ohne Worte. Wie wir mit dem Körper sprechen. München: Heyne, 1988. 218 S.; vergriffen *(gut lesbare Einführung mit vielen Beispielen).*

4.2 „Seriösere" Bücher und Aufsätze zur „Körpersprache"

- ALLHOFF, Dieter-W.: Beobachtungs- und Verhaltenstraining zur nonverbalen Kommunikation. Ein Beitrag zum Sprachunterricht in der Sekundarstufe I. In: BERTHOLD, S./NAUMANN, C. L. (Hrsg.): Mündliche Kommunikation im 5. - 10. Schuljahr. Bad Heilbrunn: Klinkhardt, 1984, S. 118 - 133 *(Allgemeine Darstellung und Übungsvorschläge).*

- ARGYLE, Michael: Körpersprache & Kommunikation. 8. Auflage. Paderborn: Junfermann, 2002. 375 S.; € 24,50 *(Erste englische Auflage 1975; Standardwerk mit Aufarbeitung der Forschung bis ca. 1974)*
- ECKERT, Hartwig; LAVER, John: Menschen und ihre Stimmen. Aspekte der vokalen Kommunikation. Weinheim: Psychologie Verlags Union, 1994. 204 S.; € 34,- (einschl. CD mit ca. 200 Hörbeispielen)
- HEIDEMANN, Rudolf: Körpersprache im Unterricht. Ein Ratgeber für Lehrende. 7. Auflage. Heidelberg, Wiesbaden: Quelle & Meyer, 2002. 215 S.; € 19,50 (Früher u. d. T.: „Körpersprache vor der Klasse"; gute *schulbezogene Übungshilfe*)
- HENLEY, Nancy M.: Körperstrategien. Geschlecht, Macht und nonverbale Kommunikation. Frankfurt/M.: Fischer Taschenbuch Verlag, 1988. 299 S.; vergriffen *(Nicht nur für Frauen interessant!)*
- KAISER, Constanze: Körpersprache der Schüler: lautlose Mitteilungen erkennen, bewerten, reagieren. Neuwied: Luchterhand, 1998. 194 S.; € 15,90
- NEILL, Sean; CASWELL, Chris: Körpersprache im Unterricht: Techniken nonverbaler Kommunikation in Schule und Weiterbildung. 2., durchges. Auflage. Münster: Daedalus Verlag, 2003. 240 S.; € 21,80 (engl. Original 1993)
- ROSENBUSCH, Heinz S.; SCHOBER, Otto (Hrsg.): Körpersprache in der schulischen Erziehung. 3. Auflage. Hohengehren: Schneider Verlag, 2000. VI, 391 S.; € 20,50 *(Aufsatzsammlung zur Forschungslage, Relevanz und Didaktik)*
- ROSE-NEIGER, Ingrid; THIELE, Michael: Blickwinkel in der Körpersprache, transnational betrachtet. In: JONACH, Ingrid (Hrsg.): Interkulturelle Kommunikation. München, Basel: Ernst Reinhardt Verlag, 1998, S. 83-90
- SCHERER, Klaus R.; WALBOTT, Harald G. (Hrsg.): Nonverbale Kommunikation. Forschungsberichte zum Interaktionsverhalten. Weinheim: Psychologie Verlag, 1984 (1. Aufl. 1979). 374 S.; vergriffen *(Überwiegend sozialpsychologisch orientierte Aufsatzsammlung, z. T. schwer lesbar; besonders empfehlenswert für pädagogisch Interessierte: „Nonverbale Kommunikation im Klassenzimmer" von Mark L. KNAPP, S. 320 - 329)*
- SCHERER, Klaus R. (Hrsg.): Vokale Kommunikation. Nonverbale Aspekte des Sprachverhaltens. Weinheim, Basel: Beltz, 1982. 419 S.; vergriffen *(Teilweise schwer lesbare Aufsatzsammlung über hörbare nonverbale Signale)*
- WALLBOTT, Harald: Nonverbale Komponenten der Sprachproduktion. In: Herrmann, Th. / Grabowski, J. (Hrsg.): Sprachproduktion. Göttingen: Hogrefe, 2003. S. 561-586

Die in diesem Abschnitt aufgeführten Titel enthalten Hunderte von Hinweisen auf die originalen Forschungsarbeiten und auf speziellere bzw. weiterführende Literatur.
Die bereits vergriffenen Bücher sind in gut sortierten Bibliotheken ausleihbar.

GRUNDLAGEN DER MÜNDLICHEN KOMMUNIKATION
INFORMATIONSBAUSTEIN 7

Ökonomische und entspannende Atmung

1 Ziele der Atmungsbehandlung in der Sprechpädagogik

Die Überschrift deutet die wichtigsten Zielsetzungen dieses Bausteins an: die Atmung sollte beim Sprechen ökonomisch (= mit nicht mehr Kraft als unbedingt nötig) eingesetzt und als Hilfe zum Abbau unerwünschter Spannungen genutzt werden können. Dazu kommen die Aspekte der „Stimmhygiene" (= verhindert gesundheitliche Probleme) und der kommunikativen Wirkung (= vermeidet Ablenkungen).

Faustregel: die beste Atmung ist die, die nicht störend auffällt.

2 Basisinformationen zur Atmung

Vorbemerkung: in diesem Abschnitt wird nur das für „Sprech-Profis" absolut notwendige Grundwissen erwähnt; mehr steht in der angegebenen Literatur!

Ohne Atmung ist weder menschliches Leben (= „Primärfunktion") noch Sprechen (= „Sekundärfunktion") vorstellbar. Die wichtigsten Teile des Atemapparates sind die Lungen, der Brustkorb und seine Muskulatur, das Zwerchfell, der Kehlkopf, die Luftröhre und die Nasen- und Mundhöhle.

Schema der Einatmung (nach FIUKOWSKI)

a = von der Seite b = von vorn ——— = ausgeatmet - - - - = eingeatmet

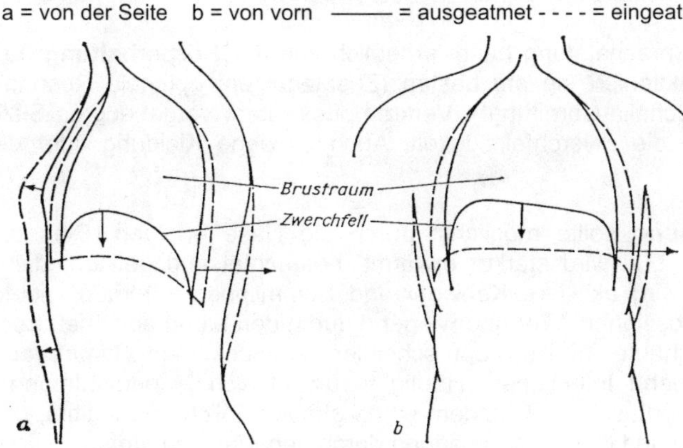

Bei der idealen **Einatmung** (= Inspiration) zieht sich die Zwerchfellmuskulatur zusammen; die kuppelförmige Wölbung flacht ab, der Brustraum wird um etwa ein Drittel nach unten erweitert. Fast gleichzeitig heben sich die Rippen und das

Brustbein; der obere Teil des Brustraums wird ein wenig nach vorn, der untere Teil stärker zur Seite hin ausgeweitet. Durch den Volumenzuwachs entsteht ein Unterdruck, der die Atemluft einströmen lässt (vgl. die Zeichnung auf Seite 81).

Bei der **Ausatmung** (= Exspiration) erschlafft die Einatmungsmuskulatur; unterstützt durch leichte Aktivität der Bauchmuskeln entsteht der nötige Überdruck. Nach der Ausatmung tritt in der Regel eine kurze Atempause ein, besonders ausgeprägt in sehr entspannten Situationen.

Bei kurzfristiger hoher körperlicher Belastung ändert sich die Atmung: der Anteil der Zwerchfelltätigkeit sinkt, die Zwischenrippen- und evtl. sogar die Schlüsselbeinmuskulatur werden aktiver. Die dadurch mögliche hohe Atmungsfrequenz befriedigt den größeren Sauerstoffbedarf. Auch in Stresssituationen (z. B. bei Sprechängstlichkeit) oder zuweilen aus Gewohnheit besteht die Tendenz zur **„Leistungsatmung“** (= „Hochatmung“, „Brustatmung“, „Schlüsselbeinatmung“). Für Sprechsituationen ist dies nachteilig: der Redefluss wird durch häufigeres Atemholen unterbrochen, die unangenehme Spannung steigt weiter. Deshalb wird hierfür die **ruhigere Sprechatmung** (= Phonationsatmung) empfohlen, die vor allem vom Zwerchfell ausgeht (umgangssprachlich gibt es hierzu die z. T. missverständlichen Begriffe „Bauchatmung“, „Zwerchfellatmung“ und „Tiefatmung“). Die Kennzeichen dieser Atmung: der Schulterbereich bleibt absolut ruhig, die Bauchdecke wölbt sich während der Einatmung leicht nach außen, eine minimale Flankendehnung ist spürbar. Ein willkommener Nebeneffekt zur Entspannung: durch die Zwerchfellbewegungen wird das Sonnengeflecht (der „Solarplexus“), ein Steuerungszentrum des vegetativen Nervensystems, positiv beeinflusst. Besonders intensiv ist die Beruhigung während der Atempausen, in denen das Zwerchfell nach vollzogener Ausatmung seine ganz besonders entspannte Stellung einnimmt.

Die ideale Sprechatmung hängt erheblich von der **Körperhaltung** ab. Bequem stehend funktioniert sie am besten (Zusatznutzen: optimale Resonanzverhältnisse und Schallausbreitung!). Verkrampftes, stark vorgebeugtes Sitzen behindert massiv die Zwerchfelltätigkeit. Auch zu enge Kleidung oder Gürtel sind nachteilig.

Die **Einatmung** sollte möglichst durch die Nase erfolgen. Dies bringt viele Vorteile: die Luft wird stärker erwärmt, befeuchtet und gefiltert; die Atmungsmuskulatur wird aktiviert, Kehlkopf und Stimmlippen kommen leichter in ihre günstigen Positionen. Wer überwiegend durch den Mund einatmet, trocknet z. B. die Schleimhäute im Kehlkopf schneller aus, bekommt Stimmprobleme und riskiert vermehrt Infektionen. Häufig verbindet sich Mundeinatmung auch mit störenden Geräuschen. Trotzdem ist es absolut üblich und legitim, gelegentlich bei lebhaften und längeren Passagen durch den Mund zu atmen.

Der **Luftverbrauch** orientiert sich an der Aktivität: Erwachsene benötigen bei völliger Ruhe pro Minute 5-6 Liter, beim Sprechen oder Gehen 15-25 Liter, bei schwerer körperlicher Arbeit ca. 80 Liter, bei extremen Sportleistungen ca. 120

Liter. Pro ruhigem Atemzug wird etwa ein halber Liter Luft bewegt; in Sonderfällen kann der Durchschnittsmensch ca. zweieinhalb Liter einatmen, sportlich Trainierte noch mehr. Für ein nicht überhauchtes Sprechen oder Singen reichen relativ kleine Luftmengen (1 - 1,5 l pro Atemzug) aus! Ebenso können selbst extrem lange Sinneinheiten mit der normalerweise vorhandenen Fähigkeit, 15-25 Sekunden auszuatmen, problemlos bewältigt werden. Zusätzlich ist nachgewiesen, dass ein ausreichendes Nach- bzw. Zwischenatmen beim Sprechen nicht länger als 0,2 Sekunden dauert.

Die **Atemfrequenz** kann stark schwanken, abhängig von Alter, Stimmung und körperlicher Belastung. Einige Zahlen dazu: Neugeborene ca. 40 Atemzüge pro Min.; Erwachsene bei ruhiger Atmung 6-20, in Erregung 20-22, bei schwerer Arbeit 30-64 Atemzüge. Es ist meist rationeller, bei Belastung die eingeatmete Luftmenge zu erhöhen, als die Frequenz zu steigern.

3 Übungen zur Atmung

Das grundsätzliche Problem ist wohl bekannt: seit Jahrzehnten praktizierte Gewohnheiten sollen - wenn sie als nachteilig erkannt wurden - geändert werden. Dies geht fast nie in wenigen Minuten oder Stunden. Für eine erfolgreiche Umstellung der Sprechatmung sollten einige Monate regelmäßigen „Übens“ einkalkuliert werden.

Warum steht „Üben“ hier in Anführungszeichen?
Es liegt an den **zentralen Prinzipien, die für alle Atmungsübungen gelten:**

1 **Alles Unangenehme und Anstrengende ist verkehrt!**

2 **Kurze und häufigere Übungen sind besser als seltene lange!**
(Die Zeitspanne „kurz“ reicht hier von wenigen Sekunden
bis zu ca. 5 Minuten.)

3 **Was gut läuft, kann vergessen werden!**

4 **Jede Atmungsübung beginnt mit einer Ausatmung!**

3.1 Erfahrungsübung: „Die ruhige Atmung“

Legen Sie sich bequem auf den Rücken, die Hände auf den Bauch. Schließen Sie die Augen und versuchen Sie, sich zu entspannen (evtl. mit angenehmen Vorstellungen...). Nach einigen Sekunden verfolgen Sie Ihre Atmungsbewegungen. Wenn sich die Bauchdecke bei der Einatmung leicht hebt und der Schulterbereich ruhig bleibt, ist alles in Ordnung. Später können Sie diese Übung auch sitzend, stehend und vor Stresssituationen versuchen.

3.2 Intensivere Einatmung erleben

Beginn wie bei Übung 1; um das Zwerchfell zu aktivieren, gibt es nun drei Möglichkeiten: sich intensiv etwas Wohlriechendes vorstellen und daran „schnüffeln", mit einer Hand ein Nasenloch zuhalten oder (ausnahmsweise!) durch die leicht gespitzten Lippen einatmen. Eine Hand fühlt wieder die Bewegungen der Bauchdecke. Auch diese Übung funktioniert liegend, gerade sitzend und stehend. Vor allem beim Stehen ist es möglich, eine leichte Dehnung im Flankenbereich mit den Händen zu spüren.

3.3 Entspannende Atempausen

Zunächst wird eine Ausatmungsphase etwas intensiver als normal durchgeführt (wenn niemand zuhört, kann ein leichter Seufzerton mitschwingen). Danach wird bewusst der nächste Einatmungsimpuls abgewartet, aber nur, solange es angenehm ist (es geht nicht um krampfhaftes Luftanhalten!). In diesem Wartezustand befindet sich das Zwerchfell in seiner entspannten Lage. Die anschließende Einatmung wird unwillkürlich etwas tiefer. Diese Übung kann unmittelbar vor Stress-Situationen eingesetzt werden; sie vermindert die gesamte Körperspannung.

3.4 Das Abspannen (= unwillkürliches entspanntes und schnelles Einatmen)

Vorübung: Husten oder lachen Sie einmal künstlich und lassen Sie dabei eine Hand auf dem Bauch liegen - sofort nach dem Luftausstoß federt die Bauchdecke zurück, neue Luft geht in die Lungen.

Probieren Sie es nun mit den Silben „Hopp" oder „Halt"; steigern Sie dabei vorsichtig die Lautstärke („Atemwurfübung" nach Helene FERNAU-HORN). Dann können Sie zu mehrsilbigen Wörtern, zu Sätzen und ganzen Texten übergehen.

Richtig läuft es, wenn Sie nicht bewusst Luft einsaugen müssen, sondern wenn „automatisch" innerhalb von Zehntelsekunden neue Atemluft eindringt (das „Abspannen" nach Horst COBLENZER).

Mit diesen Übungen ist es ferner möglich, die Stärke der Stimme zu steigern. Um eine Überforderung der Stimmlippen zu vermeiden, sollten anfänglich stets mit „h" anlautende Übungssilben gewählt werden.

3.5 Das Aktivieren der Körperspannung durch die Atmung

Zuweilen tritt der Entspannungseffekt in einer unerwünscht massiven Form ein: Sie werden bzw. sind müde, obwohl Aktivität verlangt wird. In solchen Fällen (aber auch nur da und nie bei Asthmagefährdung!) reicht es in der Regel aus, ein- bis dreimal bewusst etwas schneller und „hoch“ (mit leichter Schulterhebung) zu atmen.

Je häufiger regelmäßige Übungen in der Lernphase eingesetzt werden, umso schneller ist das Ziel erreicht: eine wie von selbst ablaufende, entspannende und ökonomische Atmung.

Ein Tipp für Vergessliche: optische Erinnerungshilfen (z. B. ein „**A**“ wie Atmungsübung auf der Armbanduhr oder an der Zimmerwand) haben sich gut bewährt!

4 Der Weg einer Atmungsumstellung

Nach dem Prinzip: „Vom Einfachen zum Schwierigeren“ sollte zunächst in stressfreien und bequemen Situationen (z. B. kurz vor dem Einschlafen im Bett liegend) „geübt“ werden. Meistens wird dabei der natürliche Atmungsablauf zu beobachten sein. Wenn es bei mindestens drei verschiedenen Übungseinheiten in Folge keine Probleme gab, kann zur nächsten Schwierigkeitsstufe (z. B. entspannt sitzend) übergegangen werden. Klappt es bei einer etwas stressigeren Stufe nicht auf Anhieb, so ist es oft günstiger, eine neue Zwischenstufe mit geringerer Spannung zu probieren.

In den schwierigen Sprechsituationen selbst wäre es unpraktisch, die eigene Atmung bewusst zu kontrollieren - das lenkt häufig vom Formulieren ab. Nur in längeren Atempausen trägt ein absichtlich eingesetztes ruhiges und entspannendes Einatmen zur Sicherheit bei.

5 Weiterführende Literatur und Quellenangaben

- BIENSTEIN, Christel; KLEIN, Gerd; SCHRÖDER, Gerhard: Atmen. Die Kunst der pflegerischen Unterstützung der Atmung. Stuttgart, New York: Georg Thieme, 2000. 466 S.; € 29,95
- COBLENZER, Horst; MUHAR, Franz: Atem und Stimme. Anleitung zum guten Sprechen. 17. Auflage. Wien: Österreichischer Bundesverlag, 1997. 120 S.; € 13,70 (1. Aufl. 1976; Erhältlich ist dazu auch eine CD mit Übungsbeispielen; € 6,-)
- COBLENZER, Horst: Erfolgreich sprechen. Fehler und wie man sie vermeidet. 3. Auflage. Wien: Österreichischer Bundesverlag, 1994. 119 S.; € 12,20; 2 CDs € 25,- (1. Aufl. 1987; v. a. Übungen zum „Abspannen“)
- FIUKOWSKI, Heinz: Sprecherzieherisches Elementarbuch. 6. Auflage. Tübingen: Niemeyer, 2002. 475 S.; € 22,- (Abschnitt „Respiration“)
- LODES, Hiltrud: Atme richtig. Der Schlüssel zu Gesundheit und Ausgeglichenheit. München: Goldmann, 2000. 160 S.; € 6,50 (erschien auch im Ehrenwirth V., 1977)
- SCHMITT, Johannes L.: Atemheilkunst. 8. Auflage. Bern: Humata Verlag, 1986, € 60,- (auch zahlreiche frühere Auflagen, z. T. mit anderen Verlagsorten)

GRUNDLAGEN DER MÜNDLICHEN KOMMUNIKATION
INFORMATIONSBAUSTEIN 8

Zweckmäßiger Stimmgebrauch

1 Ziele der Stimmbehandlung

Zweckmäßiger Stimmgebrauch ist ein Hauptziel der Sprecherziehung. Dies bedeutet im einzelnen eine Stimmgebung, die relativ mühelos abläuft, keine störenden Klangelemente (z. B. Heiserkeit) enthält, auch größeren Beanspruchungen (z. B. in manchen Unterrichtssituationen) gewachsen ist und variables (= nicht monotones), wirksames und ausdrucksrichtiges Sprechen erleichtert. Es geht dabei um ein besonders wichtiges Thema, nicht nur, weil viele pädagogisch Tätige auf Grund von Stimmproblemen ihren Beruf aufgeben müssen. Viel häufiger kommt es in der Praxis vor, dass eine falsch eingesetzte Stimme die Kommunikation beeinträchtigt, Missverständnisse erzeugt und zu einem ungünstigen Eindruck von der sprechenden Person führt.

2 Basisinformationen zur Stimmerzeugung

Die Stimmerzeugung (= Phonation) geschieht primär im Kehlkopf, der das obere Ende der Luftröhre bildet (vgl. die Zeichnung auf Seite 88). Besonders wichtig ist hierbei die Tätigkeit der Stimmlippen (früher auch „Stimmbänder" genannt). Dies sind zwei wulstige Gebilde, die aus Muskulatur, Bindegewebe und Schleimhaut bestehen. Durch Drehung und Verschiebung der Stellknorpel entsteht zwischen den Stimmlippen eine variable Öffnung: die Stimmritze (Glottis). Bei der Stimmgebung läuft ein komplizierter dreidimensionaler Schwingungsvorgang ab, der hier nur vereinfacht dargestellt werden kann. Beim Sprechimpuls schließen sich die Stimmlippen, die Ausatmungsluft staut sich, drängt die Stimmlippen auseinander, etwas Luft entweicht, der „subglottische" Druck sinkt, die Stimmlippen gehen wieder zusammen usw. - manchmal bis über 1000mal pro Sekunde (bei den höheren Lagen der Sopranstimmen). Mit Hilfe der vorhandenen Resonanzräume (Mund- und Nasenraum) wird der dabei entstehende Primärton zum menschlichen Stimmklang modifiziert („Aerodynamische Stimmentstehungstheorie"). Wie gut schließlich die Stimme klingt, hängt auch von der Körperhaltung und der Raumakustik ab.

3 Die richtige Stimmhöhe
(Der Hauptsprechtonbereich)

Die häufigste Ursache für Stimmprobleme ist zu hohes Sprechen - absichtlich oder (meist) unabsichtlich verursacht durch stärkere Spannung der Stimmlippen. Besonders besteht die Gefahr bei Nervosität und Sprechängstlichkeit (Lampenfieber), beim lauten Sprechen, beim Vorlesen und im Gespräch mit Kleinkindern. In allen genannten Fällen wäre eine überhöhte Stimme unsinnig. Berechtigt und nötig ist diese nur, wenn bestimmte Emotionen (Eifer, Begeisterung, Wut usw.) ausgedrückt werden sollen.

Medianschnitt durch den menschlichen Kopf

(nach FIUKOWSKI, S. 79)

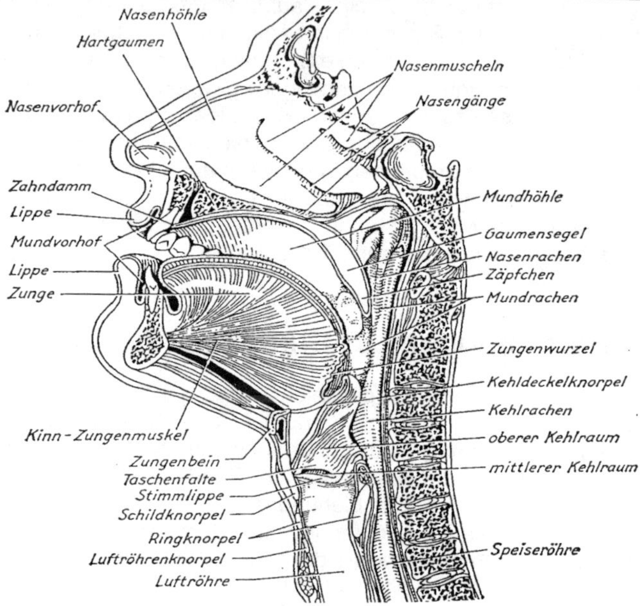

Selbstverständlich gibt es keine für alle gültige „ideale" Stimmlage - je nach Bau der Stimmlippen unterscheiden wir Bass-, Bariton-, Tenor-, Alt-, Mezzosopran- und Sopranstimmen. Jedoch verfügt jeder Mensch über einen bestimmten Tonhöhenbereich innerhalb seines Gesamtstimmumfangs, in dem mit wenig Kraftaufwand und gutem Klang gesprochen werden kann: gemeint ist der **Hauptsprechtonbereich** (oft auch „Indifferenzlage" genannt). Normalerweise umfasst er die obere Hälfte des unteren Drittels des Gesamtstimmumfangs. Es handelt sich nicht um einen monotonen Ton, sondern um einen Bereich, der ca. eine Quart bis eine Quinte umfasst. Die oberen und unteren Grenzen können gelegentlich überschritten werden.

Warum ist es wichtig, den eigenen Hauptsprechtonbereich zu kennen und überwiegend einzuhalten? Es gibt viele Gründe: der zum Sprechen nötige Energieaufwand ist am geringsten; die Stimme ist im Hauptsprechtonbereich besonders modulationsfähig und „raumwirksam". Längeres überhöhtes Sprechen bedeutet stimmliche Ermüdung und Unlustgefühle, Räusperzwang und Heiserkeit, Verspannungen der Artikulationsmuskulatur und des ganzen Körpers, oft sogar krankhafte Veränderungen an den Stimmlippen (z. B. Knötchen- oder Ödembildungen). Die Zuhörenden ahmen unbewusst durch „inneres Sprechen" die gehörte Stimmgebung nach („CARPENTER-Effekt"): Verspannungen übertragen sich, erzeugen Unbehagen (Räusperzwang, evtl. sogar Heiserkeit), Unruhe und Unaufmerksamkeit. Die Urteile über Glaubwürdigkeit und Kompetenz fallen bei überhöhten Stimmen meist negativ aus!

Übungen zur Ermittlung des individuellen Hauptsprechtonbereichs:

1 Beim Kauen eines wohlschmeckenden Essens (oder bei der Vorstellung davon) kann ein bequemer, anerkennender Brummton erzeugt werden. Dieser Ton markiert meist die untere Grenze des idealen Sprechtonbereichs. Prägen Sie sich diesen Ton gut ein!

2 Aus dem gerade erzeugten Ton kann in ein (mindestens) zimmerlautstarkes „a..." übergegangen werden. Zur Selbstkontrolle ist es günstig, eine Hand auf den oberen Brustkorb zu legen. Es wird deutlich, dass sich bei gleich bleibender Lautstärke die Resonanz je nach Tonhöhe ändert. Versuchen Sie, durch Ausprobieren die Tonhöhe zu erreichen, bei der die Vibrationen des Brustkorbs besonders intensiv spürbar sind (= der „Brustton der Überzeugung").

3 Sprechen Sie Aussagen, hinter denen Sie wirklich stehen können, in einem nicht übertriebenen „Brustton der Überzeugung". Besonders wichtig ist dabei, am Ende die Stimme in den entspannten, tieferen Bereich zurückfallen zu lassen. Auch diese Übung sollte zur Routine führen!

4 Der richtige Stimmeinsatz

Zweithäufigste Ursache für Stimmprobleme sind falsche Stimmeinsätze. Stimmeinsatz bedeutet den Übergang der Stimmlippen von der ruhigen, offenen Atmungsstellung in die geschlossene, schwingende Stimmstellung. Sie können gehaucht (= „h"), weich (= unhörbar), mit hygienischem Glottisschlag (= mit für Geübte hörbarem „Ventiltönchen" bzw. „Coup de Glotte") oder übertriebenen, gepresst (als „Sprengeinsatz") vorkommen.

Vor allem unter Stress passiert es häufig, dass die Stimmlippen stark zusammengepresst und mit großem Atemdruck auseinandergesprengt werden. Kaum eine Stimme hält diese Überbeanspruchung länger aus! Verhauchtes Sprechen führt im Gegensatz dazu zu Atemnot, Verständlichkeitsproblemen und zur Austrocknung der Schleimhäute.

Ähnliche Probleme können auch beim Stimmabsatz beobachtet werden: die Beendigung der Tongebung wäre ungünstig, wenn dabei hörbare Hauch- oder Abknarrgeräusche auftreten würden.

Übungen zur Richtigstellung der Stimmeinsätze bzw. Stimmabsätze können bei Bedarf der Literatur entnommen bzw. im Rahmen der Sprech- oder Übungsstunden individuell vorgestellt werden.

5 Die richtige Lautstärke

... gibt es nicht (zumindest nicht allgemeingültig). Wer nicht in der Lage ist, die Lautstärke beim Sprechen zu verändern, erzeugt Monotonie. Das Problem der Lautstärke wird oft überschätzt: für die Verständlichkeit wäre es viel wichtiger, deutlich artikulieren zu können, statt laut zu „nuscheln". Leider ruft ein normales Publikum immer nur „lauter" und nicht „deutlicher", wenn es zu wenig versteht...

Bei den meisten besteht eher die Gefahr, in offiziellen Situationen zu laut zu werden. Fast nie wird zu große Lautstärke signalisiert. Dabei ist es nachgewiesen, dass hohe Lautstärkepegel die Aggressionen bei Sprechenden wie bei Zuhörenden steigern, dass Unruhe nicht „überschreibar" ist, dass natürlich auch die Stimme beim lauten Sprechen stärker belastet wird.

Nur in Ausnahmefällen ist es wichtig, eine hohe und nicht unangenehm klingende Lautstärke erreichen zu können. Zwei Elemente sind dazu wichtig: ein etwas höherer Atemdruck und eine Stimmgebung, die sich noch innerhalb des individuellen Hauptsprechtonbereichs befindet. Übungen zur Steigerung der Lautstärke werden bei Bedarf in den sprechpädagogischen Kursen vorgestellt.

6 Das richtige Sprechklima

Zweierlei kann darunter verstanden werden: naturwissenschaftlich definiert gilt der Grundsatz „Je feuchter die Luft, desto angenehmer fällt das Sprechen". Zu trockene und sauerstoffarme Luft fördert Stimmstörungen. Übertragen meint Klima die Stimmung, die in einer Kommunikationssituation herrscht. Banal, aber trotzdem wichtig ist der Hinweis, dass gespannte, unangenehme Situationen sich in der Regel schnell negativ auf die Stimme auswirken (z. B. durch überhöhte Stimmlage).

7 Erste Hilfe bei Stimmproblemen

Stimmerkrankungen kommen normalerweise nicht über Nacht; sie kündigen sich meist durch eines oder mehrere der folgenden Symptome an:

- häufige leichte bzw. stärkere Heiserkeit; sie ist vor allem dann problematisch, wenn sie ohne gleichzeitige Erkältung auftritt

  (Heiserkeit ist Symptom und Folge von gestörtem Schwingungsverhalten der Stimmlippen; dies kann viele Ursachen haben: entzündete bzw. zu trockene oder schleimbelastete Stimmlippen, organische Veränderungen, z. B. Knötchen, Polypen u. v. a.);
- Ansprechen der Stimme erst nach Räuspern („Ungeschmeidigkeit");
- Druck-, Kitzel- oder Schmerzgefühle im Kehlkopfbereich, Räusperzwang;

- ungewöhnlicher Durst bei oder nach dem Sprechen.

In allen Fällen von unerklärlichen Stimmstörungen sollte so schnell wie möglich fachärztliche Hilfe eingeholt werden. Viele Stimmerkrankungen können nämlich problemlos behandelt werden, wenn sie rechtzeitig und richtig diagnostiziert werden. Für die üblichen Stimmprobleme ist die nächste HNO-Praxis die richtige Anlaufstelle. Für schwierigere Fälle sind die „Phoniater" (Fachärzte für Stimm- und Sprachstörungen) die besten Ansprechpartner. Sie sind z. B. an vielen Universitätskliniken vertreten. Der Informationsbaustein 22 in diesem Buch enthält hierzu ausführlichere Informationen und Adressen.

Bei Stimmproblemen (auch nach Erkältungen und Überanstrengung) hilft:

- nicht oder nur möglichst wenig sprechen, notfalls die „Schonstimme" gebrauchen (leise und entspannt tief, mit deutlicher Artikulation), keinesfalls flüstern (dies strengt die Stimmlippen stärker an!); als Berufssprecher(in) dürfen Sie legitimen „Krankheitsurlaub" nehmen;
- bei Bedarf die Stimme durch bequeme, leise (fast unhörbare) „Brummtöne" aktivieren (Räuspern hilft nur bei unangenehmen Schleimbelägen, sonst ist es eher schädlich!);
- Einatmung möglichst durch die Nase; nicht (oder möglichst wenig) rauchen;
- die Kehlkopfpartie warm halten (mit Schal bzw. feuchten heißen Umschlägen);
- für feuchte Luft sorgen (z. B. durch nasse Handtücher, Duschen oder Luftbefeuchter);
- viel trinken: gut sind fast alle warmen Getränke (vor allem Salbeitee!); jedoch sollte man schwarzen Tee bzw. Kaffee (da die darin enthaltenen Gerbsäuren entzündete Schleimhäute reizen), säurereiche Fruchtsäfte und alkoholische Getränke im Übermaß vermeiden!
- viel lutschen, denn dies regt die Speichelsekretion an und massiert den Kehlkopf. Besonders empfehlenswert sind Salbeipastillen. Je nach Heiserkeitsursache sind ansonsten auch die Schleimhaut glättende (z. B. Malz-/Honig-) oder abschwellende (z. B. Eukalyptus-/Menthol-) Bonbons möglich;
- evtl. inhalieren (z. B. Kamillendämpfe), gurgeln oder Einreibemittel benutzen; in Notfällen wirken kurzfristig „Stimmlippenpinselungen" (beim Facharzt).

Die von der Pharmaindustrie angebotenen rezeptfreien Medikamente sind überwiegend nicht zu empfehlen; sie sind relativ teuer, fast wirkungslos oder zeigen manchmal unerwünschte Nebenwirkungen![1]

---

1 Vgl. das Kapitel „Mittel gegen Halsschmerzen und Beschwerden in Mund und Rachen" (S. 260-272) in LANGBEIN; Kurt; MARTIN, Hans-Peter; WEISS, Hans: Bittere Pillen. Nutzen und Risiken der Arzneimittel. Ein kritischer Ratgeber. Überarbeitete Neuausgabe 2002-2004. 76., erg. u. korr. Auflage. Köln: Kiepenheuer & Wisch, 2002.

8. Weiterführende Literatur und Quellenangaben

- BERGAUER, Ute G.: Praxis der Stimmtherapie. Logopädische Behandlungsvorschläge und Übungsmaterialien. Mit einem Geleitwort von G. WIRTH. Mit zahlreichen Übungsvorlagen. Berlin u. a.: Springer, 1998 (XIII, 274 S.; € 34,95)
- BERNHARD, Barbara Maria: Sprechen im Beruf. Der wirksame Einsatz der Stimme. Wien: öbv&hpt, 2003. 112 S.; € 14,50. Dazu gibt es auch eine CD (€ 18,-; das Gesamtwerk ist für € 32,- erhältlich)
- COBLENZER, Horst; MUHAR, Franz: Atem und Stimme. Anleitung zum guten Sprechen. 17. Auflage. Wien: Österreichischer Bundesverlag, 1997. 120 S.; € 13,70 (1. Aufl. 1976; Erhältlich ist dazu auch eine CD mit Übungsbeispielen; € 6,-)
- Der kleine Hey. Die Kunst des Sprechens. Das multimediale Trainingsprogramm. Mainz: Schott, 2003. DVD und CD-ROM mit 145 Min. Filmaufnahmen, Übungstexte, Trainingsprogramm mit Aufnahmefunktion usw.; € 44,95 (ISBN: 3-7957-6089-5)

  Schon vor ca. 100 Jahren veröffentlichte Julius Hey sein dreibändiges Werk „Deutscher Gesangsunterricht", aus dessen „Sprachlichen Teil" sich der in Sprecherzieherkreisen wohlbekannte „Kleine Hey" entwickelte. Nun gibt es die „Kunst des Sprechens" als multimediales Trainingsprogramm (1 DVD und 1 CD-ROM). Zu sehen sind die beiden Diplom-Sprecherzieher Christiane Klamm und Marc Aisenbrey, wie sie Schauspielschüler(inne)n das Wichtigste zur Atmung, Artikulation und Intonation erklären. Zu jedem Einzelthema werden von der Schülergruppe die Beispielwörter und Übungssätze aus dem Buch vorgetragen. Durch das „Multiangle-Aufnahmeverfahren" ist es dabei oft möglich, die Mundstellung in Großaufnahme zu betrachten. „Zugaben" sind ein Film zur Stimme aus der ZDF-Ratgeberserie „Praxis täglich" und „20 praxiserprobte Tipps" zum Sprechen mit Mikrofon.
- DYCKHOFF, Katja; WESTERHAUSEN, Thomas: Stimme: Instrument des Erfolgs. Vom Stimmtraining zum Stimmenergiekonzept. Handbuch mit CD. Düsseldorf, Berlin: Metropolitan-Verlag, 2002. 208 S. und Audio-CD, € 29,90
- FIUKOWSKI, Heinz: Sprecherzieherisches Elementarbuch. 6. Auflage. Tübingen: Niemeyer, 2002. 475 S.; € 22,-
- GUNDERMANN; Horst: Heiserkeit und Stimmschwäche. Ein Leitfaden zur Selbsthilfe, wenn die Stimme versagt. 4., durchges. Aufl. Stuttgart: G. Fischer, 1995. (X, 154 S.; € 14,95)
- HAMMANN, Claudia: Übungsprogramm für eine gesunde Stimme. 2., neu bearb. Auflage. München, Basel: E. Reinhardt, 2001. 93 S.; € 15,90
- KUTTER, Uta; WAGNER, Roland W. (Hrsg.): Stimme. Frankfurt am Main: Cornelsen-Scriptor, 1991 (190 S.; vergriffen)
- HERMANN-RÖTTGEN, Marion; MIETHE, Erhard: Unsere Stimme. Anatomie - Störungen – Bedingungen der Stimme – Tonale Stimmtherapie. Wehrheim: Verlag gruppenpädagogischer Literatur. 154 S.; € 23,- (mit CD „Stimmübungen")
- SPIECKER-HENKE, Marianne: Leitlinien der Stimmtherapie. 2., überarb. Auflage. Stuttgart, New York: Thieme 2004. 240 S., € 54,95
- STENGEL, Ingeburg; STRAUCH, Theo: Stimme und Person. Personale Stimmentwicklung, personale Stimmtherapie. Vierte Auflage. Stuttgart: Klett-Cotta, 2002. 231 S.; € 20,-

GRUNDLAGEN DER MÜNDLICHEN KOMMUNIKATION
INFORMATIONSBAUSTEIN 9

Angemessene Artikulation

1. Die Frage nach der „richtigen“ Aussprache...

... kann nicht absolut und eindeutig beantwortet werden! Es gibt keine Ausspracheform, die für jeden Text und jede Kommunikationssituation gleich gut geeignet wäre. Die meisten Menschen wissen und praktizieren dies im Rahmen ihrer Möglichkeiten. So ist es selbstverständlich nicht das Ziel der Sprecherziehung, dialektale bzw. umgangssprachliche Formen zu verhindern. Im Gegenteil: oft wären derartige Fähigkeiten sehr nützlich, z. B. im Kontakt mit Dialektsprechenden oder zum differenzierten Ausdruck bestimmter Gefühle. Eine persönliche Färbung der Sprechweise erzeugt i. d. R. mehr Sympathie bei den Gesprächspartnern (falls nicht Vorurteile gegen bestimmte Dialekte überwiegen).

Viele benötigen allerdings eine überregional verständliche Aussprache; viele wollen nicht, dass die leider vorhandenen Dialektvorurteile ihre Kommunikation erschweren; viele müssen für bestimmte Berufe auch „normgetreue“ Aussprache beherrschen. Überwiegend herrscht nämlich die Meinung vor, dass (relativ) dialektfreie Artikulation ein Zeichen von „Kompetenz“ wäre (schließlich ist Dialekt innerhalb der sozial niedriger eingeschätzten Gruppen häufiger anzutreffen, so dass gerne der logisch falsche Umkehrschluss gezogen wird!). In Beliebtheitsumfragen schneiden „fremde“ Dialekte oft schlechter ab.

Für den Schulunterricht steht klar und deutlich in den Lehrplänen: „Unterrichtssprache ist die Hochsprache“. Regionale Sprachformen können aber durchaus ihren Platz im Unterricht haben; Mundarten sollen ja auch gepflegt werden. An anderer Stelle heißt es: „Ein Ziel der Grundschule ist es aber, alle Kinder behutsam zur Hochsprache hinzuführen. Hier kommt dem Vorbild der Lehrerinnen und Lehrer besondere Bedeutung zu“ (Bildungsplan des MKS Baden-Württembergs 1994; ähnlich steht es auch in dessen „Bildungsstandards“ von 2004).

Einigkeit besteht, wenn im Deutschunterricht oder bei anderen Gelegenheiten nicht in Mundart geschriebene Dichtung bzw. Literatur gesprochen („rezitiert“) werden soll: hier erwarten die Zuhörenden eine einigermaßen dialektfreie Artikulation! Diese Regel gilt ferner für das Diktieren (nicht nur in der Schule).

2. Zur Begriffswahl

Überwiegend werden heute noch die Begriffe „Hochsprache“, „Hochdeutsch“ oder „Schriftdeutsch“ benutzt, wenn das Gegenteil von „Mundart“, „Dialekt“ oder „Umgangssprache“ gemeint ist. Die Vorsilbe „Hoch-“ enthält jedoch eine Wertung, die im absoluten Sinne falsch wäre. Geschriebene Sprache unterscheidet sich erheblich von der gesprochenen, z. B. wird nur ein kleiner Teil der deutschen Wörter eindeutig „buchstabengetreu“ ausgesprochen. Deshalb bevorzugt die Wissenschaft inzwischen die Ausdrücke „**Standardsprache**“ (falls die normierten Bereiche Wortschatz, Grammatik, Artikulation und Intonation zusammen bezeichnet werden sollen) und „**Standardaussprache**" oder „**Standardlautung**" (für die nonverbalen Aspekte Artikulation und Intonation).

In der Germanistik ist „Hochdeutsch" (= Mittel- und Oberdeutsch) häufig als Gegenteil von „Niederdeutsch" rein regional definiert. Zuweilen verwendet die Sprach- bzw. Sprechwissenschaft den Begriff „**Orthoepie**" (= Rechtlautung; manchmal auch in der Form „Orthoepik"). Bei (großräumigeren) Dialektformen wird heute gern von „**Regiolekten**" gesprochen; die individuelle Sprechweise einer einzelnen Person wird „**Idiolekt**" genannt. Neuere Versuche, Dialekte nach ihrem Prestige in „**Akrolekt**" (hoch angesehen), „**Mesolekt**" (normal beurteilt) und „**Basilekt**" (niedrig bewertet) einzuteilen, haben sich in der Sprechpädagogik noch nicht durchsetzen können[1].

3. Die Aussprachenormen der deutschen Standardsprache

Leider ist die Aussprachenorm in Deutschland nicht so eindeutig geregelt wie die Rechtschreibung. Drei Nachschlagewerke mit zum Teil verschiedenen Normvorstellungen können benutzt werden. Sie werden hier vorgestellt, damit die wichtige Frage „Wo kann ich im Zweifelsfall nachschlagen" geklärt ist.

a) SIEBS: Deutsche Aussprache. Reine und gemäßigte Hochlautung mit Aussprachewörterbuch (Hrsg. v. Helmut de BOOR, Hugo MOSER, Christian WINKLER; 19., umgearb. Auflage; Berlin: de Gruyter, 1969. 494 S.; € 29,95)

Vorteile: „Klassiker" der Ausspracheregelung (früherer Untertitel: „Bühnenaussprache"); Normierung und Wörterverzeichnis sind für das traditionelle Drama brauchbar.

Nachteile: die Norm der „reinen Hochlautung" entspricht oft nicht der zeitgemäßen Realität; z. T. unerfüllbare Forderungen; relativ kleines Wörterverzeichnis; nicht billig.

b) DUDEN - (Das) Aussprachewörterbuch. Wörterbuch der deutschen Standardaussprache (Bearb.: Max MANGOLD; 4., neu bearb. u. aktualisierte Auflage. Mannheim: Bibliographisches Institut, 2000. 894 S.; € 21,50)

Vorteile: aktuellste Aussprachenorm; umfangreichstes Wörterverzeichnis.

Nachteile: nicht billig; (für manche) die Forderung des „stimmhaften s", die Tolerierung von „[e] statt [ɛ].

c) Großes Wörterbuch der Deutschen Aussprache (GwdDA). Hrsg. von einem Kollektiv; hauptverantwortlich: Ursula STÖTZER; Leipzig: Bibliographisches Institut, 1982. 600 S.; früher 24,- M(ark der DDR)

Vorteile: zeitgemäße Aussprachenorm; günstiger Preis.

---

1 Vgl. GLÜCK, Helmut (Hrsg.): Metzler Lexikon Sprache. Stuttgart, Weimar: Metzler Verlag, 1993. S. 21.

Nachteile: nur noch antiquarisch erhältlich; (für manche den älteren Normen Verbundene) gelegentlich etwas umgangssprachliche Normierung.

Zurzeit wird von Phonetikern der Universität Köln (HEIKE u. Mitarb.) und Sprechwissenschaftlern der Universität Halle (STOCK u. Mitarb.) eine neue Ausspracheregelung erarbeitet, die noch stärker die Realität der regional unterschiedlich gesprochenen Sprache berücksichtigen soll. Daneben interessiert vor allem das Phänomen der „Koartikulation" (= wechselseitige Beeinflussungen benachbarter Laute).[2]

4. Grundsätze der deutschen Standardaussprache (Die „Artikulationsbasis")

Jede Art gesprochener Sprache kann zunächst nach zwei Kriterien beurteilt werden: ob bestimmte Normen (für Standardsprache oder Mundart) eingehalten werden (dies beeinflusst den regionalen Geltungsbereich) und ob eher lässig oder ausgeprägt artikuliert wird (dies ist wichtig für die individuelle Verständlichkeit und Angemessenheit). Christian WINKLER bezeichnete diese beiden Parameter mit den Begriffen „Gemeingeltung" (heute würde wohl „Allgemeingeltung" bevorzugt werden) und „Formstufe".

„Artikulationsbasis" meint die typische Art und Weise, wie eine bestimmte Sprachform (z. B. Deutsch oder Badisch) überwiegend gesprochen wird.

Für die deutsche Standardaussprache wurden folgende Grundsätze ermittelt bzw. festgelegt (vgl. FIUKOWSKI, S. 78-88):

1. leichte Öffnung und Rundung der Lippen, die locker von den Zahnreihen abgehoben werden („Hochrundeinstellung der Lippen");

2. leichte Öffnung der Zahnreihen („kein Zahnreihenschluss");

3. die Zungenspitze berührt die Rückseite der unteren Schneidezähne („Zungenspitzenkontaktstellungsprinzip"; „vorne sprechen"),

4. relativ große Kieferöffnung und weiter Rachenraum („faukale Weite" nach TROJAN);

5. das Gaumensegel („Velum") gestattet Luftdurchtritt durch Mund und Nase;

2 Vgl. KRECH, Eva-Maria; STOCK, Eberhard (Hrsg.): Beiträge zur deutschen Standardaussprache. Hanau, Halle: Verlag Werner Dausien, 1996. 252 S. (Hallesche Schriften zur Sprechwissenschaft und Phonetik, Band 1)

6. der Kehlkopf befindet sich in lockerer Tiefstellung;
   die Stimmeinsätze kommen physiologisch richtig.

Ein anschaulicher Vergleich für diese „Sprechbereitschaftsstellung“ (die selbstverständlich nicht für alle deutschen Laute gilt): „wie wenn ein Löffel mit einer wohlschmeckenden Speise zum Mund geführt wird.“ In den meisten Dialekten wird „bequemer“ artikuliert.

Akustische Beispiele für die Standardaussprache finden Sie problemlos in den Medien. Die Nachrichtensprecher(innen) des öffentlich-rechtlichen Rundfunks beherrschen normalerweise die Regeln. Ferner gibt es käufliche Cassetten- oder CD-Zusammenstellungen, die systematisch die "korrekte" Aussprache vermitteln. Zu den empfehlenswerten Werken gehören:

- Der kleine Hey. Die Kunst des Sprechens. Das multimediale Trainingsprogramm. Mainz: Schott, 2003. DVD und CD-ROM mit 145 Min. Filmaufnahmen, Übungstexte, Trainingsprogramm mit Aufnahmefunktion usw.; € 44,95 (vgl. S. 92)
- FRANKE, Ingolf: Sprachlabor. Eine multimediale und interaktive Einführung in die Welt des Sprechens. Hamburg: Buske, 1996. CD-ROM für PC; € 28,- (Physiologie, Akustik, Phonetik, Katalog der Sprachlaute, Sprachsignalanalyseprogramm, Literaturverwaltung mit über 4000 Einträgen)
- KAUNZNER, Ulrike A.: Aussprachekurs Deutsch. Ein komplettes Übungsprogramm zur Verbesserung der Aussprache für Unterricht und Selbststudium (mit 6 CDs). Text und Übungsbuch. Heidelberg: Julius Groos Verlag, 1997. 183 S.; Buch: € 14,80; 6 CDs: € 71,-
- STOCK, Eberhard: Deutsche Intonation. Leipzig u. a.: Langenscheidt, 1996. 144 S.; (dazu wurde auch eine Audiokassette mit ca. 60 Min. Beispielen produziert; Buch und Kassette sind allerdings zurzeit vergriffen)
- VIEREGGE, Wilhelm H., unter Mitarbeit von Johannes PAHN und Harm K. SCHUTTE: Patho-Symbolphonetik. Auditive Transkription pathologischer Sprache. Stuttgart: Franz Steiner Verlag, 1996. XIV, 239 S.; € 50,- *(= Zs. f. Dialektologie u. Linguistik, Beihefte, Heft 100; dem Buch liegen zwei CDs bei)*

5. Die Laute der deutschen Standardaussprache

Zur eindeutigen Kennzeichnung gesprochener Laute wird das Internationale Phonetische Alphabet (IPA) verwendet. Auf den nächsten beiden Seiten finden Sie eine Liste der Lautschriftzeichen für die deutsche Standardaussprache (Quellen: DUDEN Aussprachewörterbuch, 4. Auflage, 2000; DUDEN Grammatik der deutschen Gegenwartssprache. 4. Aufl., 1984; Großes Wörterbuch der deutschen Aussprache und SIEBS: Deutsche Aussprache. 19. Aufl., 1969).

Die Lautschriftzeichen des Internationalen Phonetischen Alphabets für die deutsche Standardaussprache

a	helles bis mittelhelles a [3]	hat [hat], Bad [ba:t]
ɐ	abgeschwächtes a	besser ['bɛsɐ], Bier [bi:ɐ]
a͜i	ai/ei-Diphthong [4]	ein [a͜in], Mayer ['ma͜iɐ]
a͜u	au-Diphthong [5]	aus [a͜us]
b	b-Laut	Bad [ba:t]
ç	Ich-Laut	ich [ɪç]
d	d-Laut	das [das]
e	geschlossenes e	Mehl [me:l]
ɛ	offenes e	Bett [bɛt]
ə	Murmelvokal, „Schwa"	Habe ['ha:bə]
f	f-Laut	Fett [fɛt]
g	g-Laut	gegen ['ge:gən]
h	h-Laut	hegen ['he:gən]
i	geschlossenes i	mir [mi:ɐ]
ɪ	offenes i	ist [ɪst]
j	j-Laut	ja [ja:]
k	k-Laut	kann [kan]
l	l-Laut	leben ['le:bən]
m	m-Laut	Moos [mo:s]
n	n-Laut	nie [ni:]
ŋ	ng-Laut	eng [ɛŋ]
o	geschlossenes o	rot [ro:t]
ɔ	offenes o	Post [pɔst]
ø	geschlossenes ö	schön [ʃø:n]
œ	offenes ö	könnt [kœnt]
ɔ͜y	eu-Diphthong [6]	euch [ɔ͜yç]
p	p-Laut	Pass [pas]
pf	pf-Laut	Pfahl [pfa:l]
r	r-Laut („Zungenspitzen-R")	rot [ro:t]

[3] Siebs-Schreibweise: ɑ

[4] Siebs-Schreibweise: ɑe; GWddA: a͜e

[5] Siebs-Schreibweise: ɑo; GWddA: a͜o

[6] Siebs-Schreibweise: ɔø; GWddA: ɔ͜ø

ʀ	r-Laut („Zäpfchen-R“)	rot [ʀo:t]
ʁ	r-Laut („Reibe-R“)	rot [ʁo:t]
s	s-Laut (stimmlos / fortis)	dass/das [das]
z	s-Laut (stimmhaft / lenis)	so [zo:]
ʃ	sch-Laut	Schal [ʃa:l]
t	t-Laut	Tat [ta:t]
ts	z-Laut	Zahl [tsa:l]
tʃ	tsch-Laut	Rutsche ['rʊtʃə]
u	geschlossenes u	du [du:]
ʊ	offenes u	dumm [dʊm]
v	w-Laut	wo [vo:]
x	ach-Laut	Dach [dax]
y	geschlossenes ü	Mühle ['my:lə]
ʏ	offenes ü	Hütte ['hʏtə]
|	Stimmritzenverschlusslaut/Silbentrennung	Beamte [bə|'amtə]
:	Längenzeichen für den davor stehenden Vokal	Zoo [tso:]
'	Hauptbetonung für die folgende Silbe	Wasser ['vasɐ]
ˌ	Nebenbetonung für die folgende Silbe	Einverständnis ['a͜infɐˌʃtɛntnɪs]
ˌ	Zeichen für silbische Konsonanten	Regen ['ʁe:gn̩]

Bei Fremdwörtern, Dialekten und außergewöhnlichen Betonungen auftretende Sonderzeichen:

ɑ	dunkles bis mitteldunkles a	Zahl [tsɑ:l], z. B. in Hamburger Mundart
~	Nasalierung	
ã	nasales a	Gourmand [gʊr'mã:]
ẽ	nasales e	Teint [tẽ:]
õ	nasales o	Bon [bõ:]
œ̃	nasales ö	Parfum [par'fœ̃:]
e͜i	e^i -Diphthong	Lady ['le͜idi]
ɱ	mn-Laut	fünf [fʏɱf]
o͜u	o^u -Diphthong	Show [ʃo͜u]
ʒ	sch-Laut (stimmhaft/weich)	Genie [ʒe'ni:]
ð	englischer th-Laut (stimmhaft/weich)	Fathom ['fɛðəm]
θ	englischer th-Laut (stimmlos/scharf)	Thriller ['θrɪlə]
ʰ	starke Behauchung	pack! [pʰ akʰ]
ʔ	hörbarer Stimmeinsatz („Knacklaut“)	ach! [ʔax]

6. Hauptprobleme der deutschen Standardaussprache

Aus Platzgründen sind hier nur die wichtigen Besonderheiten der dialektal bzw. umgangssprachlich auftretenden Varianten (kritische Leute reden dabei auch von „Fehlformen") stichwortartig beschrieben.[7] Die im 3. Abschnitt dieses Bausteins genannten Ausspracheswörterbücher enthalten ausführliche Regelkataloge.

Wichtig für dieses Kapitel: Ein vorangestellter Stern (*) bezeichnet die nicht normgerechten Beispielwörter!

Probleme bei der Vokalbildung:

1 Andere, meist bequemere **Artikulationsbasis** (allgemeiner Trend), kaum Zungenspitzenkontakt (in Süd- und Mitteldeutschland), deshalb oft dunklere (gemütlichere?) Färbung (*„hot" statt „hat"). Besonders auffällig sind Klangveränderungen bzw. „Umstellungen" bei den Diphthongen (= „Zwielauten") z. B. im Schwäbischen (*„liab" statt „lieb"), Badischen und Bayerischen (*„Bruader" statt „Bruder").

2 Geringere **Mundöffnung** bzw. andere **Gaumensegelstellung**, deshalb „nuscheln" und „offenes Näseln" (z. B. bei Pfälzern) oder „geschlossenes Näseln" (z. B. in Bremen).

3 Verwechslung von Länge und Kürze, z. B. [a] statt [a:] (Ruhrgebiet und Norddeutschland) und umgekehrt (im Süden) (z. B. *"Bat", *"Rat", *"Spass" / *"da:s", *"u:n-", *"vo:n").

4 Ersatz von [ɛ:] (= „ä") durch [e:] (norddeutsch mit Trend nach Süden) (*"Keese"). Die neueste Auflage des Duden-Aussprachewörterbuchs erlaubt allerdings diese in der Praxis besonders häufig auftretende Variante, in dem festgestellt wird: „Der Vokal [ɛ:] kann auch [e:] gesprochen werden" (S. 21).

Probleme bei der Konsonantenbildung:

5 **b/p, d/t** und **g/k** werden nicht deutlich unterschieden (v. a. in mitteldeutschen Dialekten). Die deutliche Aussprache von p, t und k enthält ein hör- und spürbares Hauchgeräusch (= „Aspiration")! Auslautendes oder vor Konsonant stehendes b, d, g wird jedoch in der Regel richtig zu p, t, k (= „Auslautverhärtung").

6 Die Endungen **-ig, -igs, -igt** werden entgegen der Norm mit [k] statt mit [ç] gesprochen (v. a. im Süden). Hintergrund dieses Problems ist die „Auslautverhärtung" - ein auslautendes „g" kann normalerweise gar nicht als „g"

---

7 Mehr dazu bei KÖNIG, Werner: Atlas zur Aussprache des Schriftdeutschen in der Bundesrepublik Deutschland. 2 Bände. Ismaning: Max Hueber Verlag, 1989.

gesprochen werden. (Ausnahme: folgt in der nächsten Wortsilbe ein [ç], so wird korrekt [k] gesprochen! Beispiel: Die Regel verlangt „Könich“, aber „Könikreich“).

7 Auslautendes „**g**“ wird zu „ch“ [ç] (norddeutsch und zum Teil allgemein) (*“Tach“ für „Tag“, *“Fluchzeuch“ für „Flugzeug“, *“Teich“ für „Teig“).

8 Statt [**ç**] (=“vorderes Ch“ bzw. „Ich-Laut“) wird ein „sch“-ähnlicher Laut gesprochen (Pfalz, Hessen), anlautendes „Ch“ in manchen Fremdwörtern wird normwidrig zu [k] oder [ʃ] (Chemie, China, Chirurg).

9 Wichtige **r-Laute** fallen aus (allgemeiner Trend, z. B. *[ba:t] für [ba: ʀt]). In unbetonten Positionen ist allerdings die Vokalisierung des r-Lauts mit bequem gesprochenem „a“ ([ɐ]) inzwischen Norm (z. B. ['bɛsɐ], Bier [bi:ɐ]).

10 Anlautendes „**st**“ und „**sp**“ sprechen Norddeutsche oft „buchstabengetreu“ falsch (nur bei seltenen Fremdwörtern wäre dies korrekt!).

11 „**v**“ wird bei Fremdwörtern vor Vokal entgegen der Norm oft wie [f] gesprochen (*“Aktife“, *“Nofember“).

12 Besonders bei betontem Vorlesen wird gern vergessen, dass ein unbetontes „**h**“ im Inneren deutscher Wörter stumm ist (*“ste<u>h</u>en“ statt „ste-en“; Ausnahmen sind nur aha, oho, ahoi, Ahorn, Oheim, Uhu, Schuhu).

13 Statt dem einheitlichen Laut „**ng**“ [ŋ] sprechen manche überbetont [nk] (*“lank“, *“Frühlink“).

14 Die zwei **s-Laute** der deutschen Sprache (stimmhaft/stimmlos oder lenis/fortis gebildet) werden gerne zusammengelegt. Besteht ein hörbarer Unterschied zwischen „reisen“ und „reißen“? Die Regel sagt: „Anlautendes „s“ vor Vokal ist stimmhaft bzw. mit geringerer Artikulationsspannung, also ‘lenis’ gebildet“.

Das falsch gebildete „s“ (= „Sigmatismus“/“Lispeln“) ist die häufigste Artikulationsstörung der deutschen Sprache.

15 Je nach Situation werden Endsilben entweder verschluckt oder überbetont.

16 Die richtige Fremdwort-Aussprache scheint oft Glückssache zu sein!

(z. B. *“Kakka-o“ statt „Kakau“, *“loggisch“ statt „lo:gisch“, *“theorätisch“ statt „theore:tisch“) - Im Zweifelsfall sollte in einem Aussprachewörterbuch nachgesehen werden!

17 Dialektale Intonationsauffälligkeiten (z. B. falsche Wortbetonung, singender Tonfall) können ebenfalls irritieren, die Verständlichkeit beeinträchtigen oder die Persönlichkeitseinschätzung verändern.

GRUNDLAGEN DER MÜNDLICHEN KOMMUNIKATION
INFORMATIONSBAUSTEIN 10

Grundsätze der Intonation und richtiges Vorlesen

Richtig betont sprechen und vorlesen - das wollen und brauchen viele. In diesem Baustein sollen dafür die nötigen Grundinformationen vermittelt werden.

1 Die Betonungsmöglichkeiten der deutschen Sprache

Folgende Möglichkeiten können isoliert oder (zumeist) in Kombination zur Betonung genutzt werden (z. B. als Wort- oder Satzakzent):

- Veränderung der **Lautstärke** (= „dynamischer Akzent")
- Veränderung der **Tonhöhe** (= „melodischer Akzent")
- Veränderung der **Sprechgeschwindigkeit** bzw. **Pausensetzung** (= „temporaler Akzent")
- Veränderung des **Stimmklangs** (= „phonischer Akzent")
- Veränderung der **Artikulation** (= „artikulatorischer Akzent")

Beim freien Sprechen sind außerdem verbale Betonungselemente möglich, z. B. Wiederholungen, Wechsel der grammatikalischen Erzählzeit (Praesens statt Perfekt), hervorhebende bzw. dialektale Begriffe.

2 Grundsätze für die Satzintonation

In der deutschen Sprache kann theoretisch jedes Wort eines Satzes betont werden. Ein Beispiel: Das ist mein Buch (= nicht das daneben). Das ist mein Buch (= ich bin mir sicher!). Das ist mein Buch (= nicht deines!). Das ist mein Buch (= keine Broschüre!).

Der zentrale Betonungsgrundsatz lautet: In einem Satz hat nur ein Wort die Hauptbetonung; alle anderen Wörter des Satzes ordnen sich diesem in verschiedenen Stufen (= Nebenbetonungen) unter.

Faustregel: das wichtigste neue Wort bekommt die Hauptbetonung!

Zwei Hilfsregeln zur Betonungsfindung:

- Bestimmende Begriffe werden i. d. R. stärker betont, z. B. eine kluge Frau, er macht Unsinn, die Straßenbahn, wir stehen auf.
- Bei Aufzählungen steigert sich die Betonung bis zum letzten Begriff. („Wir besuchten Bordeaux, San Sebastián und Barcelona.")

In Zweifelsfällen helfen logische Überlegungen (z. B. „Wie würde die Aussage als Einwortsatz lauten?") und vor allem das Ausprobieren von unterschiedlichen (Extrem-)Möglichkeiten!

3 Die Ausdruckselemente

Mit mehreren Faktoren ist es möglich, den Ausdruck der gesprochenen Sprache zu verändern und ihn der jeweils vorhandenen Stimmung anzugleichen.

Eine Grundvoraussetzung sollte stets erfüllt sein: sich möglichst intensiv in die angestrebte Emotion zu versetzen (z. B. durch das „emotionale Gedächtnis", das heißt: Erinnerung an entsprechende Erlebnisse).

Weitere Ausdruckshilfen sind (vgl. TROJAN, S. 127-61):
- der Grad der gesamtkörperlichen Spannung
  (entspannt, ausgeglichen, angespannt);
- die Stärke des Atemdrucks (schwach, verhaucht, normal, mit Überluft);
- die Resonanz der Stimme (Brust-, Mittel- oder Kopfregister);
- die Spannung der Muskulatur im Hals- und Rachenbereich
  (faukale Weite bzw. Enge);
- die Art des Luftdurchgangs durch Mund und Nase (ungenäselt, genäselt);
- die Artikulationsschärfe (z. B. exakt oder genuschelt);
- die Pausenlänge und -art (z. B. Atempausen oder Staupausen).

4 Das Wichtigste zur Metrik

Gerade bei älteren Gedichten spielen metrische Muster eine wichtige Rolle, deshalb finden Sie hier einige Begriffserklärungen (nach HERMES und BEST).

- **Metrum** (= Versmaß) ; Wechsel von betonten (= +) und unbetonten (= -) Silben (bzw. Hebungen und Senkungen). Dabei werden unterschieden: **Jambus** (- +; zweisilbig, „steigend"), **Trochäus** (+ -; zweisilbig, „fallend"), **Anapäst** (- - +; dreisilbig, „steigend"), **Daktylus** (+ - -; dreisilbig, „fallend"). Ein **Alexandriner** ist ein jambischer Sechsheber mit Zäsur nach der dritten Hebung (- + - + - + I - + - + - +), wogegen ein **Hexameter** als daktylischer Sechsheber definiert ist (+ - + - + - + - + - + -). Ein **Distichon** ist ein Doppelvers, bei dem ein Hexameter mit einem Fünfheber (= Pentameter) verbunden ist, z. B. in Schillers „Das Distichon":

  „Im Hexameter steigt des Springquells flüssige Säule,
  im Pentameter drauf fällt sie melodisch herab."

- **Kadenz** = Form des Versendes (Gegenteil von „Auftakt"); dabei schließt eine „männliche" Kadenz den Vers mit einer betonten, eine „weibliche" K. mit einer unbetonten Silbe ab.

- **Enjambement** = Zeilensprung (eine syntaktische Einheit „springt“ in die folgende Zeile), z. B. „Über allen Gipfeln / Ist Ruh“
- **Kolon:** Kleinste ohne Atempause gesprochene Einheit (in einem Vers oder Prosasatz, z. B. „Es war einmal“; „Wortfuß“ bei Klopstock)
- **Reime:** Bei diesen regelmäßig erscheinenden Klangmustern unterscheidet man „**Reine Reime**“ (Hase/Nase); „**Unreine Reime**“ (mir/dürr), „**Identische Reime**“ (Maus/Maus), „**Doppelte Reime**“ (... jeden Tag - ... Reden mag). Bei einem **Stabreim** beginnen Wörter mit dem gleichen Laut. Nach der Zahl der sich reimenden Silben gibt es einsilbige („männliche“), zweisilbige („weibliche“) und dreisilbige („gleitende“) Reime. Neben dem **Anfangsreim**, der zu Beginn zweier Verse steht, und dem **Binnenreim** (in einem Vers) gibt es am Versende die Möglichkeiten: **Paarreim** (aabb), **Kreuzreim** (abab), **Umschließender Reim** (abba), **Haufenreim** (aaaa bbbb) und **Zwischenreim** (aabccb).

5 Die häufigsten Intonations- und Lesefehler

5.1 Das zu schnelle Lesen

Fast alle lesen zu schnell. Meist fehlen die Pausen, die beim normalen Sprechen zum Überlegen und Formulieren benötigt werden. Das Problem ist erklärbar: häufig wurde in der Schule das „flüssige und fehlerfreie“ Lesen überbewertet; wer einen Text bereits kennt, unterschätzt leicht die Verstehensprobleme der Zuhörenden.

Einige Abhilfetipps:

- Markieren Sie die Atem- und Betonungspausen durch senkrechte Striche (| für eine betonende Staupause; **|** oder || für Atempausen; **||** oder ||| für längere Pausen)!
- Setzen Sie verstärkt Blickkontakt ein (nicht nur in den Pausen am Ende eines Absatzes)! Ein an den Seitenrand gelegter Daumen erleichtert dabei das wieder Finden der folgenden Textstelle.
- Überlegen Sie vor dem Lesen einer Sinneinheit, in welcher Stimmung diese gesprochen werden sollte! Versuchen Sie dann, sich in diese Stimmung zu versetzen! Vielleicht hilft die Erinnerung an ein eigenes Erlebnis, an eine Theater- oder Filmszene mit vergleichbarer Emotionalität?
- Erzählen Sie den Inhalt des Textes in eigenen Worten; achten Sie auf Ihre „normale“ Intonation und vergleichen Sie eventuell die dabei gemessene Dauer mit der Ihrer gelesenen Fassung!

5.2 Die Überbetonung

Nicht nur beim Lesen von Nachrichten stört häufig die Angewohnheit, jedes einigermaßen wichtige Wort eines Satzes gleich stark zu betonen. Für die Zuhörenden wird das Verstehen dadurch erheblich schwieriger. Denken Sie bitte an den Betonungsgrundsatz, dass nur ein Wort eines Satzes eine Hauptbetonung erhält!

Einige Abhilfetipps:

- Sprechen Sie den Satz frei mit eigenen Worten in einer vorgestellten Gesprächssituation! Prüfen Sie, ob die dabei gefundene Betonung auf den Text übertragen werden kann!
- Überlegen Sie, welches Wort für die Zuhörenden besonders viel neue wichtige Informationen enthält! Nur dieses bekommt die Hauptbetonung.
- Markieren Sie das jeweils wichtigste Wort jedes Satzes durch eine auffällige Unterstreichung! Falls bei längeren Sätzen Nebenbetonungen nötig sind, können diese mit dünner, unterbrochener oder gepunkteter Unterstreichung hervorgehoben werden.
- Weniger Wichtiges, das nur beiläufig gelesen werden soll, kann durch eine dünne Wellenlinie (~~~~~) symbolisiert werden.

5.3 Das falsche Lesen bei den Satzzeichen

Manche lernten in der Schule eine häufig unsinnige Regel: „Bei jedem Komma Stimme heben und eine kleine Pause machen!“ Richtig wäre der Leitsatz: „Satzzeichen sind nicht unbedingt gleichzeitig Vortragszeichen!“ Leider sind oft nur grammatikalische Gründe für unsere Zeichensetzung verantwortlich. Für die richtige Betonung hilft vor allem, sich Gedanken zu machen und verschiedene Versionen auszuprobieren! Oft nützt es, wenn Sie den Lesetext in die Ihnen vertraute Umgangssprache „übersetzen“ und diese Fassung dann sich oder anderen „erzählen“ (ohne Blick auf den Originaltext!). In Zweifelsfällen (auch bei der Suche nach der passenden Stimmung) empfiehlt sich versuchsweise die Gegenüberstellung von übertriebenen Interpretationen.

Nur wenige Regeln zur Intonation sind relativ allgemeingültig:

- Aussagen sollten mit Stimmsenkung abgeschlossen werden („terminaler Akzent“) - allerdings unterbleibt dies i. d. R. in der Umgangssprache;
- Fragen ohne Fragewort (z. B. „Gehst du mit“) erfordern am Ende eine Stimmhebung („interrogativer Akzent“);
- Fragen mit Fragewort („W-Fragen“, z. B. „Wo bist du?“) enden in der Regel mit einer Stimmsenkung;

- Punkte können meistens (aber nicht immer) als Pausenzeichen gelesen werden;
- Strichpunkte erfordern überwiegend eine kurze Pause;
- Fragezeichen haben im Allgemeinen Pausenwert, es sei denn, mehrere Fragen folgen „überhastet“ aufeinander;
- Doppelpunkte deuten meist eine Spannung an, bei der die Stimme weder gesenkt noch gehoben wird („progredienter Akzent“);
- Klammern (Parenthesen) verlangen in der Regel ein mehr zurück genommenes (leiseres und evtl. auch schnelleres, „beiläufigeres“) Sprechen.

5.4 Probleme der wörtlichen Rede

Manche lesen wörtliche Reden so dramatisch, als ob sie auf einer Bühne schauspielern müssten - bei vielen ist jedoch überhaupt kein Unterschied zum „normalen“ Erzähltext zu hören. Für die angemessene Interpretation der wörtlichen Reden gilt die Forderung, ihre Stimmung und die Charakteristik der sprechenden Person mit den normalen Ausdrucksmitteln der Vorlesenden nachzuvollziehen. Es klingt z. B. komisch und unecht, wenn Männer Aussagen von Frauen in überhöhter „Fistelstimme“ lesen.

5.5 Die Scheu vor der Textbearbeitung

Vielen Texten ist anzumerken, dass sie „still“ am Schreibtisch entstanden sind. Die Konsequenz: sie sind oft nicht gut „sprechbar“, sie klingen nach Papier. Übertriebene Ehrfurcht vor dem Originaltext verhindert dann häufig eine sinnvolle Textbearbeitung. Es gibt viele Beispiele dafür, wie berühmte Rezitatoren bzw. Regisseure durch Streichungen, Erweiterungen und Umformulierungen zu anhörbaren Fassungen kamen. Zuweilen können gewisse nonverbale Elemente (z. B. Seufzer, hörbare Atmung, Verlegenheitslaute) entsprechenden Passagen zu einer lebensnahen Stimmung verhelfen.

5.6 Das Mitlesen der Zuhörenden

Unbedingt verhindert werden sollte folgende Unsitte: eine(r) liest vor, und das Publikum verfolgt den vor ihm liegenden Text still mit. Dies beeinträchtigt den Kontakt zwischen den Beteiligten (z. B. den Blickkontakt), verändert die Beurteilung (z. B. fällt zu schnelles Lesen kaum auf) und erschwert den angemessenen Ausdruck.

6 Übungsanregungen zur Intonation

6.1 Sprechen Sie einen einfachen Satz (z. B. „Das war so.“) in möglichst vielen verschiedenen Stimmungen (lustig, traurig, trotzig, schmollend, zweifelnd, neugierig, müde, erschreckt, vorwurfsvoll, fragend, stolz, besorgt, ausgelassen, verärgert usw. - vgl. die Liste im Baustein 3, S. 44-46). Als Anregung können Sie dazu auch den Sprechstil von Bekannten bzw. Prominenten verwenden.

6.2 Sprichwörter (z. B. „Heute so, morgen so“) und mehrdeutige Texte (z. B. von Ernst JANDL) eignen sich hervorragend, um unterschiedliche Betonungs- und Ausdrucksvarianten auszuprobieren.

6.3 Improvisieren Sie szenische Spielformen, in denen pro Spieler(in) nur ein Wort (z. B. „ja“) oder ein Satz (z. B. „Was ist das für ein Wetter!“) in den verschiedensten Ausdrucksmöglichkeiten vorkommen darf.

6.4 Ein interessanter, abwechslungsreicher und lesbarer Text kann mit Hilfe von kleinen Symbolen vorbereitet werden. Neben den in den Abschnitten 4.1. und 4.2. vorgestellten Pausenzeichen (|, **|**/||, **||**/|||) und Betonungsunterstreichungen (dick, dünn, unterbrochen, gepunktet) können Sie kleine Pfeile zum Wechsel der Lautstärke (↑ = lauter; ↓ = leiser), der Tonhöhe (↘ = tiefer bzw. Stimmsenkung, ↗ = höher) und des Sprechtempos (← = langsamer; → = schneller) bei Bedarf eintragen. Eine liegende Klammer (‿) signalisiert: keine Pause (= „Enjambement“ oder „Zeilensprung“).

6.5 Versuchen und üben Sie das sinn- und ausdrucksrichtige Lesen ohne Vorbereitung („Prima vista lesen“). Das geht so: Betrachten Sie die erste Sinneinheit (= vom Anfang bis zur ersten möglichen Pause), überlegen Sie den Sinn und die Stimmung! Sprechen Sie nun diesen ersten Teil, gleichzeitig überfliegen und überlegen Sie gegen Ende Ihres Sprechens bereits die nächste Sinneinheit, sprechen dann diese und wenden Ihren Blick zum dritten Sinnschritt usw.! Sie lesen also mit Ihren Augen stets einen Schritt voraus. Das Einüben dieser relativ schwierigen Technik wird Ihnen leichter fallen, wenn Sie sich zunächst einfache Texte (z. B. Kinderbücher) vornehmen.

7 Quellen und weiterführende Literatur

- ADERHOLD, Egon: Das gesprochene Wort. Sprechkünstlerische Gestaltung deutschsprachiger Texte. Berlin: Henschelverlag, 1995. 132 S.; € 19,90
- ADERHOLD, Egon: Sprecherziehung des Schauspielers. Grundlagen und Methoden. 5. Auflage. Berlin: Henschel Verlag, 1998. 324 S.; € 19,90
- BEST, Otto F.: Handbuch literarischer Fachbegriffe. Definitionen und Beispiele. 6. Auflage. Frankfurt am Main: Fischer, 2002. 624 S.; € 13,90
- HERMES, Eberhard: Abiturwissen Lyrik. 9. Auflage. Stuttgart, Dresden: Klett, 2000. 158 S.; € 14,90
- KRECH, Eva-Maria: Vortragskunst. Grundlagen der sprechkünstlerischen Gestaltung von Dichtung. Leipzig: Bibliographisches Institut, 1987. 175 S.
- LOTZMANN, Geert: Über Sprechkunst. 2. Auflage. Durchgesehene Einleitung als Sonderdruck aus: Deutsche Balladen von BÜRGER bis BRECHT. Interpretationen von Walter Wittsack anhand von Schallaufnahmen verschiedener Sprecher. Herausgegeben, bearbeitet und eingeleitet von Geert LOTZMANN. Regensburg: bvs, 1995. (29 S.; € 7,70; 1. Auflage 1990)
- OCKEL, Eberhard: Vorlesen als Aufgabe und Gegenstand des Deutschunterrichts. Baltmannsweiler: Schneider-Verl. Hohengehren, 2000. 146 S.; € 14,-
- PAWLOWSKI, Klaus: Sprechausdruck. Methodische Vorschläge für das 8. - 10. Schuljahr. In: Mündliche Kommunikation im 5. - 10. Schuljahr. Didaktische Konzepte und Unterrichtsvorschläge. Hrsg. von S. Berthold und C. L. Naumann. Bad Heilbrunn: Klinkhardt, 1984 (S. 104 - 117)
- RITTER, Hans Martin: Sprechen auf der Bühne. Ein Lehr- und Arbeitsbuch. Berlin: Henschel, 1999. 366 S.; € 35,-
- RITTER, Hans Martin: Wort und Wirklichkeit auf der Bühne. 2. Auflage. Münster, Hamburg, London: LIT-Verlag, 2003. 241 S.; € 15,90
- SCHULZ, Gudrun: Umgang mit Gedichten. Didaktische Überlegungen, Beispiele zu vielen Themen, Methoden im Überblick. Berlin: Cornelsen Scriptor, 1997. 104 S.; € 11,50 (Reihe: Lehrer-Bücherei: Grundschule)
- SCHWEINSBERG-REICHART, Ilse: Vorlesen - Erzählen. 2. Auflage. Heidelberg: Kerle, 1975
- TROJAN, Felix: Der Ausdruck der Sprechstimme. Eine phonetische Lautstilistik. 2., ergänzte Auflage. Wien, Düsseldorf: Verlag für medizinische Wissenschaften, 1952
- TROJAN, Felix: Die Kunst der Rezitation. Eine Anleitung zu ausdrucksrichtigem Vortrag. Wien: Österreichischer Bundesverlag, 1954
- WEITHASE, Irmgard: Sprachwerke - Sprechhandlungen. Über den sprecherischen Nachvollzug von Dichtungen. Köln, Wien: Böhlau, 1980

GRUNDLAGEN DER MÜNDLICHEN KOMMUNIKATION
INFORMATIONSBAUSTEIN 11

Verständliches Formulieren

Verständliches Formulieren ist für (fast) jede Kommunikationssituation wichtig - vorausgesetzt, Sie wollen nicht durch extrem kompliziertes Sprechen „Eindruck schinden"[1] oder andere „übers Ohr hauen". Dieser Informationsbaustein zeigt die Möglichkeiten, wie die Verständlichkeit gesprochener Sprache beeinflusst werden kann. Vieles davon ist auch für die Gestaltung schriftlicher Texte interessant.

1 Die Voraussetzungen

Es gibt nicht die Darbietungsform, die stets für alle gleich gut verständlich ist. Somit ist es die erste Aufgabe der Sprechenden, sich vor wichtigen Gesprächen oder Vorträgen einige Gedanken zu machen: über die Zuhörenden bzw. Gesprächspartner, deren Bildungsniveau und Vorkenntnisse, deren Gewohnheiten und Einstellungen, über die eigene Motivation, über die Thematik und die Situation.

Selbstverständlich gehört zur Verständlichkeit auch eine bestimmte Sprechweise: z. B. deutliche Artikulation (abhängig von der Situation und Raumgröße), überzeugende Stimme (im Hauptsprechtonbereich), sinnvolle und abwechslungsreiche Betonung (ohne Überbetonung, dafür mit häufigeren Stimmsenkungen am Ende von Aussagen, angemessenes Sprechtempo mit ausreichenden Pausen. Unvermeidbare längere und kompliziertere Sätze sollten beispielsweise etwas schneller gesprochen werden, damit die Zuhörenden den Gedankengang innerhalb ihrer „Gegenwartsdauer" (ca. 7 - 15 Sekunden) speichern können.

2 Die Kriterien für verständliches Formulieren

(Dieser Abschnitt beruht vor allem auf Untersuchungen der drei Hamburger Psychologen Inghard LANGER, Friedemann SCHULZ VON THUN und Reinhard TAUSCH.)

2.1 Einfachheit

Früher war es leicht: „je einfacher - desto verständlicher" hieß die unumstrittene These. Heute wissen wir, dass Einfachheit stets relativ zur Zielgruppe und Situation verstanden werden muss (zu simple Texte lenken ab bzw. regen auf) und dass (angemessene) Einfachheit allein nicht ausreicht, Texte verständlich zu machen. Trotzdem sollten einige Tatsachen aus diesem Sektor bekannt sein. Es geht dabei um die Wortwahl, den Satzbau und um die Konkretheit der Information.

---

1 Der bekannte Literaturkritiker Marcel Reich-Ranicki formulierte einmal (hierzu sehr gut passend): „Unverständlichkeit ist noch lange kein Beweis für tiefe Gedanken."

Zur **Wortwahl**: In älteren Stilfibeln und Sprachbüchern steht, „man solle Fremdwörter vermeiden“. So pauschal stimmt das nicht (zuweilen sind Fremdwörter verständlicher als die deutschen Übertragungen); in vielen Bereichen sind sie sogar unverzichtbar. Probleme treten also nur auf, wenn fremde Wörter verwendet bzw. nicht richtig eingeführt werden. Oft kommt es vor, dass ein fremdes Wort genannt und gleich anschließend erklärt wird. Paradox scheint, dass gerade die mitdenkenden Zuhörenden davon manchmal wenig haben: dann nämlich, wenn sie sofort überlegen, was das neue Wort bedeuten könnte - und dabei die Erklärung verpassen. Umgekehrt ist es besser: den neuen Begriff ankündigen, ihn erklären und mehrmals nennen (evtl. auch „visualisieren“, z. B. anschreiben).

Beim **Satzbau** gelten folgende Grundregeln:

- kürzere Sätze sind verständlicher, aber nur kurze Sätze langweilen;
- Schachtelsätze (= „hypotaktische Konstruktionen“) sind problematisch, aber nur Hauptsatzaufzählungen (bzw. „parataktische Konstruktionen“) wirken niveaulos;
- Passivsätze erschweren oft die Verständlichkeit, aber nur Aktivsätze verwenden geht (schon aus Sachgründen) selten.

Bei Untersuchungen kam heraus, dass professionell Sprechende im Durchschnitt erheblich kürzere und einfachere Sätze verwenden als „Amateure“.

Die **Konkretheit der Information** erleichtert (falls vorhanden) erheblich das Verstehen. Abstrakte Begriffe lassen sich leicht an ihren Endungen erkennen, z. B. -heit, -ie, -ik, -ion, -ismus, -ität, -keit, -enz, -tur und -ung. Treten sie gehäuft auf, dann fällt das Zuhören schwer.

U. GÜNTHER und N. GROEBEN entwickelten 1978 folgenden Test (hier vereinfacht wiedergegeben), mit dem Sie herausfinden können, ob Texte zu abstrakt formuliert sind. Zählen Sie erst alle Hauptwörter (Substantive), dann alle Hauptwörter mit einer der 10 genannten abstrakten Endungen. Erreicht diese Zahl über 30 % aller Substantive, dann ist der Text sehr abstrakt und kaum verständlich. Ein mittelmäßiger Wert liegt zwischen 16 und 25 %; sehr konkrete und anschauliche Texte enthalten höchstens 5 % abstrakte Begriffe.

2.2 Gliederung und Ordnung

Gut gegliederte Texte brauchen zweierlei:
einen Gedankengang (= „innere Ordnung“ bzw. „roter Faden“), der dem Thema und der Situation angemessen ist, und
eine Vortragsweise (= „äußere Ordnung“), die den Zuhörenden das Verstehen erleichtert.

Drei Grundsätze zum Aufbau von Informationstexten:

1 Vom Grundsätzlichen bzw. Überblick ausgehend hin zu den Einzelinformationen (= deduktiv) ist meist verständlicher als umgekehrt (= induktiv) vorzugehen. Ausnahmen: wenn mit einem guten Beispiel motiviert oder gemeinsam etwas erarbeitet werden soll.

2 Eine eher aufzählende, einfache Gliederung wirkt günstiger als eine zu stark differenzierte (Ein Satz wie *„Ich komme nun zu Punkt 2.2.3."* würde nur dann richtig verstanden werden, wenn alle die Gliederung vor sich liegen haben!).

3 Strittige Aspekte sollten eher am Ende und argumentativ eingeleitet vorgetragen werden. Ausnahme: wenn die Zuhörenden bzw. Gesprächspartner diese bereits kennen und erwarten, ist es günstiger, sie möglichst früh anzusprechen.

Für die informative Vortragsform haben sich folgende Methoden bewährt:

1 Ein Überblick am Anfang, falls der Beitrag voraussichtlich länger als einige Minuten dauert. Vorinformierte Zuhörende können mehr verstehen!

2 Die Gliederung sollte auch während des Vortrags deutlich werden, z. B. durch Zwischenzusammenfassungen oder Ankündigungsformulierungen wie *„der nächste Teil behandelt...".* Nebeneffekte: jede neue Themenankündigung kann ein kleiner Motivationsschub sein, die Zuhörenden prägen sich das Gesagte besser ein.

3 Wichtiges und Interessantes sollte nicht nur sprecherisch stärker betont werden, sondern auch verbal als wichtig und interessant eingeführt werden.

4 Eine Zusammenfassung am Schluss ist selten verkehrt! Nur einmal Gehörtes merkt sich schlecht...

(Eine Reihe von Vorschlägen zur Strukturierung von Gesprächsbeiträgen und Reden finden Sie im Baustein 14!)

2.3 Kürze und Prägnanz

Zunächst eine Begriffsklärung: Kürze meint die absolute Dauer eines Beitrags, mit Prägnanz bezeichnen wir das Verhältnis zwischen Informationsmenge und Sprechzeit.

Einige Überlegungen zur Kürze:

1 Wichtigstes Kriterium ist die Erwartung der Zuhörenden/Gesprächspartner. Wird deren Vorstellung von der Sprechzeit überschritten, so droht Aufmerksamkeitsverlust. Zum Glück kann fast immer die Erwartung durch Vorausinformation korrigiert werden *(„Ich fand so viele interessante Fakten, dass ich 10 Minuten länger...")*

2 Experimentell konnte allerdings bewiesen werden, dass kaum eine Person einem Monolog länger als 40 Minuten ohne Informationslücken intensiv zuhören kann - auch bei den besten Vorträgen nicht! Durch Sprecher- bzw. Medienwechsel lässt sich diese Zeit leicht strecken.

3 Unsere populären Medien (z. B. Rundfunk) bevorzugen extreme Kürze. Nur selten darf ein Beitrag fünf Minuten überschreiten. Dies erzeugt Hörgewohnheiten, die berücksichtigt werden müssen.

4 Bei Konferenzen, die unter Zeitdruck stehen, werden viele bereits nach einer Minute Sprechzeit ungeduldig. Besser ist es dann, sich mehrmals zu Wort zu melden.

5 Zu kurze Beiträge (= nur ein Satz) gehen oft unter! Die Zuhörenden brauchen einige Sekunden, um sich auf die sprechende Person einzustellen. In dieser Zeit ist die Aufnahmefähigkeit stark eingeschränkt.

... und zur Prägnanz:

1 Es geht hier um einen vernünftigen Mittelweg. Information pur ohne anschauliche Zusätze, ohne kleinere Erholungspausen ist so ungenießbar wie Kaffee-Extrakt ohne heißes Wasser. Wer aber vom Hundertsten ins Tausendste kommt, ins „Schwafeln" gerät, macht sich ebenfalls unbeliebt.

2 Unwillkürlich schließen Zuhörende von der Länge, die einem Aspekt gewidmet wird, auf dessen Wichtigkeit. Dies kann sachlich berechtigt sein - wenn nicht, dann helfen entsprechende Vorwegerklärungen.

3 Fast nie wird es möglich sein, alles zu einem Thema zu bringen. Perfektionismus in den Details erschwert das Verstehen der zentralen Punkte. Nutzen Sie deshalb z. B. die Möglichkeiten der „Dreispaltenkonzepttechnik" mit ihrer „Reservespalte" (vgl. Baustein 13, S. 136-138).

2.4 Zusätzliche Anregungen

Wollen Sie, dass Ihren Gesprächspartner(inne)n das Zuhören Spaß macht, dass Aufmerksamkeit und Motivation erhöht werden? Genau dafür brauchen Sie „zusätzliche Anregungen". Wir verstehen darunter eine Reihe von Mitteln:

1 Stilelemente wie Fragen (auch „rhetorische Fragen"), Ausrufe, wörtliche Rede, direktes Ansprechen der Zuhörenden, witzige oder ungewöhnliche Formulierungen, Ausflüge in andere Stilebenen (z. B. Umgangssprache, Dialekt, Jugendsprache).

2 Direktes Eingehen auf Probleme, Gefühle, Motive der Zuhörenden (sogar wenn es scheinbar nicht so gut zum Thema passt): Gesprächsstörungen haben Vorrang!

3 Konkrete Beispiele oder Vergleiche vermitteln Informationen vor allem an die, die mit abstrakten Begriffen zu kämpfen haben.

4 Im rechten Maß eingesetzte Medien (z. B. Computer-Präsentationsprogramme, Tafel, Folien, Dias, Videos, CDs) können viele Worte ersparen. Beachten Sie jedoch: jeder Medienwechsel kostet einige Momente Umstellungszeit (auch bei den Zuhörenden, die sich erst auf die neue Darbietungsform einstellen müssen). Nur wenige können gleichzeitig etwas Neues sehen und gut zuhören! (Vgl. dazu den Baustein 16 "Visualisierungen", S. 161 ff.)

3 Übungsanregungen

Folgende Übungen helfen, die Fähigkeiten zum verständlichen Formulieren zu fördern:

1 Zeitungsartikel in gesprochene Sprache bringen. Zeitungen sind zum stillen Lesen gedacht, entsprechend ist ihr Stil. Versuchen Sie deshalb, eine interessante Thematik in verständliche mündliche Form zu „übersetzen" und andere darüber zu informieren.

2 Jeder Beruf, jedes Fach, jedes Hobby hat bestimmte Begriffe, die nur „Insidern" bekannt sind. Probieren Sie einmal, ob Sie aus Ihren Interessensgebieten solche „Fachwörter" auch Laien verständlich erklären können.

3 Kennen Sie ein Spiel, das andere nicht kennen? Erklären Sie es...

4 Besitzen Sie ein Gerät, mit dem Sie sich gut auskennen, andere aber nicht? Eine für Laien verständliche Gebrauchsanweisung zu formulieren, ist sicher nicht leicht...

5 Machen Sie Ratespiele: Sie erklären bestimmte Begriffe, ohne deren Namen zu nennen. Wenn Sie verständlich formulieren, raten die anderen schneller...

6 (Eine Aufgabe für Fortgeschrittene): Wissen Sie, wie genau ein Tacho im Auto gehen muss? Lesen Sie den amtlichen Originaltext (§ 57 Abs. 2 der Straßenverkehrszulassungsordnung - StVZO):[2]

"Die Anzeige der in Absatz 1 genannten Geräte [= Geschwindigkeitsmesser und Wegstreckenzähler] darf vom Sollwert abweichen

1. bei Geschwindigkeitsmessern in den letzten beiden Dritteln des Anzeigebereichs - jedoch mindestens von der 50-km/h-Anzeige ab, wenn die letzten beiden Drittel des Anzeigebereichs oberhalb der 50 km/h-Anzeige liegen - 0 bis plus 7 vom Hundert des Skalenendwerts; bei Geschwindigkeiten von 20 km/h und darüber darf die Anzeige den Sollwert nicht unterschreiten,

2. bei Wegstreckenzählern ± 4 vom Hundert."

Können Sie das richtig und verständlich erklären?

Ein Lösungsvorschlag steht auf der nächsten Seite.

---

2 Seit 1990 hält sich Deutschland an eine etwas einfachere EU-Richtlinie, die mit folgender Formel arbeitet: Die Abweichung darf 10% der tatsächlichen Geschwindigkeit plus 4 km/h betragen. (Vgl. DIE ZEIT vom 19.11.1998, S. 56)

Lösungsvorschlag für die Übung Nr. 6 (S. 115)

Wie genau Tachos die wirklich gefahrene Geschwindigkeit anzeigen müssen, ist gesetzlich vorgeschrieben. Und zwar in der Straßenverkehrszulassungsordnung, abgekürzt StVZO, im Paragraphen 57 Absatz 2. Tachos müssen danach nicht ganz genau gehen.

Folgende Regelungen gelten:

1. Grundsätzlich dürfen Tachos nicht weniger anzeigen!

2. Tachos dürfen aber problemlos etwas mehr anzeigen (also „vorgehen").

3. Wie viel sie vorgehen dürfen, hängt von der höchstmöglichen Tachoanzeige ab, vom „Skalenendwert". Bei den normalerweise in Autos eingebauten Tachos (mit einem Skalenendwert von mindestens 150 km/h) dürfen sie bis zu 7 % von diesem Endwert vorgehen. *Ein Beispiel dazu: Der Tacho geht bis 200. Der Wagen fährt echte 100. Wenn der Tacho in diesem Falle 114 anzeigt (100 + 7 % von 200), dann ist das gerade noch erlaubt.*

4. Diese genannte Regelung gilt ab der 50-km/h-Anzeige. Im Anzeigebereich „20" bis „50" darf der Tacho nur nicht weniger, aber ruhig viel mehr anzeigen. *Zum Beispiel zeigt der Tacho 45, der Wagen fährt nur 30. Das wäre noch legal.*

Für den Anzeigebereich unter 20 km/h gibt es gar keine Vorschriften. Deshalb beginnen viele Tachos erst bei 20 km/h.

Eine Sonderregelung gilt ferner für jene Tachos, die weniger als 150 km/h Skalenendwert anzeigen. Die oben genannte 7 %-Regel gilt hier für die letzten beiden Drittel des Anzeigebereichs. *Beispiel: Der Tacho geht bis 100 und zeigt 40. Der Wagen fährt nur 33. Das wäre gerade noch legal.*

Kilometerzähler (amtlich „Wegstreckenzähler") dürfen um 4 % vor- oder nachgehen. *Beispiel: Ein Auto, das nach Anzeige 100 km zurückgelegt hat, ist real (und legal) also zwischen 96 und 104 km gefahren.*

Etwas länger, aber dafür viel verständlicher...

4 Quellen und weiterführende Literatur

- ALLHOFF, Dieter-W. und Waltraud: Rhetorik und Kommunikation. 12. Auflage. Regensburg: bvs, 2000. 304 S.; € 15,30
- GROEBEN, N.; GÜNTHER, U.: Abstraktheitsuffix-Verfahren. In: Zs. f. exp. u. angew. Psychologie 25 (1978), S. 55-74
- LANGER, Inghard; SCHULZ VON THUN, Friedemann, TAUSCH, Reinhard: Sich verständlich ausdrücken. 7., überarb. und erweiterte Auflage. München, Basel: E. Reinhardt, 2002. 222 S.; € 16,-
- SCHNEIDER, Wolf: Deutsch fürs Leben. Was die Schule zu lehren vergaß. Reinbek: Rowohlt Taschenbuch Verlag, 1994 (Taschenbuch-Neuauflage 2001; € 8,50)
- TEIGELER, Peter: Verständlichkeit und Wirksamkeit von Sprache und Text. Stuttgart: Nadolski, 1968 (vergriffen)

GRUNDLAGEN DER MÜNDLICHEN KOMMUNIKATION
INFORMATIONSBAUSTEIN 12

Anschauliches Erzählen

(mit einem Anhang „Stilfiguren und Tropen")

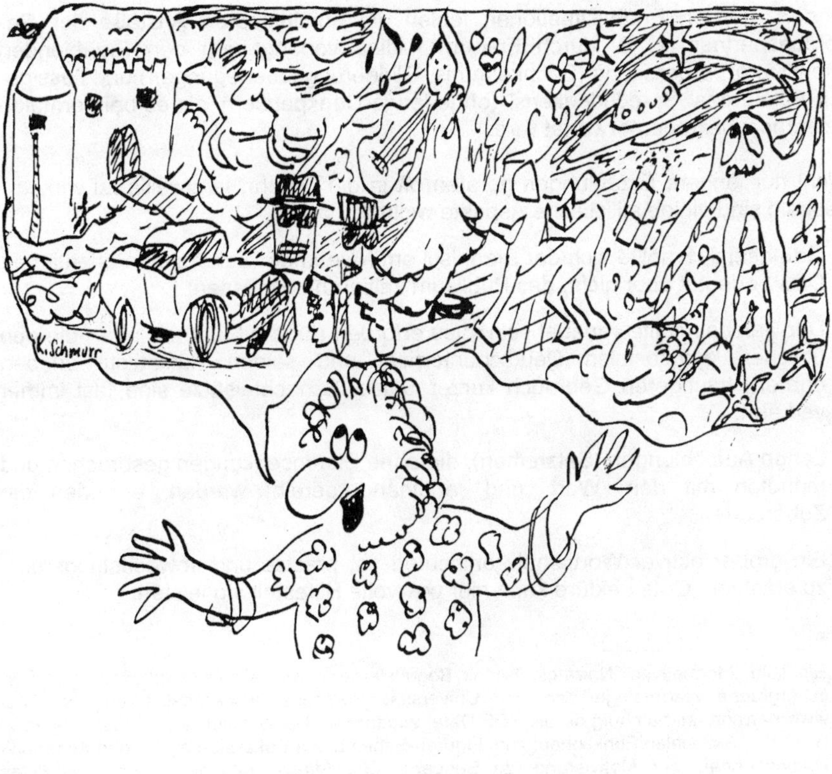

1 Vorbemerkungen

Erzählungen sind ein besonders wichtiger Bestandteil mündlicher Kommunikation - nicht nur in der Schule. Sie bilden einen großen Teil der Gespräche und Unterhaltungen im Alltag, sie erhöhen die Anschaulichkeit von Informationstexten, sie können sogar Überzeugungsprozesse unterstützen. Seit einiger Zeit werden Erzählungen auch wissenschaftlich erforscht; die entsprechende Disziplin nennt sich Narratologie[1].

Die Gattung „Erzählung" (unterteilt in „Nacherzählung" und „Eigenerzählung") gehört zu den monologischen Formen; sie erfordert aber eine starke Berücksichtigung der Erwartungen und Reaktionen der jeweils Zuhörenden.

2 Was zeichnet eine gute Erzählung aus?

In den meisten Erzählsituationen fehlen die unmittelbaren Anstöße der Gesprächspartner (z. B. durch Fragen) - dies verlangt von den Erzählenden intensivere Vorbereitung (Sachkenntnis, Gliederungsüberlegungen) und flüssigeren Ablauf des „Sprechdenkens" (ohne lange Denkpausen), als es bei normalen Gesprächsbeiträgen erwartet wird.

Nicht nur längere Erzählungen geraten oft in die Gefahr, langweilig zu wirken - deshalb sind einige stilistische Aspekte wichtig:

- Grundsätzlich sollte sich der Erzählstil am Niveau der Zuhörenden orientieren. Dies bedeutet aber nicht, das Publikum imitieren zu müssen!
- Der Satzbau sollte variabel sein, dies erfordert (für die Mehrheit jener, die den üblichen gymnasialen Deutschunterricht und seinen Aufsatzstil erleben durften) häufigeren Gebrauch kurzer Sätze. Schachtelsätze sind fast immer verkehrt.
- Lange Aufzählungen (Satzreihen), die ohne Stimmsenkungen gesprochen und monoton mit dem Wort „und" aneinandergereiht werden, ermüden die Zuhörenden.
- Ein großer aktiver Wortschatz erleichtert es, präzise und abwechslungsreich zu erzählen. Gute Lektüre kann hier wertvolle Hilfestellung leisten.

---

[1] Ein sehr informatives „Narratologisches Begriffslexikon" wurde von Mitarbeitern der „Forschergruppe Narratologie" an der Universität Hamburg ausgearbeitet und ist über www.narrport.uni-hamburg.de als PDF-Datei zugänglich. Darin finden sich Erläuterungen z. B. zu den Aktionalen Funktionen, zum Figuren-Schema, zur Fokalisierung, zu den Kommunikationsebenen, zur Motivierung, zu Sequenz- und Situations-Schemata und zu vielen anderen für die Erzählforschung wichtigen Begriffen.

- Die für normale mündliche Erzählungen angemessene Vergangenheitsform ist das Perfekt („2. Vergangenheit"). Spannende Passagen können im Präsens („Gegenwart"), kontinuierliche und länger währende Inhalte (und Hilfsverben) im Imperfekt („1. Vergangenheit") formuliert werden.
- Wörtliche Reden, rhetorische Fragen und direktes Ansprechen bzw. Einbeziehen der Zuhörenden sorgen für Abwechslung und erleichtern es, den passenden Sprechausdruck zu finden.
- Anschauliche und originelle Vergleiche fördern das genaue Verstehen des Gemeinten. Im Übermaß eingesetzt, können sie jedoch die Phantasie des Publikums zu stark einengen.

3 Übungsanregungen zum Erzählen

3.1 Kreativitätsübungen

- Überlegen Sie sich (allein oder in einer Gruppe) möglichst viele originelle Verwendungsmöglichkeiten für alltägliche Gegenstände (Bälle, Schachteln, Bücher...). Wie viele Ideen kommen Ihnen in einer Minute?
- Nennen Sie möglichst viele Unterschiede eines Begriffspaars (z. B. Geige/Klavier, Frosch/Krokodil, Pädagogik/Didaktik...). Ihre Argumentationskompetenz fördert es, wenn Sie diese Unterschiede unangreifbar formulieren (z. B. relativiert oder mit persönlicher Erfahrung).

3.2 Formulierungsübungen

- Bilden Sie in einem Kreis möglichst lange Sätze, wobei jede Person nur ein Wort beisteuert. Die bereits genannten Wörter müssen nicht wiederholt werden, es sei denn, Sie wollen zusätzlich ihr Gedächtnis trainieren.
- Eine Person im Kreis formuliert einen Satz. Das letzte Wort dieses Satzes muss nun das Anfangswort des nächsten Satzes der daneben sitzenden Person werden usw.
- Die eben genannten Übungen können erschwert werden, indem bereits genannte Wörter nicht mehr verwendet werden dürfen, bestimmte Anfangsbuchstaben vorgegeben werden oder mit Zeitdruck gearbeitet wird.

3.3 Erzählübungen

- Erfinden Sie in einer Gruppe eine neue Geschichte. Dazu ist es nötig, sich zunächst über die Gattung zu einigen (Märchen, Krimi, Gespenstergeschichte,

Reisebericht) und sich dann möglichst gut in die dazu passende Stimmung zu versetzen (z. B. auch durch Einsatz entsprechender Haltung, Gestik und Mimik). Alle tragen mindestens einen Satz zur Geschichte bei, gewechselt wird durch Fingerdeuten oder Zuwurf eines (weichen) Gegenstands (dies ist für die Teilnehmenden erfahrungsgemäß spannender, als wenn es stur im Kreis herum geht!).

- Verändern Sie Geschichten durch besondere Stilforderungen, z. B. „nur kurze Sätze", „mindestens eine wörtliche Rede pro Satz", „ein anschaulicher Vergleich pro Beitrag", „in Umgangssprache oder Dialekt", „eine Runde Flüstern".
- Suchen Sie nach Zufallsprinzip einige Wörter aus einer Zeitung, einem Buch oder aus einem Nachschlagewerk. Können Sie alle in einer kurzen Geschichte unterbringen?
- Kennen Sie gute Geschichten, Märchen, Anekdoten oder Witze, die Sie nacherzählen können? Für manche sind hierbei Stichwortkonzepte eine Erleichterung!
- Verändern Sie Märchen, indem Sie diese entweder aus dem Standpunkt einer der handelnden Figuren erzählen (z. B. erzählt ein „Wolf" die Geschichte vom „Rotkäppchen") oder indem Sie bestimmte Soziolekte (z. B. „Szenesprache") verwenden.
- Erzählen Sie eigene Erlebnisse (z. B. von der Wohnungssuche, aus dem Urlaub)! Den Vergesslichen helfen dabei die sieben journalistischen W-Fragen: wer, was, wann, wo, wie, warum und was noch? Bandaufzeichnungen erleichtern die Kontrolle.

Alle Übungen zum Erzählen (vor allem jene zur Förderung des kreativen und spontanen Formulierens) laufen erfahrungsgemäß besser, wenn zunächst auf jede Kritikäußerung verzichtet wird: auch abwertende nonverbale Kommentare (z. B. hämisches Grinsen) können blockierend wirken (vgl. die Regel des „Brainstormings": Keine Kritik, wenn Kreativität entstehen soll!).

Ein abschließender Tipp, wenn möglichst viele originelle Ideen gefragt sind: Diese kommen häufig erst dann, wenn Sie nicht mehr nur stur an Ihre Hauptaufgabe denken, sondern stattdessen entspannte „Spaziergänge" durch vertraute „Denkräume" unternehmen („laterales Denken" nach E. de Bono[2]).

---

2 Für Leute, die ihre Kreativität testen und steigern wollen, lohnt es sich, das folgende Buch zu lesen und durchzuarbeiten: Edward de Bono: Edward de Bono´s Denkschule. Zu mehr Innovation und Kreativität. München: Orbis Verlag, 1995. 228 S. (Früher auch beim mvg-Verlag erschienen).

Anhang: Stilfiguren und Tropen[3]

(Stilistische Aspekte des Formulierens)

Was wünschen wir uns von gut gesprochenen Texten? Sie sollen anschaulich, eindringlich, spannend und kommunikativ sein, sie sollen gut klingen und sie sollen in unserem Sinne wirken. Stilfiguren bzw. Tropen können dazu einen nicht geringen Beitrag leisten: Sie schaffen - richtig und mit Gespür für die „Sprechsituation" eingesetzt - **außergewöhnliche Formulierungen**!

Erfahrungsgemäß gehört die „Stilfigurenrhetorik" zu den eher unbeliebten Themen des Deutschunterrichts und der Sprechpädagogik. Vielleicht liegt es an den oft komplizierten griechischstämmigen Bezeichnungen oder an der Trockenheit mancher Textanalysen, möglicherweise auch an manchen Reden selbst, die vor lauter Form den Inhalt vergessen lassen. Dabei wird gerne vergessen, dass viele stilistische Mittel gerade in der alltäglichen Sprache (unabsichtlich?) verwendet werden. Umgekehrt wird manches mündlich Wirksame absichtlich unterdrückt, wenn bestimmte Stilregeln aus dem Aufsatzunterricht (z. B. das Verbot von Wiederholungen) verallgemeinert werden.

Der folgende Katalog enthält in alphabetischer Reihenfolge die wichtigsten Stilfiguren und Tropen. Er braucht natürlich nicht auswendig gelernt zu werden, gezeigt werden soll vielmehr, wie viele Möglichkeiten der „Werkzeugkasten der Formulierungskunst" enthält.

Akkumulation	Anhäufung von Begriffen *„Dieser Abschnitt hilft Ihnen beim Vortragen und Referieren, beim Appellieren und Überzeugen, beim Diskutieren und Debattieren"*
Allegorie	Sinnbild, Gleichnis (i. d. R. ausführlicher als die Metapher) *„Bei einer Rede geht es wie beim Zuknöpfen: wenn der erste Knopf nicht passt, läuft alles verkehrt"*
Alliteration	„Stabreim", Lautwiederholung; gleicher Anlaut von (meist bedeutungstragenden) Wörtern (vgl. Homöopropheron) *„Alle Alliterationen aktivieren die Aufmerksamkeit!"*
Allusion	Anspielung *„Sie wissen doch, was ich meine..."*

3 = vom griech. „tropos" Wendung, Vertauschung. Damit sind also keine Klimazonen gemeint, sondern Mittel, etwas anders als üblich auszudrücken. Beispiele (die in diesem Kapitel alle noch genauer erklärt werden): Emphase, Hyperbel, Ironie, Katachrese, Litotes, Metapher, Metonymie, Periphrase, Synekdoche.

Anadiplose	Der folgende Satz beginnt mit dem Schluss des vorangehenden *„Üben Sie! Sie werden davon profitieren!“*
Anaklasis	Wiederholung eines Worts oder einer Wortgruppe in einem Dialog durch den Gesprächspartner *„Sei bitte so lieb!“ - „So lieb will ich sein, aber nicht dumm!“*
Anakoluth	Satzbruch (Grammatikalische Formen von Satzanfang und -fortsetzung stimmen nicht überein) *„Der Vorteil ist dabei, Sie wissen dann Bescheid!“*
Anapher	Wiederholung des Anfangswortes *„Das Wasser rauscht, das Wasser schwoll.“*(Goethe)
Anastrophe	Umdrehung der üblichen Wortfolge *(„Röslein rot“)*
Annominatio	Auf Lautähnlichkeit beruhendes Wortspiel *„Leerer Kopf - Lehrerkopf“; „demonstrieren - demolieren“*
Antiklimax	Formulierung vom stärkeren zum schwächeren Ausdruck hin *„Edle Verpackung, stabiler Karton, dürftiger Inhalt!“*
Antistasis	Wiederholung mehrdeutiger Begriffe im Monolog (vgl. Diaphora) *„Ein viel versprechender, sich viel versprechender Referent“*
Antithese	Kombination von Gegensätzen *„Arm und Reich“;* *„Der Wahn ist kurz, die Reu' ist lang.“* (Schiller)
Antonomasie	Umbenennung von Eigennamen - Eigenschaft statt Namen: *Der Alte, Der Spitzbart* - Name statt Eigenschaft: *Krösus, Caruso*
Aposiopese	Verstummen, Satzabbruch (vor dem Wichtigsten) *„Du bist ein...“*
Apostrophé	Anrufung nicht persönlich Anwesender *„O, Ihr Götter; O Freiheit...“*
Archaismus	veraltetes Wort oder Ausdrucksform *Veloziped, Fernsprecher*
Assonanz	Binnenreim; gleiche oder ähnliche Vokale im Inneren von mindestens zwei benachbarten Wörtern *„reiten ohne zu leiden“, „Gut reden bringt Segen“*
Asyndeton	Aneinanderreihung ohne Konjunktionen *„Veni, vidi, vici.“* (Caesar); *„Alles rennet, rettet, flüchtet.“* (Schiller)
Ausruf	*„Was! Einmal kein Fremdwort!“*
Barbarismus	Verstoß gegen die Sprachrichtigkeit auf der Wortebene *„Die heisere Stimme behandelt der Fonitiker“*

Captatio benevolentiae	Das Einfangen des Wohlwollens; Kompliment am Anfang *„Ich freue mich, dass Sie so pünktlich gekommen sind..."*
Chiasmus	Überkreuzstellung, Kreuzfigur *„Weißt du, was du sagst, sagst du, was du weißt?"*
Complexio	Wiederholungen gleicher Wörter am Anfang und Ende aufeinander folgender Sätze (vgl. Symploke) *„Da gingen einige Jahre ins Land.* *Da gingen einige Reden ins Land."* (Wolf Biermann)
Conduplicatio	Wörtliche Wiederholung *„Wörter, Wörter, Wörter..."*
Contradictio in adiecto	„Widerspruch im Hinzugefügten" (zwischen Substantiv und Adjektiv); vgl. Oxymoron *„Toleranter Neonazi"*
Correctio	Verbesserung eines schwächeren Ausdrucks *„Dieses Vergehen, nein, dieses Verbrechen..."*
Dialogismus	Fingiertes Frage- und Antwortspiel *„Da sagt er:... Und ich darauf:..."*
Diaphora	Wiederholung gleicher Wörter mit ganz unterschiedlicher Bedeutung (= Traductio) *„Da kommt ein Tor durchs Tor"* *„DER NEUE WEG - DER NEUE WEG"* [4]
Diärese	Trennung eines Oberbegriffs in Unterbegriffe Statt *„reden"*: *informieren, plaudern, überzeugen* usw.
Dubitatio	Zweifelnde „rhetorische" Frage *„Machen wir es vielleicht? Ich weiß es selbst nicht!*
Ellipse	Auslassung von nicht unbedingt nötigen Wörtern, Satzteilen oder Argumentationsschritten, z. B bei Erregung oder bei Routineaussagen *„Morgen!" „Was nun?" „Je schneller, desto besser!"*
Emphase	„Verdeutlichung" durch stärkere „nonverbale" Betonung (z. B. höhere Lautstärke, Stimmhebung)
Enallagé	Versetzung von Adjektiven *„Das blaue Lächeln der Augen"*
Epanalepse	„Wiederaufnahme", wörtliche Wiederholung von Wörtern bzw. von Satzteilen *„Ich frage mich, frage mich immer öfter..."*
Epipher (Epiphora)	„Zugabe"; Wiederholungen von Wörtern am Ende von aufeinander folgenden Sätzen; Umkehr der Anapher *„Er kommt aus dem Wasser, er geht ins Wasser."*

4 Dieser Slogan aus dem Bundestagswahlkampf 1990 (für Oskar Lafontaine) stand so (in Großbuchstaben) auf den Plakaten. Seine Anhänger lasen: Der neue Weg. Andere verstanden: Der Neue weg!

Epitheton	Schmückender Zusatz (meist Adjektiv oder Partizip) *Pausenloser Einsatz, gähnende Tiefe*
Euphemismus	„Hüllwort", beschönigender Ausdruck *Nullwachstum; Entsorgungspark, ethnische Säuberung*
Exemplum	Beispiel *„Ich möchte ihnen dazu ein Beispiel erzählen..."*
Exkurs	Abschweifung *„Lassen Sie mich zunächst den Wählern danken..."*
Figura etymologica	Kombination stammverwandter Wörter *„Das Beste vom Besten"; „die Nacht der Nächte"*
Geminatio(n)	Wörtliche Wiederholung eines Wortes oder Satzteils *„Freude, Freude...", „Schaut her, schaut her..."*
Gradation	Abstufung oder Steigerung (vgl. Klimax bzw. Antiklimax)
Hendiadyoin	Kombination sinnverwandter Wörter (Synonyme) *„Heim und Herd", „sprechen und reden"*
Homöopropheron	„Gleichführung" (z. B. Stabreim); vgl. Alliteration *„Milch macht müde Männer munter."*
Homöoptoton	Folge gleicher Wortarten mit gleicher Kasusendung *„Sie finden in diesem Baustein Ellipsen, Inversionen und Ironien."*
Homöoteleuton	Folge von Wörtern mit gleicher Endung *„Erst Verhältnis, dann Empfängnis, dann Bedrängnis"*
Hyberbaton	„Übersteigendes"; ungewöhnliche Wortstellung *„Da macht ein Hauch mich von Verfall erzittern."* (Georg Trakl)
Hyperbel	Übertreibung *„Ich verhungere gleich..."; „ich hab's dir schon tausendmal gesagt", „supermegacool"*
Hysteron-Proteron	„Das Spätere als Früheres"; Vorwegnahme des zeitlich bzw. logisch Nachfolgenden *„Ihr Mann ist tot und läßt Sie grüßen."* (J. W. Goethe: Faust)
Inversion	Ungewöhnliche Umstellung von Satzgliedern *„So wie hier ein Beispiel steht dafür..."*
Invokation	Anrufung Gottes (*„Mein Gott, ..."*)
Ironie	Redeweise, die das Gegenteil des Wortlauts meint *„Die guten Manieren der Skinheads"*
Isokolon	„Gleichgliedrigkeit"; (fast) gleiche Gestaltung mehrerer Satzglieder *„Wir lernen, Sie arbeiten, wir reden, Sie schweigen..."*

Katachrese	„Missbrauch"; uneigentlicher Wortgebrauch (*Tischbein*) bzw. Kombination nicht zusammengehörender Bilder im Satz; kann lustige oder peinliche Stilblüten ergeben. *„der Lungenkrebs reibt sich... die Scheren"* (WAZ)
Klimax	„Leiter"; Steigerung vom schwächeren zum stärkeren Ausdruck *„Nach Tagen, Wochen, Monaten und Jahren..."*
Kyklos	„Kreis"; „Ringbau"; Wiederholung des Satzanfangs am Satzende (vgl. Epanalepse) *„Mein Haus ist klein, aber mein!"*
Litotes	[*gr.* „Einfachheit"] Aussage mit der Verneinung des Gegenteils *„Keine dumme Idee! Er hat nie verleugnet, dass..."*
Metalepse	„Vertauschung"; Einsatz eines Pseudo-Synonyms (Synonym zu einer nicht gemeinten Bedeutung) *„Er war Gesandter - doch kein geschickter."* (Bismarck)
Metapher	„Übertragung"; bildliche Bezeichnung *„Das Feuer der Rede; Im Lichte der Weisheit..."*
Metaplasmus	„Falsche", wegen des Wohlklangs geduldete Wortformen *„Bescheidenheit ist eine Zier, doch weiter komm' wir ohne ihr."*
Metonymie	„Umbenennung"; ein Begriff wird für einen verwandten gebraucht *„Goethe lesen - ein Glas trinken"*
Narratio(n)	Anschauliche Erzählung, Gleichnis oder Anekdote (vgl. z. B. das Neue Testament)
Neologismus	Erfindung eines neuen Wortes *„Sie Düffeltoffel!", „Bundesagentur"*
Onomatopoesie	Laut- bzw. Klangmalerei (auch Onomatopöie) *„knistern und knastern", „Hatschi machen" (= niesen)*
Oxymoron	(„scharfsinnige Dummheit") Kombination zweier sich widersprechender Begriffe *bittersüß, süße Qual, „freundlicher Klassenfeind"* (Biermann)
Paradox(on)	Etwas scheinbar Widersinniges *„Das Gegenteil von gut ist gut gemeint."* *„Wer überzeugen will, soll nicht zeigen, dass er/sie überzeugen will!"*
Parallelismus	gleiche (parallele) Struktur der Gedankenführung (Isolog) bzw. des Satzbaus (Isokolon) *„Pack schlägt sich, Pack verträgt sich"*
Paraphrase/Periphrase	Oberbegriff für Umschreibungen aller Art *„Götz von Berlichingen zitieren..."*
Parenthese	Einschub *„- und ich sage dies in aller Deutlichkeit -"*

Paronomasie	„Vorbeibenennung"; Zusammenstellung lautlich gleicher oder ähnlich klingender Wörter; Wortspiel (= Adnominatio) *„Nomen est omen", „Einmal ist keinmal."*
Pars pro toto	„Teil für das Ganze"; vgl. Antonomasie *„Das Kollegium zählt 20 Köpfe."*
Personifikation	Vermenschlichung von Begriffen oder Dingen *„Die Sonne lacht", „ Mutter Natur"*
Pleonasmus	(*gr.* „Überfluss"), „Schwellausdruck" mit überflüssigem Zusatz *„weißer Schimmel", „das bestmöglichste Schnäppchen", „klammheimlich"* (verpönter Stil!)
Polyptoton	Wiederholung desselben Wortes in verschiedener grammatikalischer Form *„Gleiches mit Gleichem vergelten"*
Polysyndeton	Mit der gleichen Konjunktion verbundene Wort- oder Satzfolge *„Und es wallet und siedet und brauset und zischt"* (Schiller)
Prolepse/Prolepsis	Vorwegnahme eines Satzglieds [5] *„Schau die Pferde, wie sie laufen!"*
Repetitio	Wiederholung von Worten oder Satzteilen (ganz allgemein) *„Halt! Halt! Komm zurück, komm zurück!"*
Rhetorische Frage	Frage, die von anderen nicht beantwortet werden soll (Interrogatio) *„Was soll dieses Beispiel? Ich will es erläutern..."* *„Wohin wird uns das noch führen?"*
Sentenz	Sinnspruch, Denkspruch *„Wer zu spät kommt, den bestraft das Leben" (Gorbatschow)*
Sermocinatio	Zitat in direkter Rede *„Dann sagte sie: 'Das ist aber ein seltenes Wort'..."*
Solözismus	Bewusster syntaktischer Fehler (auch: Soloezismus) *„Marmor, Stein und Eisen bricht..."*
Subiectio	In der Rede formulierte Frage und Antwort (= Dialogismus) *„Schaffen wir das? Ich meine ja!"*
Sustentio	Spannungserhöhung durch überraschende Wendung am Satzende *„Selbsterkenntnis ist der beste Weg zur - Verstellung!"*
Syllepse	Sonderform der Ellipse; irreguläre Kombination von Satzteilen *„Die Rede wurde gehalten und drei Beispiele gebracht."*

5 Hier wurde die stilistische Definition wiedergegeben. Argumentativ bedeutet Prolepsis die Vorwegnahme eines gegnerischen Einwands; sprechtherapeutisch die nicht korrekte Vorwegnahme eines erst später kommenden Lauts (z. B. *„Wundwortschatz"* statt *„Grundwortschatz"*).

Symploke	Verflechtung (= Complexio), Verbindung von mehreren Wiederholungsfiguren (Anapher und Epipher) *„Da haben sie viele Artikel gelesen, da haben sie viele Bücher gelesen...“*
Synästhesie	„Mitempfindung“, Sonderform der Metapher, bei der verschiedene Sinnesgebiete kombiniert werden. *„Die Wärme der Stimme“* (taktil/akustisch)
Synekdoche	Ein engerer Begriff steht für den umfassenderen *„Klinge“* statt *„Schwert“*
Synonymie	Kombination sinnverwandter Wörter *„dösen, schlummern, schlafen, pennen“*
Tabuwort	Verpöntes Wort bzw. Wendung „Ich find' dich scheiße" (Tic Tac Toe)
Tautologie	synonyme Wortwiederholung ohne relevante neue Information *„Immer und ewig“* *„Sprechwissenschaft ist die Wissenschaft vom Sprechen“* (meist überflüssige oder banale Formulierungen, verpönt!)
Tmesis	„Zerschneidung“, Einfügung eines Satzteils in eigentlich zusammengehörige Wortteile *„Eine Hoch- wörtlich gemeint -schule...“*
Trikolon	Satzgefüge aus drei Satzteilen *„Er war ein kompetenter Wissenschaftler, ein kooperativer Kollege, ein fürsorglicher Freund“*
Understatement	Absichtliche Untertreibung (= Meiosis) *„Da haben wir ein wenig trainiert und sind dann halt Weltmeister geworden“*
Zeugma	„Zusammenjochung“; Kombination mehr oder weniger gut zusammenpassender Satzteile *„Er darf Gäste beherbergen und schlachten.“*

Quellen und weiterführende Literatur

a) Zum Erzählen:

- BEHME, Helma: Miteinander reden lernen. Sprechspiele im Unterricht. München: iudicium, 1985. 4., unveränderte Auflage 1992. 222 S.; € 23,-
- DE BONO, Edward: De Bonos neue Denkschule. Kreativer denken, effektiver arbeiten, mehr erreichen. Landsberg, München: mvg Verlag, 2002. 224 S.; € 17,90
- ERZÄHLEN - ZUHÖREN. Schwerpunktthema mit 11 Beiträgen in: GRUNDSCHULE 20 (1986), Heft 1, S. 16 - 43.

- FROMMER, Harald: Erzählen. Eine Didaktik für die Sekundarstufe I und II. Frankfurt am Main: Cornelsen-Scriptor, 1992 (vergriffen)
- MENZEL, Wolfgang: Kalendergeschichten. Spannend und anschaulich erzählen. In: Praxis Deutsch 13; Heft 75 (Januar 1986), S. 50 - 54.
- RAUDSEPP, Eugene: Kreativitätsspiele. München: Heyne, 1985 (vergriffen)
- SCHWEINSBERG-REICHART, Ilse: Vorlesen - Erzählen. 2. Auflage. Heidelberg: Kerle, 1975 (vergriffen)

b) Zu den Stilfiguren und Tropen

- BEST, Otto F.: Handbuch literarischer Fachbegriffe. Definitionen und Beispiele. 6. Auflage. Frankfurt: Fischer, 2002. 624 S.; € 13,90
- GENZMER, Herbert: Rhetorik. Schnellkurs / Die Kunst der Rede. Köln: DuMont Literatur und Kunst Verlag, 2003. 191 S.; € 14,90
- KOLMER, Lothar; ROB-SANTER, Carmen: Studienbuch Rhetorik. Paderborn u. a.: Ferdinand Schöningh, 2002. 237 S.; € 17,90
- KRAHL, Siegfried; KURZ, Josef: Kleines Wörterbuch der Stilkunde. 6., neubearb. Auflage. Leipzig: Bibl. Inst., 1984 (vergriffen)
- LANGE, Gerhard: Breviarium Rhetoricum. 2., erw. Auflage. Bayreuth: Tasso-Verlag, 1971 (vergriffen)
- LAUSBERG, Heinrich: Handbuch der literarischen Rhetorik. Eine Grundlegung der Literaturwissenschaft. 2 Bände. Dritte Auflage. München: Max Hueber Verlag, 1990. € 94,-
- LEMMERMANN, Heinz: Lehrbuch der Rhetorik. Redetraining und Übungen. 6. Auflage. Landsberg, München: mvg, 1997. 240 S.; € 8,64
- PLETT, Heinrich: Einführung in die rhetorische Textanalyse. 9. aktualisierte und erweiterte Auflage, Hamburg, 2001. VIII, 154 S.; € 12,90
- RECLAM, Herta; MIDDERHOFF, Illo: Elemente der Rhetorik. München: R. Oldenbourg, 1979 (vergriffen)
- UEDING, Gert: Klassische Rhetorik. 3. Auflage. München: C. H. Beck, 2000. 126 S.; € 7,50 (1. Auflage 1995)
- UEDING, Gert (Hrsg.): Historisches Wörterbuch der Rhetorik in 8 Bänden. Tübingen: Niemeyer bzw. Darmstadt: Wissenschaftliche Buchgesellschaft, 1992 ff. (Acht Bände mit je ca. 750-800 Seiten. Anfang 2004 lagen 6 Bände vor. Preis je Band € 110,-; nur geschlossen beziehbar.)

GRUNDLAGEN DER MÜNDLICHEN KOMMUNIKATION
INFORMATIONSBAUSTEIN 13

Vortragsvorbereitung und Konzepttechnik

(Gestaltung und Handhabung von Stichwortblättern)

Dieser Baustein soll Ihnen nicht nur die Planung und Erarbeitung von Vorträgen erleichtern. Bei Bedarf können Sie die Anregungen auch auf andere anspruchsvollere Kommunikationssituationen übertragen (Unterrichtsstunden, Seminare, Workshops usw.).

Die erste Voraussetzung: Motivation

Dass es ohne eine gewisse Motivation nicht klappt, ist eine Binsenweisheit. Die erste Frage ist deshalb für mich: **Warum ist mein Beitrag interessant oder wichtig?** Geht es um eine gute Note, um meine Karriere? Hilft der Beitrag meinen Zuhörenden bei ihren Aufgaben? Kann ich vielleicht sogar mit ungewöhnlichen Neuigkeiten überraschen?

Sollte Ihnen auf diese Fragen keine vernünftige Antwort einfallen, dann könnten Sie vielleicht die Person fragen, die Ihnen die Aufgabe gestellt hat. Und wenn auch die keine Erklärung weiß, was der Beitrag bringen soll, dann sollte man sich eigentlich die Vorbereitungsmühen sparen. Unter derartig schlechten Voraussetzungen kommt nämlich meist nicht mehr heraus als eine für alle Beteiligten langweilige Pflichtübung!

Drei weitere zentrale Fragen

Soll eine Vorbereitung zügig laufen, jedoch trotzdem das Allerwichtigste berücksichtigen, so empfehle ich die **„Drei-E-Methode“**:

Erwartung: Was erwarten meine Zuhörenden von mir?

Ergebnis: Welches Ergebnis soll am Ende herausgekommen sein?

Einstieg: Welchen motivierenden Einstieg könnte ich bringen?

Wenn Sie etwas mehr Zeit investieren wollen, dann könnten folgende Fragen geklärt werden:

- In welcher Situation spreche ich? In welchem Raum, zu welcher Zeit, unter welchen atmosphärischen Bedingungen?
- Was ist mein Ziel, was wollen meine Zuhörenden (z. B. Information, Unterhaltung)? Was ist mir besonders wichtig? Will ich nur vortragen oder auch diskutieren? Könnte ich mein Hauptziel in einem Satz formulieren?

- Welche Ausstattung, wie viel Zeit habe ich zur Verfügung? Wer wird außer mir noch reden?
- Über welche Erfahrungen verfüge ich im Bezug auf das Thema? Was sind meine Stärken? Welche Erfahrungen meiner Zuhörenden könnten berücksichtigt werden?
- Welches Vorwissen kann ich voraussetzen? Welche Fachbegriffe müssen erklärt werden?
- Welche Erwartung habe ich? Befürchte ich etwas Negatives? Freue ich mich auf die Gelegenheit, anderen etwas sagen zu dürfen?
- Was erwarten vermutlich meine Zuhörenden? Das Übliche oder etwas Besonderes? Muss ich bestimmte Empfindlichkeiten bzw. Meinungen berücksichtigen?
- Gibt es Zuhörende, die sich besonders mächtig oder wichtig fühlen?
- Mit welchen Störungen ist normalerweise (oder im schlimmsten Fall) zu rechnen (technische Pannen, störende Geräusche, visuelle Ablenkungen)?

Wer diesen Fragekatalog optimal nutzen möchte, kann jede gefundene Antwort, soweit sie im Vortrag angesprochen werden sollte, auf ein kleines Blatt Papier (oder eine Karteikarte, z. B. im A7-Format) notieren. Sie bekommen so bereits einen Grundstock für Ihre Ideensammlung.

Sieben Stufen, um einen Vortrag vorzubereiten

trainieren

Konzept erstellen

ergänzen und streichen

veranschaulichen

gliedern und ordnen

Ideen sammeln

Grundsätzliches überlegen

Ideen sammeln...

Zahlreiche Techniken werden empfohlen, wenn es um die Stoffsammlung für Vorträge geht.

Klassisch ist die Methode, zunächst zu **Lexika** oder anderen **Nachschlagewerken** zu greifen. Sie gewinnen damit zumindest die Sicherheit von (meist) allgemein anerkannten Definition, und manchmal finden sich darin sogar für Fachleute unbekannte Informationen. Will man Begriffe im Sinne des üblichen Sprachgebrauchs verwenden bzw. etwas über die Entstehung eines Wortes wissen, dann empfiehlt sich „Das große Wörterbuch der deutschen Sprache“ von DUDEN in zehn Bänden.[1]

In Bibliotheken stehen i. d. R. mehrere **Zitate-Handbücher** zur Verfügung. Wer darin die Schlüsselwörter des Vortrags nachschlägt, kommt oft auf besonders gut formulierte Aussagen, die dann auch entsprechend gut ankommen (vorausgesetzt, Sie erwähnen die Originalquelle!).

Ein Beispiel zum Thema „Rede“: Im „DUDEN Band 12 - Zitate und Aussprüche“ stehen dazu neun mehr oder weniger humorvolle Aussagen, z. B. von Mark Twain: „Eine gute Rede hat einen guten Anfang und ein gutes Ende – und beide sollten möglichst dicht beieinander liegen.“

Für kürzere Beiträge können plausible Fragenkataloge nützlich sein. Wer konstruktiv ein einziges Problem ansprechen will, kann z. B. die fünf Fragen des MISLA-Modells der Reihe nach beantworten. Entsprechende Vorschläge finden Sie im folgenden Baustein.

Ein Beispiel zum „Brainstorming“ (vgl. S. 133)

[1] DUDEN - Das große Wörterbuch der deutschen Sprache in 10 Bänden. 3., vollst. überarb. u. aktualisierte Auflage. Mannheim: Bibl. Institut, 1999. Insgesamt 4800 S., Studienausgabe € 199,-

Die weithin wohl bekannteste, vor allem in der Wirtschaft bzw. in der Werbung bewährte Ideenfindungsmethode ist das **„Brainstorming“**: Das Gehirn wird nach passenden Einfällen durchgestöbert, alle spontan gefundenen Gedanken werden auf kleine Zettel oder auf große Blätter geschrieben. Um den Gedankenfluss nicht zu blockieren, sollte zunächst auf jede (Selbst-)Kritik verzichtet werden. Scheinbar dumme Ideen können nämlich später in leicht veränderter Form höchst originelle und positive Aussagen ergeben.

Eine sehr anschauliche Art, Ideen und Zusammenhänge darzustellen, nennt sich **„Mind mapping“**[2] - dabei wird eine Art „Landkarte der Gedanken“ erstellt.

Begonnen wird mit einem zentralen Stichwort, das in die Mitte gestellt wird. Strahlenartig davon ausgehend können nun die diversen Ideen notiert werden, die sich bei Bedarf immer weiter verästeln.

Ein Beispiel zum „mind mapping“

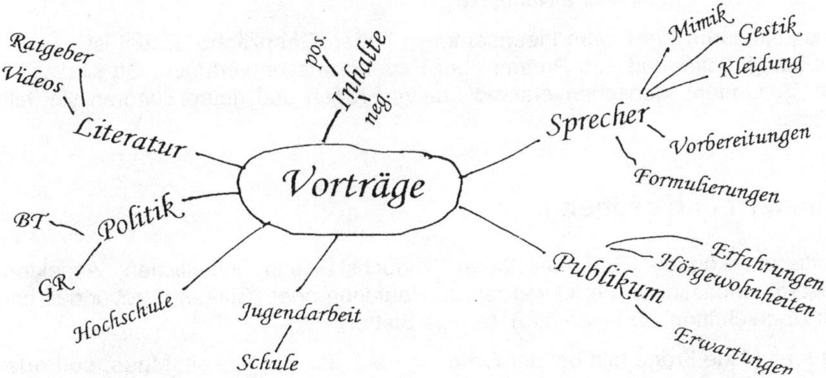

Eine weitere, relativ neue Methode heißt **„laterales Denken“** (nach Edward de Bono). Die in diesem Buch bereits auf S. 116 erwähnte Technik ist vor allem dann brauchbar, wenn auch unkonventionelle Einfälle geschätzt werden: Diese kommen oft erst beim entspannten „Spazierengehen“ durch vertraute „Denkräume“, wenn man scheinbar wenig zusammenpassende Ideen kombiniert.

Dazu ein Beispiel: Stellen wir uns vor, Sie müssten über „Das Problem Arbeitslosigkeit“ referieren. Sie gehen - echt oder in Gedanken - durch die Stadt. Sie sehen einen Autobus, vielleicht fällt Ihnen ein, daß es früher Schaffner gab, dass heute ein großes Sicherheitsbedürfnis v. a. bei nächtlichen Fahrten besteht und Security-Personal gefragt wäre. Dann kommen Sie zu einer Bankfiliale, es kommen Ihnen einige finanzielle Aspekte in den Sinn (z. B. Verschuldung, Sparquote). Die vielen Autos erinnern Sie an die Wirtschaft, an den Im- und Export, an die Umweltverschmutzung usw.

---

2 Vgl. BUZAN, Tony; BUZAN, Barry: Das Mind-Map-Buch. Die beste Methode zur Steigerung Ihres geistigen Potentials. 5., aktualisierte Auflage. Landsberg am Lech: mvg-Verlag, 2002. 309 S.; € 24,90

EDV-Fachleute werden wohl auch zum Ideensammeln ihre Geräte benutzen. Solange das Thema überschaubar und der Bildschirm groß genug ist, können die Stichwörter in ein **Textverarbeitungsprogramm** eingetippt werden und anschließend mit der Verschiebefunktion in eine passende Reihenfolge gebracht werden. Für Standardreferate gibt es ja bereits (Unter-)Programme, die von der Gliederung bis zur Folienerstellung viel Arbeit abnehmen und bei entsprechender Routine sogar Zeit sparen können (z. B. „Powerpoint", das für die Einübungsphase über ein „eingebautes" Lernprogramm verfügt).

Computer-User wissen natürlich ebenfalls, wie man mit technischer Hilfe an mehr Informationen kommt. **CD-ROMs** mit Nachschlagewerken oder mit relativ aktuellen Zeitschriftenjahrgängen (z. B. ZEIT / SPIEGEL) sind hier zu nennen, dazu Suchmaschinen, Datenbanken und aktuelle Artikel im **Internet**. Beachten Sie dabei aber, dass Sie die benutzten Quellen Ihrer Downloads sauber zitieren, denn bei einem nachgewiesenen Verstoß gegen den wissenschaftlichen Zitierkodex drohen empfindliche Nachteile.

Unschätzbaren Wert beim Ideensammeln haben **Gespräche**. Dabei ist es nicht unbedingt nötig, daß Ihre Partner über Expertenwissen verfügen. Oft sind Laien mit „gesundem Menschenverstand", naive Fragen und gutes Zuhören viel hilfreicher.

Gliedern und ordnen...

Sortieren können Sie die Ideen zunächst nach inhaltlichen Aspekten. Zusammenpassende Zettel werden zu Häufchen oder „Clustern" gebündelt und mit Überschriften versehen (z. B. farbige Blätter).

Eine einfache Frage hilft bei der Ordnung nach der Wichtigkeit: **Muss, soll oder kann** etwas gebracht werden? Kleine Symbole auf den Zetteln (++, +, ?) oder unterschiedliche Textgestaltungsformen (**fett**, normal, *kursiv*) können die Hierarchie gut sichtbar machen.

Wenn es um die **Reihenfolge** geht, empfehle ich im Zweifelsfall zwei Prinzipien: Das chronologische „früher kommt vor später" und das logische „Ursache kommt vor Wirkung". Anschaulicher für die Zuhörenden wird es oft, wenn mit einem praktischen Beispiel begonnen werden kann.

Viele nutzen eine andere seit der Antike bekannte Methodik. Sie arbeiten mit **Strukturierungshilfen** und deren vorgegebenen Fragen oder Überschriften. Ganz einfach und aus der Schule wohl bekannt ist beispielsweise die Vorgehenswiese „Einleitung - Hauptteil - Schluss". Amerikanische Rhetoriker empfehlen hingegen: „Sage, was Du sagen wirst - Sage, was Du sagen willst - Sage, was Du gesagt haben willst". Eine Auswahl von weiterführenden Vorschlägen finden Sie im folgenden Baustein.

Veranschaulichen...

Kommunikation kann bekanntlich auf verschiedenen Kanälen ablaufen: akustisch, optisch, olfaktorisch (= Geruchskanal) und taktil („Berührungskanal").

Für die meisten Menschen ist die optische Informationsaufnahme besonders wichtig. Gute Vorträge sollten deshalb auch etwas für die Augen bieten.

Um dieses Kapitel nicht zu überfrachten, finden Sie dazu in der Zusammenstellung ein eigenes Kapitel: „Visualisierungen" (= Baustein 16).

Ergänzen und streichen...

Wer sich intensiv mit einem Thema beschäftigt, wird oft das Phänomen entdecken, dass die Menge der möglichen Informationen gegen unendlich geht. Viele machen nun einen kapitalen Fehler, indem sie viel mehr Wissen präsentieren wollen, als die Zuhörenden je verarbeiten können. Im besten Fall bleibt bei dieser Methode ein Eindruck von der Belesenheit der referierenden Person. Außerhalb von Prüfungssituationen wirkt es wohl immer negativ, wenn man andere vom eigenen Wissen im Übermaß beeindrucken möchte. Die Konsequenz: alles Unwichtige fliegt raus, alles weniger Wichtige kommt auf die Reservebank. Der Mut zur Lücke ist gefragt, schließlich kann ja das Vermisste in einer anschließenden Diskussion erfragt werden.

Umgekehrt kann es bei abstrakten Themen sinnvoll sein, einiges zu ergänzen. Haben Sie konkrete Beispiele für Ihre Thesen? Welche eigenen Erfahrungen können Sie einbringen? Gab es eventuell sogar lustige Erlebnisse im Zusammenhang mit Ihrem Thema? Bei fast jedem Publikum kommen derartige anschauliche Informationen besser an.

Konzept erstellen...

Nur in Ausnahmefällen (wenn es auf jedes Wort ankommt) ist es sinnvoll, notwendig und empfehlenswert, ein wörtliches Redemanuskript zu erstellen. Dies sollte dann wenigstens in einem möglichst normalen „mündlichen" Stil geschrieben sein und nicht monoton vorgelesen werden. „Eine Rede ist keine Schreibe!" (F. Th. VISCHER).

Unüblich geworden ist die früher geforderte totale „Memoratio", das Auswendiglernen eines Vortrags. Dies verführt außerdem fast stets zu einem leiernden Vortragsstil und erschwert die Kontaktaufnahme mit den Zuhörenden.

Absolutes „freies Sprechen" kann auch bei Vorträgen gut gelingen - entsprechende Fähigkeiten und viel Routine vorausgesetzt. Die meisten riskieren allerdings damit, dass sie sich weniger sicher fühlen, wichtige Gedanken vergessen oder sich in Einzelaspekten verzetteln.

In den meisten ernsthafteren Kommunikationssituationen (Konferenz, Rede, Referat, Vortrag usw.) hat sich der Gebrauch von Konzepten (Stichwortblättern) durchgesetzt.

Zunächst einige grundsätzliche Empfehlungen. Ein gutes Konzept besitzt folgende Eigenschaften [3]:

- Papierformat DIN-A4 oder DIN-A5 (Briefbogen bzw. Schulheftformat; ganz kleine Formate werden oft unbewusst als „Spickzettel" registriert!) [4];
- nur einseitig beschriebenes Papier (dies erhöht die Übersichtlichkeit, da immer zwei zusammengehörige Seiten sichtbar sind und erleichtert Gliederungsvariationen mit Schere und Klebstoff!);
- nicht zusammengeheftet, aber geordnet und mit Seitenzahlen versehen;
- großzügige Textanordnung (breiter Rand, normaler bzw. großer Zeilenabstand!);
- deutliche Unterscheidung von Überschriften, Haupt- und Nebengedanken;
- klare, leicht lesbare Schrift (Schreibmaschine bzw. Computerausdruck, evtl. sogar vergrößerte Fotokopie oder ganz deutliche Handschrift!)

Die Methode „Dreispaltenkonzept"

Das „Dreispaltenkonzept" hat sich gut bewährt als eine Möglichkeit der Konzeptgestaltung. Seine drei Hauptvorteile:

- Wichtiges und weniger Wichtiges wird deutlich unterschieden,
- der Vortrag lässt sich leichter an die verfügbare Zeit anpassen,
- die Gliederung und die Hauptgedanken sind übersichtlich herausgehoben.

Zwei Variationen des „Dreispaltenkonzepts" sollen auf den nächsten beiden Seiten vorgestellt werden.

---

3 Die folgenden Empfehlungen mögen von manchen als banal empfunden werden - die Praxis zeigt jedoch, dass sie häufig vernachlässigt werden!

4 Viele „Profis" bevorzugen für ihr Konzept DIN-A5- oder DIN-A6-Karteikarten (sie sind stabiler, aber leider auch erheblich teurer!).

Beispiel 1: Dreispaltenkonzept-Originalform

		Versammlung 26.02.2004, Blatt 1
1. Einleitung	Begrüßung der Mitglieder	Hinweis auf Gründungs-mitglieder
	Begrüßung der Gäste	
	Hinweis: morgen Jubiläum	10 Jahre
2. Tagesordnung	Vorschlag wurde verschickt; offizielle Genehmigung der Tagesordnung	Vorsatz: Ende 22.00
3. TOP 1: Aktuelle Informationen	- Kassenstand: € 2.546,30	2 Beiträge stehen aus!
	- Vorstand war beim Bürgermeister; Ergebnis gleich Null	„Finanznot der Kommunen“
...usw.	....usw.	...usw.
Gliederungsspalte	**Hauptspalte**	**Reservespalte**
Hauptgedanken,	Fortlaufende Argumentation, Stichworte, Thesen, Gründe,	Zusätzliche Informationen,
Grobgliederung	Zitate (also alles, was unbedingt gesagt werden soll)	Statistiken, Zitate, Quellen, Beispiele
Zwischenüberschriften		bei evtl. Problemen nötige Argumente
......	......	....

Beispiel 2: Dreispaltenkonzept - Einrückvariation

Referat „Optimale Redevorbereitung" (18.02.2004) - Blatt 1

1. Vorstellung des Themas

Thema „Konzept" wichtig, weil häufig Fehler gemacht werden!

(Demonstration: Ablesen /
Frei reden und aus dem Konzept kommen)

Manche haben Scheu vor Konzeptgebrauch!
(„Schlecht vorbereitet")

(Beispiel: N. N.) - Eventuell Grobgliederung nach Konzept!

2. Das Problem der Einleitung

Besonders wichtig ist der erste Eindruck!

(Untersuchung von Rosenthal über Urteilsbildungen
und „Pygmalion-Effekt"; vgl. Baustein 15, S. 155)

... usw.

... usw.

... usw.

Gliederungsspalte

Hauptspalte

Reservespalte

Die Konzept-Ausnahmen „Einleitung“ und „Schluss“

Einleitung und Schluss sind besonders kritische Phasen

(vgl. dazu den Baustein 15, S. 155 ff.).

Sie können notfalls ausformuliert (wörtlich) auf dem Papier stehen.

Dies gibt vielen zusätzliche Sicherheit.

Wichtig jedoch: es soll „mündlich klingen“.

Keine zu langen Sätze; keine Schachtelsätze!

Wichtig ist außerdem:

Einleitung und Schluss gut lesbar schreiben!

(Mindestens so großzügig wie in diesem Beispiel!)

Viel Spaß beim Ausprobieren!

Trainieren...

Nun haben Sie es schon fast geschafft: ausreichend viele Ideen, sinnvoll geordnet, ein übersichtliches Konzept, dazu einige anschauliche Bilder... ganz Routinierte könnten jetzt bereits ihren Vortrag beginnen. Für den großen Rest bleibt noch ein Schritt, nämlich das Training des Vortrags.

Nehmen Sie die Position ein, die Sie auch bei ihrem Beitrag einnehmen werden: stehend hinter einem Pult (notfalls tut es auch ein Tisch mit ein paar dicken Büchern) oder bequem in einer Runde sitzend. Stellen Sie sich einige wohlmeinende Zuhörer(innen) vor, denen Sie ihr Thema nahe bringen wollen. Noch besser wäre es, wenn Sie eine/einige Bekannte einladen könnten, die für ihr Thema ein wenig Interesse mitbringen. Wenig halte ich allerdings davon, sich vor einem Spiegel zu präsentieren, da dies meist zu sehr ablenkt.

Es ist ganz normal, wenn das Sprechen zunächst etwas weniger flüssig läuft. Jene Stellen, die besondere Probleme bereiten, verdienen eine Überarbeitung: Probieren Sie ruhig ein paar verschiedene Formulierungen, korrigieren Sie dann Ihr Konzept entsprechend.

Wenn besonderer Wert auf die Redezeit gelegt wird, ist ein weiterer Trainingsdurchgang mit Stoppuhr sinnvoll (mit anderen Zuhörern als beim ersten Mal). Hüten Sie sich jedoch vor zu langem Üben. Was wie auswendig gelernt klingt, wirkt monoton und langweilig!

Quellen und weiterführende Literatur

- BREGER, Wolfram; GROB, Heinz Lothar: Präsentieren und Visualisieren - mit und ohne Multimedia. München: dtv, 2003. 256 S.; € 11,-
- DONNERT, Rudolf; KUNKEL, Andreas: Präsentieren – gewusst wie. Praktischer Leitfaden für Vortrag, Moderation und Seminar unter Einsatz neuer Medien. 3., überarb. Auflage. Würzburg: Lexika Verlag/ Krick Fachmedien, 2002. 128 S.; € 17,-
- FEY, Heinrich: Sicher und überzeugend präsentieren. Rhetorik, Didaktik, Medieneinsatz für Kurzvortrag, Referat, Verkaufspräsentation. Regensburg, Bonn: Walhalla, 1996/1998 (176 S.; € 9,95)
- FORSYTH, Patrick: 30 Minuten bis zur überzeugenden Präsentation. Offenbach: Gabal, 2002. 80 S., € 5,90
- GRÖSCHEL, Uta C.: Reden vorbereiten - Reden halten. Arbeitsmaterialien für die Interessenvertretung. Köln: Bund Verlag, 1994 (vergriffen)
- HERMANN, Hans-Dieter; SCHMID, Robert A.: Reden wie die Profis. Die perfekte Rede im Beruf. Planegg: Haufe, 2003. 222 S. und CD-ROM mit Musterreden und Textbausteinen; € 78,-
- HOFFMANN, Volker: Das professionelle 1x1. Überzeugend Vorträge halten. Berlin: Cornelsen, 2002. 174 S.; € 14,50
- KUHLMANN, Martin: Last Minute Programm für den erfolgreichen Vortrag. Frankfurt (Main), New York, 1999. 193 S.; € 15,90
- KUSHNER, Malcolm: Erfolgreich präsentieren für Dummies. Bonn: MITP-Verlag, 1997. 452 S.; € 21,- (korrigierter Nachdruck 2000)

GRUNDLAGEN DER MÜNDLICHEN KOMMUNIKATION
INFORMATIONSBAUSTEIN 14

Hilfreiche Strukturierungen

(Für Gesprächsbeiträge und Reden)

Alle benutzen - bewusst oder unbewusst - bestimmte Vorgehensweisen, wenn es gilt, andere zu informieren oder zu überzeugen. Häufig entsteht dabei das Gefühl, dass das eigene Sprechen verständlicher, logischer, wirkungsvoller sein müsste. Rhetorik und Sprechwirkungsforschung beschäftigen sich schon seit der Antike mit dieser Frage. Eine Reihe von Antworten liefern die „Strukturierungshilfen".

Was wollen, was sind Strukturierungshilfen? Zwei Ziele werden angestrebt:
- die Vorbereitung und Planung von Gesprächsbeiträgen und Reden zu erleichtern
  (auch wenn es am Anfang mangels Übung nicht so aussieht!),
- die Wirkung des Gesagten durch logischen Aufbau und durch eine an den Zuhörenden orientierte Vorgehensweise zu erhöhen
  (auch wenn manche alte „Streiterfahrungen" den neuen Vorschlägen zunächst scheinbar widersprechen!).

Strukturierungshilfen arbeiten mit Fragen oder mit Schlüsselwörtern, die in der vorgegebenen Reihenfolge beantwortet bzw. mit Inhalt versehen werden müssen.

Beispiele und Übungsanregungen, die sich in der Praxis bewährt haben, finden sich in diesem Informationsbaustein.

1 Hilfen zum informierenden Sprechen

Informierendes Sprechen bedeutet, den Zuhörenden bislang Unbekanntes möglichst einprägsam zu vermitteln. Je nach Thema, Situation und verfügbarer Zeit bietet sich eines der beiden folgenden Modelle an.

1.1 Kurze Erklärung

Schritt 1:	**Motivation**	Warum ist das zu Erklärende wichtig und/oder interessant? Warum lohnt sich das Zuhören und Merken?
Schritt 2:	**Deduktion**	Zu welchem den Zuhörenden bereits bekannten, übergeordnetem Thema gehört das zu Erklärende?
Schritt 3:	**Definition**	Eigentliche Beschreibung oder Erklärung (z. B. durch klassische Definition[1], Übersetzung, Begriffsherkunft, Aufzeigen eines bekannten Gegenteils)
Schritt 4:	**Exemplifikation**	Beispiel(e) zur Begriffsverwendung

1 Klassische Definition bedeutet: Ein neuer Begriff wird durch die logische Kombination von mindestens zwei bekannten Begriffen erklärt, z. B. Wallach = kastrierter Hengst.

Einsatzmöglichkeiten: Vorstellung eines neuen, wichtigen Begriffs; Antwort auf eine Informationsfrage; Sacherklärung in Gesprächen oder Vorträgen.

Beispiel: *Wer wirkungsvoll sprechen will, muss das Wort „Motivation“ kennen. Motivation ist ein Zentralbegriff der Psychologie und Pädagogik. Nach Duden bedeutet Motivation: „die Beweggründe des Willens“. Von Motivation wird z. B. gesprochen, wenn das Gefühl entsteht, dass sich das Zuhören lohnt.*

1.2 Das Sachreferat
(Redezeit zwischen 5 und 40 Minuten)

Hinweis: Zuweilen (z. B. unter Zeitdruck und bei manchen Dozierenden, die anscheinend an die absolute Objektivität glauben) muss beim Sachreferat auf die Schritte 4 (Interpretation) bzw. 6 (Diskussion) verzichtet werden!

Schritt 1:	**Motivation**	Wie lautet mein Thema? Warum ist dieses Thema für meine Zuhörenden wahrscheinlich interessant und/oder wichtig?
Schritt 2:	**Methodik**	Wie behandle ich das Thema? Welche Schwerpunkte setze ich, was klammere ich aus? Welche Quellen gibt es, welche habe ich benutzt? Wie will ich in meinem Referat vorgehen („Grobgliederung“)?
Schritt 3:	**Sachinformation**	Was gibt es zum Thema zu sagen? Was steht in meinen Quellen?
Schritt 4:	**Interpretation**	Was ist meine eigene Meinung zum Thema?
Schritt 5:	**Abrundung**	Wie kann ich das Wichtigste kurz zusammenfassen? Welche Probleme sind noch ungeklärt?
Schritt 6:	**Diskussion**	Gibt es Ergänzungen, Fragen oder Einwände?

2 Strukturierungshilfen zum persuasiven (überzeugenden) Sprechen

Beim persuasiven Sprechen sollen andere von einer bestimmten Meinung überzeugt oder zu einer Handlung aktiviert werden.

Unter der Voraussetzung, dass die Zielgruppe anderer Meinung bzw. untätig ist, sind die folgenden Strukturierungshilfen sinnvoll.

2.1 Das „MISLA"-Modell

(nach Richard WITTSACK: Lerne reden! Ein Weg zum Erfolg. Praktische Redelehre. Leipzig 1935)

Diese nach den Anfangsbuchstaben ihrer fünf Schlüsselwörter benannte Strukturierung hilft immer dann, wenn ein Problem oder Ärgernis nicht nur kritisiert, sondern sachlich und konstruktiv geklärt bzw. gelöst werden soll.

Schritt 1:	**Motivation**	Warum spreche ich?
Schritt 2:	**Ist-Zustand**	Was ist (war) das Problem?
Schritt 3:	**Soll-Zustand**	Wie sollte es sein? Welcher Zustand soll eintreten?
Schritt 4:	**Lösung(en)**[2]	Wie könnte dies erreicht werden?
Schritt 5:	**Appell**	Was muss dazu getan werden?

Ein Beispiel zum MISLA-Modell:

Neulich habe ich mich über ... geärgert.

Ich sah, dass...

Besser wäre es, wenn...

Dies könnte erreicht werden, indem...

Deshalb bitte ich Sie, ...

---

2 Ob eine Lösung oder mehrere vorgestellt werden sollen, hängt u. a. von der Zielgruppe ab. Ein kritisches, intellektuell überdurchschnittlich qualifiziertes Publikum lässt sich im Zweifelsfall mit mehreren vorgestellten Lösungen leichter überzeugen.

2.2 Das AIDA-Modell

(aus der amerikanischen Werbepsychologie)

Einsatz: In der Originalform hat sich das AIDA-Modell vor allem beim Verkauf (auch beim „Verkauf" von Meinungen) bewährt. Wer gelegentlich Werbespots sehen bzw. hören kann (oder muss?), wird diese Vorgehensweise häufig erleben.

Grundsätzlich ist es immer vorteilhaft, beim überzeugenden Sprechen die Interessen der Zielgruppe zu bedenken und in der eigenen Argumentation zu berücksichtigen (vgl. Schritt 3 des AIDA-Modells).

Dieser sehr wichtige „**Vorteilsaspekt**" lässt sich normalerweise leicht mit den anderen in diesem Baustein vorgestellten Strukturierungshilfen verbinden.

Schritt 1:	**Attention**	Aufmerksamkeitsweckung (= Die Zielgruppe soll zuhören!)
Schritt 2:	**Interest(ing)**	Interesseweckung (= Die Zielgruppe soll interessiert zuhören!)
Schritt 3:	**Desire**	Darstellung oder Erweckung von Wünschen (= Die Zielgruppe soll interessiert zuhören, welche Vorteile ihr geboten werden!)
Schritt 4:	**Action**	Appell, Aufforderung zum Handeln (= die Lösung, mit der die Zielgruppe ihre Wünsche befriedigen bzw. die Vorteile erlangen kann.)

Kurzfassungen des AIDA-Modells:

Hey - You - Why - What

Hallo - [gerade] Du/Sie - Warum - Was

Der Umgang mit Strukturierungshilfen ist vor allem Übungssache. Werden die Grundformen beherrscht, können und sollen auch Variationen eingesetzt werden. Strukturierungshilfen wollen nämlich keinesfalls schematisiertes Reden antrainieren. Das wäre auch nur schwer möglich, denn kein Modell passt für alle Gesprächs- und Redesituationen.

2.3 Die Fünfschritt-Modelle

(nach Erich DRACH: Redner und Rede. Berlin 1932;
Hellmut GEISSNER, Der Fünfsatz. In: Wirkendes Wort 18/1968 u. a.;
Dieter-W. u. Waltraud ALLHOFF: Rhetorik und Kommunikation. Regensburg 1982 ff.)

Bei der Fünfschritt-Vorgehensweise handelt es sich um eine relativ neue Strukturierungshilfe, die allerdings viele seit der Antike bewährte Gedanken aufgreift. Sie ist fast universell einsetzbar. Besonders geeignet ist sie, wenn mit kritischem Publikum bzw. mit Widerspruch gerechnet werden muss.

Drei Grundsätze sind bei der Fünfschritt-Methode wichtig:

Erster und wichtigster Grundsatz:
Die Reihenfolge in der Planung eines Fünfschritt-Beitrags läuft anders als anschließend gesprochen wird, nämlich (in der Regel) genau umgekehrt!

Begründung: Wer zu einer Meinungsänderung oder Handlung bewegt werden soll, zeigt oft wenig Bereitschaft dazu (Prinzip: die „kognitive Konsonanz"!). Erleichtert wird die Überzeugung, wenn den anderen zunächst nur das Thema genannt wird, anschließend akzeptable Argumente formuliert werden und erst am Ende der Zielsatz (= eigene Ansicht, These, Appell, Forderung) ausgesprochen wird (Prinzip der Zustimmungskette!).

Somit ist die **ideale Reihenfolge** für Zuhörende, die überzeugt werden sollen:
Einleitung (Themanennung) - Argumentation - Zielsatz.

Für die Sprechenden gilt bei der Planung die umgekehrte Reihenfolge: Zuerst muss das Ziel klar sein. Die Planung eines Beitrags beginnt deshalb mit der Formulierung des Zielsatzes. Nächster Schritt: Das Ziel muss begründet sein! Folglich sind Argumente (Gründe) zu sammeln. Eine dreigliedrige Argumentation hat sich dabei als besonders wirksam und ökonomisch erwiesen („Schwache" Argumente sollten im Zweifelsfall jedoch lieber weggelassen werden!). Am Ende der Vorbereitung ist es sinnvoll, sich eine Einleitung zu überlegen. Sie sollte sich an der aktuellen Redesituation orientieren.

Praktischer Tipp für die Vorbereitung eines Fünfschritts: Beginnen Sie das Konzept auf dem Notizblatt nicht oben, sondern unten (= „von unten nach oben schreiben")!

Übungsempfehlung: Statt mit einer dreigliedrigen Argumentation kann am Anfang auch nur mit einem einzigen Begründungssatz gearbeitet werden. Bei der Kombination Einleitung - Argument - Zielsatz erhält man ein **„Dreischritt-Modell"**. Falls später einmal die Argumentation besonders schnell gehen soll, ist ein Dreischritt oft wirksamer als ein Fünfschritt.

Zweiter Grundsatz der Fünfschritt-Methode:

Beiträge sollten so ausführlich wie nötig und so kurz wie möglich sein!

Begründung: Wer zu lange redet, macht sich unbeliebt. Wer zu kurz spricht, kann kaum die eigene Meinung übermitteln. Wer zuviel in einem zu langen Satz formuliert, überfordert die Zuhörenden. Für Gesprächsbeiträge sind meistens drei bis fünf Sätze ideal: je einen für die Einleitung und den Zielsatz, einer bis drei für die Argumentation.

Praktischer Tipp: Am Ende jeder Aussage die Stimme senken und „einen Punkt sprechen"!

Dritter Grundsatz der Fünfschritt-Methode:

Die Fünfschritt-Methode ist kein starres Schema!

Die Fünfschritt-Modelle können und sollen in der Praxis nach Bedarf verändert werden. So können z. B. für ausführliche Beiträge mehrere argumentierende Gedanken sinnvoll erscheinen - der Fünfschritt wird vielleicht zum Sieben- oder Neunschritt.

Zur Einübung hilft allerdings ein eher formalistisches Vorgehen.

2.3.1 Das Fünfschritt-Modell zur Darstellung der eigenen Meinung

a) Planungshilfe (Vorgehensweise bei der Planung: von unten nach oben!)

Schritt 5:	**Einleitung**	Warum spreche ich zu welchem Thema?
Schritt 4:	**Argument 3**	Habe ich ein drittes gutes Argument? (Falls nicht:) Welche Konsequenzen kann meine Begründung auslösen (logische bzw. chronologische Weiterführung)?
Schritt 3:	**Argument 2**	Gibt es ein weiteres gutes Argument für meine Meinung? (Falls nicht:) Wie kam ich zum ersten Argument (logische bzw. chronologische Herleitung)?
Schritt 2:	**Argument 1**	Wie kann ich den Zielsatz begründen? Was spricht für meine Ansicht?
Schritt 1:	**Zielsatz**	Worauf will ich hinaus? (Appell, Forderung, Meinung, These)

b) Ausführungsbeispiele für die Fünfschritt-Methode

... bei drei verschiedenen Argumentationsaspekten:

Schritt 1:	Einleitung	*... aktuelles Thema „Umweltschutz"...*
Schritt 2:	Argument 1	*... ein Aspekt: Luftverschmutzung...*
Schritt 3:	Argument 2	*... zweitens: Gewässerverunreinigung...*
Schritt 4:	Argument 3	*... ferner: Schadstoffe im Essen...*
Schritt 5:	Zielsatz	*... deshalb sind mehr Maßnahmen nötig, z. B. ein neues Steuerrecht.*

... bei einem Argumentationsaspekt
(als logische Beweiskette)

Schritt 1:	Einleitung	*... aktuelles Thema „Umweltschutz"...*
Schritt 2:	Herleitung	*... selbst erlebter Hustenanfall...*
Schritt 3:	Argument	*... Ursache: Luftverschmutzung...*
Schritt 4:	Konsequenz	*... ernste Krankheiten drohen...*
Schritt 5:	Zielsatz	*... deshalb sind mehr Maßnahmen nötig, z. B. Fahrverbote bei Smog.*

... bei einem Argumentationsaspekt
(als chronologische „Beweis"-Kette)

Schritt 1:	Einleitung	*... aktuelles Thema „Umweltschutz"...*
Schritt 2:	„früher"	*... vor der allgemeinen Motorisierung gesunde, reine Luft...*
Schritt 3:	„jetzt"	*... derzeit in den Städten immense Luftverschmutzung...*
Schritt 4:	„zukünftig"	*... wenn es so weitergeht, wird die Erde unbewohnbar...*
Schritt 5:	Zielsatz	*... deshalb sind mehr Maßnahmen nötig, z. B. verkehrsberuhigte Innenstädte.*

2.3.2 Das Fünfschritt-Modell zur Kommentierung einer anderen Meinung

a) Planungshilfe (Vorgehensweise bei der Planung: von unten nach oben!)

Schritt 4/5:	**Einleitung/ Anknüpfung**	Zu welchem Thema, zu welcher Person spreche ich? Welche Aussage von welcher Person greife ich auf?
Schritt 2/3:	**Argumentation**	Wie kann ich meinen Zielsatz begründen? Was spricht für meine Ansicht?
Schritt 1:	**Zielsatz**	Wie stehe ich zur anderen Meinung? (ablehnend, zustimmend oder differenzierend)

Erläuterung des Kommentierungs-Modells:

Ergänzend zu den allgemeinen Grundsätzen der Fünfschritt-Vorgehensweise wird hier vor allem versucht, die Verständlichkeit zu erhöhen und harte Konfrontationen (Streit) zu vermeiden.

Dazu ist wichtig, klar zu sagen, wozu gesprochen werden soll (= Ausführungsschritt 1).

Ferner können Missverständnisse vermieden werden, wenn nochmals die andere Ansicht kurz genannt wird (= Ausführungsschritt 2).

Die Reihenfolge Themanennung - Argumentation - Meinung erhöht die Chance, dass die eigene Ansicht von den Gesprächspartner(inne)n akzeptiert wird.

b) Ausführungsbeispiel:

Schritt 1:	Einleitung	*... eine Bemerkung zum Thema...* (Problem/Themanennung)
Schritt 2:	Anknüpfung	*... Du hast gesagt, ...* (Nennung der anderen Ansicht)
Schritt 3:	Argument 1	*... Ich sehe da das Problem...* (Beurteilung der anderen Ansicht)
Schritt 4:	Argument 2	*... Ferner bin ich der Meinung...* (wie bei Schritt 3)
Schritt 5:	Zielsatz	*... So schlage ich vor....*

2.3.3 Fünfschritt-Modelle zur Kommentierung von zwei anderen Meinungen

Aus Platzgründen wird hier auf eine ausführliche Darstellung der Planung verzichtet; sie läuft nach den bereits genannten Grundsätzen vom Zielsatz zur Einleitung, also „von unten nach oben“.

Die Auswahl der drei folgenden Variationen richtet sich nach dem jeweiligen Argumentationsbedürfnis.

a) „Kompromiss“-Modell (bei größerem Argumentationsbedürfnis)

Schritt 1:	Darstellung der Meinung A	*A sagte...*
Schritt 2:	Darstellung der Meinung B	*B meinte...*
Schritt 3/4:	Vergleich der Meinungen A und B	*Beide... / keiner...*
Schritt 5:	Zielsatz (eigene Meinung)	*Ich finde...*

b) „Wertungs"-Modell
(bei kleinerem Argumentationsbedürfnis)

Schritt 1:	Problem- bzw. Themanennung	*Zur Frage...*
Schritt 2:	Darstellung der Meinung A	*A wollte...*
Schritt 3:	Darstellung der Meinung B	*B möchte...*
Schritt 4:	Vergleich der Meinungen A und B	*Das Problem ist für mich...*
Schritt 5:	Zielsatz (eigene Meinung)	*So sollten wir...*

c) „Vergleichs"-Modell
(bei Verzicht auf eigene Argumentation)

Schritt 1:	Darstellung der Meinung A	*A forderte...*
Schritt 2:	Begründung der Meinung A	*... weil seiner Meinung nach...*
Schritt 3:	Darstellung der Meinung B	*B nannte das Ziel...*
Schritt 4:	Begründung der Meinung B	*... weil nach ihrer Meinung...*
Schritt 5:	Zielsatz (eigene Meinung)	*Ich schlage vor...*

Nach einer ausführlichen Einübung der Fünfschritt-Grundformen sind Variationen für andere Gesprächs- oder Redesituationen normalerweise ohne größere Probleme möglich.

2.4 Persuasives Vorgehen bei starker Opposition

(nach Dieter-W. u. Waltraud ALLHOFF:
Rhetorik und Kommunikation. Regensburg 1982 ff.)

Ab und zu kann es vorkommen, dass ein eher negativ eingestelltes Publikum überzeugt werden soll oder dass eine Person beeinflusst werden muss, von der bekannt ist, dass sie bisher eine absolut konträre Meinung vertritt. Für solche Situationen („Auswärtsspiele") ist die folgende Vorgehensweise gedacht, die Sie in Notfällen hoffentlich ganz ehrlich und ohne Bluffs einsetzen können.

Schritt 1: „Sagen, was die andere Seite hören will"

Motivierendes; „captatio benevolentiae" (= „Erlangen des Wohlwollens"), z. B. durch Komplimente, Auflockerung der Atmosphäre, witzige Bemerkungen; Hervorheben von Gemeinsamkeiten; deutlicher „Hörerbezug" (= Berücksichtigung von Erwartungen der anderen Seite).

Das (aus der Zuhörperspektive formulierte) Ziel: „Jetzt spricht eine sympathische Person mit ähnlichen Grundüberzeugungen/Zielen, der geglaubt werden kann!"

Schritt 2: „Sagen, was ich nicht sagen will"

Themeneinschränkung, eventuell mit Begründung; Erwähnung oder Würdigung jener Punkte, die die andere Seite erwartet, aber von mir ausgeklammert werden wollen (bzw. sollen).

Ziel: „Jetzt spricht eine kompetente Person, die meine Vorstellungen teilt" (Beruhigungs- bzw. Abhakeffekt)

Schritt 3: „Sagen, was ich sagen will"

Eigene Argumentation, Beweisführung, Information; Thematisierung möglicher Einwände („Obwohl es Einwände gibt..."), Einwand-Erwähnung („Dagegen wird gesagt, dass..."), Einwand-Vorwegwiderlegung („Das Gegenargument... stimmt nicht, weil...").

Ziel: „Jetzt argumentiert eine kompetente Person, die sachlich meine Einwände behandelt."

Schritt 4: „Sagen, was behalten werden soll"

Zusammenfassung, Appell, Zielsatz, eventuell vorbereitet durch Elemente von Schritt 1.

Ziel: „Jetzt ermöglicht mir eine sympathische Person, ohne Gesichtsverlust meine Meinung zu ändern."

Wichtigste Voraussetzung für den erfolgreichen Einsatz dieser Methode (und aller anderen persuasiven Gliederungen dieses Abschnitts) bleibt jedoch die individuelle Glaubwürdigkeit! Wer zu sehr taktiert und z. B. übertrieben schmeichelt, wird schnell durchschaut und abgelehnt.

3 Übungsanregungen

Nach dem bekannten Prinzip „Vom Einfachen zum Schwierigen" gelten folgende Grundregeln für Formulierungsübungen:

- erst allein üben, dann vor und mit anderen;
- erst in vertrauten, privaten, unkomplizierten Situationen, dann in ungewohnten, offiziellen, komplizierten;
- erst mit Vorbereitung (Textfassung, Konzept, Stichworte), dann frei!

Neben der mehrmaligen Wiederholung der in rhetorischen Lehrveranstaltungen vorgestellten Übungen helfen:

- Erklärungen interessanter Begriffe aus einem Lexikon (ohne dessen Sprachstil zu folgen!);
- Formulierungen der eigenen Meinung zu aktuellen Themen;
- Kommentierung von Zeitungs-, Rundfunk- oder Fernsehbeiträgen;
- Aktive Beteiligung an durch Medien wiedergegebenen Diskussionen (z. B. auch mit Band- bzw. Videoaufzeichnungen, die an interessanten Stellen angehalten werden können!).

GRUNDLAGEN DER MÜNDLICHEN KOMMUNIKATION
INFORMATIONSBAUSTEIN 15

Einleitung und Schluss

Die ersten und die letzten Sätze von Gesprächsbeiträgen und Reden

1 Der Pygmalion-Effekt

Ein Effekt spielt bereits vor den ersten gesprochenen Sätzen eine zentrale Rolle: unsere Vorstellungen von der Situation und unsere Erwartungen an das „Publikum". Sie beeinflussen massiv und meist unbewusst unser Verhalten und indirekt unsere Wirkung. In der Psychologie ist dies unter den Begriffen „Self fulfilling prophecy" („Sich selbst erfüllende Prophezeiung") bzw. „Pygmalion-Effekt"[1] seit langem bekannt.

Bekannt sind vielleicht auch entsprechende Experimente, z. B. die Schulklassenversuche von Robert ROSENTHAL, bei denen zufällig ausgewählte Schüler(innen) nach einiger Zeit wirklich relativ bessere Leistungen erzielten, nachdem ihren Lehrkräften positive Vorinformationen über ihre angeblichen Fähigkeiten zugesteckt worden waren. Wer glaubt, es mit guten Schüler(inne)n zu tun zu haben, lächelt diese eher an, macht mehr zustimmende Kopfbewegungen, hält intensiveren Blickkontakt, gibt mehr Zuwendung, mehr Information, mehr Gelegenheit zum Fragen und mehr Feedback. Kein Wunder, dass diese „Guten" vom verbesserten Unterricht mehr profitieren. Umgekehrt riskieren es die für unbegabt gehaltenen Kinder, strenger beurteilt zu werden und für unerwartet positive Leistungen sogar „den Unmut des Lehrers" (dessen Erwartungen in diesem Fall ja nicht erfüllt wurden) zu riskieren. (Zitiert nach M. BIRKENBIHL, S. 94 ff.)

Auf Sprechsituationen übertragen bedeutet dies: positive Erwartungen beeinflussen auch die Realität positiv; negative Vorstellungen drohen sich schnell zu bewahrheiten!

2 Allgemeine Funktionen der Einleitungen

Jede gute Einleitung sollte folgende wichtige Aufgaben erfüllen:

- Kontakt zu den Zuhörenden schaffen,
- einen möglichst guten Eindruck von der sprechenden Person erzeugen,
- die Zuhörenden zum Thema hinführen,
- Interesse für das Thema wecken und
- die weitere Vorgehensweise transparent machen.

---

1 Wer das gleichnamige Schauspiel von G. B. SHAW nicht kennen sollte, hat vielleicht schon einmal die wunderbare Wandlung der Eliza Doolittle im davon abgeleiteten Musical „My fair Lady" erlebt.

3 Vier Möglichkeiten einer Einleitung (nach LEMMERMANN)

3.1 „captatio benevolentiae“ („Das Erlangen des Wohlwollens“)

Eine klassische Methode, bei anderen Sympathie hervorzulocken, z. B. durch Komplimente, persönliche Bemerkungen, heiteres Eingehen auf die Redesituation, Abbau übermäßiger Erwartungshaltung, Auflockerung der Atmosphäre.

3.2 „Aufhänger-Technik“

Hier wird schlaglichtartig die Problematik vorgestellt, z. B. durch ein aktuelles Ereignis, eine kleine Begebenheit, ein Beispiel, ein persönliches Erlebnis, eine Anekdote, durch überraschende Frage(n) - stets aber mit Bezug auf das Thema!

3.3 „Denkreiz-Technik“

Ein sanfter Zwang zum Mitdenken wird erzeugt, z. B. durch Voranstellung einer Reihe von Problemen oder durch eine Folge von („rhetorischen“) Fragen.

3.4 „Direkt-Technik“

Sie empfiehlt sich vor allem bei kurzen Sachbeiträgen in Gesprächen. Es gibt keine Vorreden, sondern nur den direkten Einstieg mit der Themanennung.

4 Allgemeine Tipps zur Einleitung

Es ist vorteilhaft,

- die Wirkung von Komplimenten an die Zuhörenden bzw. deren Vorbilder nicht zu unterschätzen (solange die Komplimente ehrlich klingen!),
- zu beachten, dass sich die Zuhörenden erst an die sprechende Person gewöhnen müssen. Daher ist deren Aufmerksamkeit und Aufnahmekapazität etwas eingeschränkt. Konsequenz: Relativ kurze und einfache Sätze, keine wichtige Information im ersten Satz!

- bei sich selbst Lautstärke, Sprechtempo, Sprechtonbereich und Blickkontakt zu kontrollieren (abhängig von den individuellen Empfehlungen in der rhetorischen Übungsveranstaltung!),
- das Thema anzukündigen und (eventuell) einzuschränken
- die Bedeutung des Themas herauszustellen (Die Zuhörenden sollen wissen, worum es geht, warum das Thema für sie wichtig und interessant ist),
- das Interesse an der eigenen Person nicht zu überschätzen (es sei denn, jemand ist sehr berühmt!),
- bei längeren Reden und Vorträgen einen Überblick voranzustellen und die Gliederung bzw. den Aufbau sichtbar zu machen,
- allgemein belastende Faktoren, die nicht abgestellt werden können (z. B. Hitze, Enge) anzusprechen (sie werden dann als weniger schlimm empfunden!).

Nachteilig wäre es,

- zu sagen, „ich bin unvorbereitet“ oder „schlecht vorbereitet“,
- auf die „eigentlich viel zu knappe Zeit für das Thema“ hinzuweisen,
- sich vorab mit Krankheiten aller Art zu entschuldigen,
- die unerwartet geringe Zahl der Zuhörenden zu kritisieren,
- die eigene Nervosität, Unsicherheit, Befangenheit herauszustellen.

Begründung: Negative Vorbemerkungen reduzieren die Erwartungshaltung bei den Zuhörenden; im Sinne einer sich selbst erfüllenden Prophezeiung (vgl. S. 155) werden verstärkt die angesprochenen Probleme auffällig, die Aufmerksamkeit sinkt bzw. wird abgelenkt, der Eindruck von der Sprechleistung verschlechtert sich. Manchmal entsteht auch „nur“ das Gefühl, dass die sprechende Person auf Mitleid abzielt oder kokettiert („fishing for compliments“). Wer allerdings diese Zusammenhänge kennt, lässt sich nicht mehr so leicht ablenken!

5 Der Schluss

Ein guter Schluss rundet nicht nur Gesprächsbeiträge bzw. Reden ab, sondern trägt - oftmals entscheidend - dazu bei, welcher Eindruck bleibt und welche Wirkung ausgelöst wird. In schwierigen Situationen kann es deshalb sinnvoll sein, vorher gut überlegte und ausformulierte Sätze ins Konzept zu schreiben.

Machen Sie rechtzeitig Schluss! „Das Geheimnis zu langweilen besteht darin, alles zu sagen" (VOLTAIRE). Was hilft es Ihnen, wenn Sie zwar Ihre Konzeptblätter abgearbeitet haben, aber kaum mehr jemand die zweite Hälfte Ihres Vortrags aktiv mitverfolgen konnte? (Übrigens auch ein Problem vieler Schulstunden, die unter Lehrplandruck ablaufen!) Fassen Sie in solchen Fällen Ihr Restprogramm rigoros zusammen, sagen Sie höchstens, was Sie noch hätten bringen wollen (eventuell folgt daraus eine Fragerunde) und springen Sie schnellstmöglich zum (gut vorbereiteten?) Ende.

Nachteilig für die Sprechenden und unfair den anderen gegenüber wäre es, zu versprechen, „Ich komme zum Schluss" und dann trotzdem noch längere Zeit zu reden. Ebenso schlimm: die vorgegebene bzw. erwartete Redezeit ohne plausible Erklärung erheblich zu überziehen.

Grundsätzlich gilt: wenn Sie den Schluss ankündigen, wird Ihr „Publikum" dadurch nochmals kurzfristig motiviert. Diese höhere Aufmerksamkeit sollte genutzt werden, um wirklich Wichtiges anzusprechen. Wer das Versprechen nicht einlöst, wird schnell unglaubwürdig!

Informative Beiträge enden am besten mit einer Zusammenfassung oder einem anschaulichen Beispiel. Wiederholungen erhöhen die Merkfähigkeit; konkrete, einprägsame bzw. lustige Aspekte fördern die Vorstellungskraft.

Soll anschließend eine Diskussion oder Fragerunde folgen, so kann und soll dies selbstverständlich angekündigt werden.

Auch bei persuasiven („überzeugenden") Themen kann ein abschließender Teil den Gedankengang zusammenfassen. Am absoluten Ende sollte jedoch ein kurzer, prägnanter und merkfähiger Satz (= Appell, Slogan, Zielsatz, Zwecksatz) stehen: eine Aufforderung, die wirkt.

Immer vorausgesetzt, dass es sachlich und moralisch vertretbar ist - formulieren Sie möglichst ohne übertriebene Einschränkung. Was ist wohl wirksamer: *„Wir sollten uns vielleicht einmal überlegen, ob wir eventuell..."* oder *„Überlegen Sie bitte mit mir zusammen..."* Sagen Sie, was Sache ist!

Etwas mehr stimmlicher Nachdruck und etwas größere Artikulationsschärfe schaden am Ende nicht - sie machen das Finale nonverbal deutlich.

Langweilig wäre es, jeden Beitrag stereotyp mit *„ich danke für Ihre Aufmerksamkeit“* oder ähnlichen Floskeln zu beenden. Damit soll aber nichts gegen ehrliche Komplimente gesagt worden sein - sie sind stets am Platz (z. B. *„Vielen Dank für die vielen interessierten Zwischenfragen“*).

Nicht nur bei besonders Unsicheren findet sich eine andere Angewohnheit, die die Wirkung des Gesagten - gerade in der unbewussten Erinnerung - schmälert: eine typische Verlegenheitsgeste (= Hände geöffnet, Schultern hoch, Kopf schief). Sie erweckt den Eindruck, als müsste noch eine Entschuldigung nachgeschoben werden (z. B. dafür, dass einem nicht mehr eingefallen ist). Nur selten besteht dafür ein objektiver Grund!

Manchmal findet sich auch für den Schluss ein nettes Zitat oder ein passender Mehrzeiler. Zu diesem Kapitel passt ein Spruch von Martin LUTHER:

“Tritt fest auf, machs Maul auf, hör bald auf.“

6 Quellen und weiterführende Literatur

- ALLHOFF, Dieter-W. u. Waltraud: Rhetorik und Kommunikation. 12. Auflage. Regensburg: bvs, 2000. 304 S.; € 15,30
- BIRKENBIHL, Michael: Train the Trainer: Arbeitshandbuch für Ausbilder und Dozenten. 17. Auflage. Landsberg/Lech: Verlag Moderne Industrie, 2002. 512 S.; € 48,-
- LEMMERMANN, Heinz: Lehrbuch der Rhetorik. Redetraining mit Übungen. 8. Auflage. Landsberg, München: mvg, 2000. 240 S.; € 8,64

GRUNDLAGEN DER MÜNDLICHEN KOMMUNIKATION
INFORMATIONSBAUSTEIN 16

Visualisierungen

Warum veranschaulichen?

Was halten Sie von Rednern, die zu Ihren Vorträgen kein Bild zeigen, keine Graphik einsetzen, ja nicht einmal eine Miene verziehen? Wenn Sie solche Sprecher langweilig finden und wenig attraktiv, dann geht es Ihnen so wie fast allen. Schließlich findet mündliche Kommunikation in der Regel auf mehreren Kanälen statt: akustisch (über die Ohren), optisch (über die Augen), olfaktorisch (über die Nase) und taktil (über die Haut). Die beiden letzten können Sie bei Vorträgen kaum beeinflussen, den optischen dagegen sehr.

Testen Sie sich bitte einmal selbst: Denken Sie zurück an Ihren letzten Urlaub. Was fällt Ihnen zuerst ein? Eine schöne Aussicht oder ein ungewöhnliches Geräusch? Denken Sie jetzt an den Menschen, den Sie zuletzt kennen gelernt haben! Erinnern Sie sich zuerst an sein Aussehen oder an seine Sprechweise? Denken Sie nun bitte an Ihre Schulzeit zurück! Ist der erste Gedanke eher optisch oder akustisch? Wenn solche Tests häufiger gemacht werden, kann man durchschnittlich mit über 75%iger Wahrscheinlichkeit feststellen, dass die optische Informationsaufnahme bzw. Speicherung bei der Mehrzahl der Menschen überwiegt. Gute Vorträge sollten deshalb auch etwas für die Augen bieten, vor allem, wenn sie einprägsam werden sollen.

Doch wie immer kommt es hierbei auf das rechte Verhältnis an. Das Publikum erwartet bei Vorträgen weder einen Multimedia-Zirkus noch eine Diashow, sondern anschauliche Ergänzungen zum gesprochenen Wort.

Was veranschaulichen?

Viele sind bestrebt, zu jedem Absatz ihres Vortragstextes eine eigene Folie zu präsentieren. Andere begnügen sich mit einer Kopie ihres Inhaltsverzeichnisses. Es gibt kein allgemein gültiges Maß, was visualisiert, also (im eigentlichen Wortsinn) anschaulicher gemacht werden muss, jedoch eine Faustregel: Alles, was unbedingt behalten bzw. mitgeschrieben werden soll, verdient hohe Anschaulichkeit!

Ein Beispiel: Eine Kernaussage beim Medieneinsatz heißt: Weniger ist mehr! Das dazu auf der nächsten Seite gezeigte Bild enthält nur diese drei Wörter, dazu ein positives und ein negatives Beispiel.

Womit veranschaulichen?

Sie erleben in der Praxis viele verschiedene Möglichkeiten, wie Vorträge aufgelockert werden können. Je nach Situation ist mal die eine, mal die andere Art geschickter. In alphabetischer Reihenfolge behandelt deshalb dieser Baustein die wichtigsten Methoden und ihre Vor- und Nachteile:

- CAP (Computer aided presentation; „Powerpoint“ usw.),
- Dias,
- Flipchart,
- Mind mapping,
- Moderationstechnik,
- Overheadfolien („Slides“),
- Papers („Handouts“ / „Thesenblätter“),
- Tafel (Wandtafel / „Whiteboard“),
- Vorspielen.

Weniger ist mehr...

Eine klare Aussage genügt!

In Fachkreisen wird der folgende Spruch oft genannt, wenn es um die gute Gestaltung von Folien geht: Weniger ist mehr. Zwar ist diese Aussage eigentlich paradox, denn wenn man ihn weiterdenkt, dann käme am Ende heraus: „Nichts ist alles“. Nebenbei ist dies ein Beispiel für eine ungünstige und zu kleine Schrift. Verwendet wurde die Times-Type mit 9 Punkt; eine Größe, die höchstens für Fußnoten taugt, aber ansonsten mit Recht die Bezeichnung „Augenpulver“ bekommen hat.

CAP (Computer aided presentation)

Vorteile: Die computerunterstützte Präsentation (z. B. mit MS Powerpoint, HyperCard) ermöglicht es, Folienserien mit professionellem Layout vorzubereiten und per Knopfdruck abzurufen. Sogar Ton- und Filmeinspielungen sind programmierbar, so dass manche Vorführungen an echte Fernsehbeiträge erinnern - Laien sind beeindruckt; bei entsprechender Routine und Disziplin geht die Herstellung ziemlich schnell.
Nachteile: Man ist voll abhängig von der Technik („Abstürze“ sind nicht selten); gute Projektionsgeräte sind nicht billig, Experten kennen die Programmvorlagen.

Perfektionsdrang und individuelle Veränderungen der Vorlagen kosten oft viel Vorbereitungszeit.

Kompromissvorschlag: Ist die notwendige Geräteausstattung vorhanden und wird eine professionelle Präsentation erwartet, dann gibt es kaum Alternativen.[1] Präsentationsprogramme ermöglichen auch den Ausdruck von Folien bzw. Dias, aber mit den üblichen Textverarbeitungsprogrammen können Sie ebenfalls einigermaßen ansprechende Folien gestalten.

Dias

Vorteile: Preiswerte und relativ scharfe Bilder, wenig Transportprobleme, Präsentationsdias können mit modernen Computerprogrammen schnell und billig hergestellt werden.

Nachteile: Verdunkelung nötig; das Image von Diavorträgen ist nicht das beste; Pannen möglich (verklemmte oder falsch einsortierte Dias); kaum Korrektur- bzw. Ergänzungsmöglichkeiten während des Vortrags.

Kompromissvorschlag: Es gibt Themen und Räume, die sich für den Diaeinsatz hervorragend eignen, z. B. Landschaftsaufnahmen, medizinische Demonstrationen bei großen Kongressen.

Flipchart („Plakatständer")

Vorteile: einfache Handhabung ohne großen technischen Aufwand; häusliche Vorbereitung möglich, Blätter können an die Wand gehängt bzw. archiviert werden; gute Korrektur- und Ergänzungsmöglichkeiten, Flipcharts sind auch im Freien ohne Strom einsetzbar.

Nachteile: Papier und Stifte sind nicht ganz billig; bei größerem Betrachtungsabstand sind normale geschriebene Texte schwer lesbar, gute Handschrift und evtl. auch etwas zeichnerisches Talent nötig.

Kompromissvorschlag: In kleinen Gruppen sind Flipchartposter gut einsetzbar, v. a. für Informationen, die lange sichtbar bleiben müssen (Programm, Regeln); in Notfällen kann man mit preiswerten Zeitungsdruckpapier oder Packpapier arbeiten!

---

1 Vgl. den lesenswerten Artikel von Joachim Grabowski: Kongressvorträge und Medieneinsatz: ein Plädoyer für Professionalität. In: ZfAL (Zs. f. Angewandte Linguistik), Heft 39 (Sept. 2003), S. 53-73

Mind mapping (Gedankenlandkarte)

Vorteile: Die Strukturen und Zusammenhänge eines Themas werden deutlich; gehirngerechte Darbietung (vgl. die Abbildung im Baustein 13, S. 133).

Nachteile: Bei komplizierten Themen ist viel Platz nötig (Wandtafel, Zeitungspapierrolle), eine gute Handschrift wäre nützlich.

Kompromissvorschlag: Mind mapping ist ideal, wenn ein Thema vor bzw. mit einer überschaubaren Gruppe erarbeitet werden soll.

Moderationstechnik („Metaplan")

Einzelaspekte werden auf (verschiedenfarbige) Kärtchen geschrieben, an Pinnwänden geordnet sowie mit Überschriften und Kommentaren versehen. Eine fertige Teilthematik kann anschließend auf Packpapierbögen übertragen (geklebt) werden und ähnlich wie Flipchartblätter aufgehängt werden.

Vorteile: Ein Verfahren, das einfache wie kompliziertere Themen gut visualisieren kann; individuell angefertigte Kärtchen können gut integriert werden; spontane Ergänzungen und Umstellungen sind problemlos möglich.

Nachteile: Das nötige Material (Stellwände, Moderationskoffer) ist in der Profi-Ausführung ziemlich teuer; bei größerem Betrachtungsabstand sind die Kärtchen schwer lesbar, gute Handschrift ist wichtig; gelegentlich stören etwas umständliche Prozeduren.

Kompromissvorschlag: In kleinen Gruppen (bis ca. 20 Personen) ist die Moderationsmethode gut geeignet für das gemeinsame Erarbeiten und Planen. Selbst hergestelltes Material spart viel Geld (statt gekaufter Karten z. B. stärkeres Papier selbst zugeschnitten). Erarbeitete Plakate können mit gewissem Abschreibe- oder technischem Aufwand zusätzlich als kopierte DIN-A4-Blätter verteilt werden.

Overheadfolien („Slides")

Vorteile: Das weit verbreitete Verfahren ist in großen und kleinen Räumen gleich gut einsetzbar. Auch komplizierte Graphiken, Tabellen etc. können demonstriert werden. Die Folien sind mit Druckern, Kopiergeräten oder speziellen Stiften leicht herstellbar, ergänzbar sowie einfach transportabel und archivierbar; beim Einsatz ist guter Blickkontakt möglich (falls man der Versuchung widersteht und nicht häufiger als nötig zur Projektionswand schaut).

Nachteile: Nach ihrer Präsentation sind Folien für das Publikum unsichtbar. Schlechte Folienqualitäten können Laserdrucker und Kopiergeräte verkleben. Folienstifte trocknen schnell aus; Projektionslampen gehen zuweilen kaputt. Das permanente Ventilatorengeräusch nervt; manchmal gibt es Blendeffekte.

Kompromissvorschlag: Wer die Technik richtig und zurückhaltend einsetzt, steht auf der sicheren Seite. Um zeitraubendes Abschreiben zu verhindern, könnten umfangreiche Folientexte zusätzlich als „Paper" verteilt werden.

Papers („Handouts" / „Thesenblätter")

Vorteile: Das Austeilen bzw. Bereitlegen von Gliederung, Tabellen, Thesen, Quellenangaben etc. ermöglicht den Zuhörenden optimale Sicht, individuelle Anmerkungen und gute Archivierung. Man kann etwas mitnehmen - und ist entsprechend dankbar!

Nachteile: Die Herstellung kostet Geld (v. a. bei Farbdrucken), das Austeilen benötigt Zeit, der Blickkontakt ist reduziert. Wenn die ausgegebene Zusammenstellung attraktiver ist als die vortragende Person, verführt dies zum Vorauslesen.

Kompromissvorschlag: Lesepausen einplanen oder die Papers bei weniger disziplinierten Gruppen vorab ankündigen und erst nach dem Vortrag ausgeben!

Tafel (Wandtafel / „Whiteboard")

Vorteile: Klassisches und preiswertes Verfahren, für kleine und große Gruppen geeignet; die Teilnehmenden können die Entstehung einer Zeichnung mitverfolgen (falls diese nicht schon vor dem Vortrag angelegt und dann verdeckt wurde); Korrekturen und Ergänzungen sind problemlos möglich.

Nachteile: Als häusliche Vorarbeit ist nur ein Entwurf möglich; der Blickkontakt ist reduziert; gute „Tafelschrift" nötig. Meistens stehen keine Farbkreiden zur Verfügung. Der Kreidestaub bei Wandtafeln bzw. quietschende Schreibgeräusche nerven. Das Putzen kostet Zeit, die Spezialstifte bei Whiteboards kosten Geld. Vielerorts stehen gar keine Tafeln mehr bereit.

Kompromissvorschlag: In schulischen Situationen ist die Methode üblich (Tipp: nicht gleichzeitig schreiben und sprechen, damit die akustische Verständlichkeit gewahrt und die Fehlerwahrscheinlichkeit minimiert wird; lange Kreiden gegen Quietschgeräusche vorher halbieren), ansonsten ist eine Beschränkung auf spontane Tafelanschriebe (z. B. Fremdwörter, Eigennamen) angebracht.

Vorspielen

Eine sehr menschliche Methode der Veranschaulichung wird häufig vergessen: das Vorspielen. Bei vielen Themen bietet die Sprache des Körpers, die Gestik, der Einsatz von stimmlichen oder artikulatorischen Variationsmitteln ideale Möglichkeiten, das Gemeinte deutlich zu machen. Manche Informationen können in Form eines gespielten Dialogs verpackt werden.

Vorteile: Sie brauchen weder Geld noch Geräte, können kleine wie große Gruppen erreichen; die Teilnehmenden können lachen und sind so optimal gestimmt.

Nachteile: Ohne etwas Talent bzw. Training geht es nicht; bei ernsten Themen können intensive körpersprachliche Demonstrationen peinlich wirken.

Kompromissvorschlag: Üben und bei passenden Gelegenheiten in nicht übertriebener Form einsetzen!

Wie veranschaulichen?

Der folgende Empfehlungskatalog gilt für die meisten Medien, vor allem für den Umgang mit Folien (teilweise nach ALLHOFF, S. 139-141):

- Nur ein Thema pro Bild ist übersichtlicher!
- Querformat ist meist praktischer als Hochformat!
- Aussagen sind oft wichtiger als Überschriften!
- Übersichtlichkeit ist gefragt - weniger ist oft mehr!
- Wer rechtzeitig vor dem Vortrag (ohne Publikum) das Gerät überprüft, die Optik einstellt und die erste Folie auflegt, verhindert peinliche Anfangspannen.
- Das Markieren von Reihenfolge-Angaben auf den Folien gibt zusätzliche Sicherheit!
- Ausreichend Zeit zum Lesen (und Abschreiben) ist wichtig. Schließlich kennt das Publikum im Gegensatz zu Ihnen die Folie noch nicht!
- Wenn zuerst das Gesamtthema genannt und dann die Details erklärt werden, blicken alle besser durch!
- Eine zusammenfassende Schlussaussage pro Bild erhöht die Einprägsamkeit.

(Fortsetzung auf der übernächsten Seite)

Hinweise zur Schriftgestaltung

Eine klare Tafel- oder Folienschrift verzichtet auf alles Überflüssige. Keine Schnörkel, Schleifchen, Serifen etc., dafür möglichst gleichmäßige dicke Striche.

Hohe Schriftgrößen erleichtern das Lesen: bei Folien mindestens 24 pt (= 6 mm) für Titel, 20 pt (5 mm) für Untertitel, 18 pt (= 4 mm) für den Text und 12 pt für „Fußnoten".

Drei positive Beispiele - die Überschriften sind in 24 Punkt, die Buchstabenreihen in 14 Punkt gesetzt (hier um eine DIN-Stufe verkleinert wiedergegeben):

... die Schrift „Arial":

A B C D E F G H I J K L M N O P Q R S T U V W X Y Z

a b c d e f g h i j k l m n o p q r s t u v w x y z

... die Schrift „Berlin Sans FB Demi":

A B C D E F G H I J K L M N O P Q R S T U V W X Y Z

a b c d e f g h i j k l m n o p q r s t u v w x y z

... die Schrift „Eras Bold ITC":

A B C D E F G H I J K L M N O P Q R S T U V W X Y Z

a b c d e f g h i j k l m n o p q r s t u v w x y z

Wörter bitte „normal", also nicht in Großbuchstaben schreiben!

SONST WIRD DER TEXT SCHWERER LESBAR!

Die unterschiedliche Wichtigkeit können Sie besser durch Größenvariation oder Unterstreichungen vermitteln.

(Fortsetzung von Seite 166)

- Klare Bildtexte können wörtlich vorgelesen werden; sie brauchen keine spontanen Umformulierungen.
- Wer zu den Zuhörenden spricht und nicht zur Folie bzw. zur Projektionswand, kommt besser an!
- Wer den Projektor zu häufig ein- und ausschaltet, nervt (lieber die zuletzt gezeigte Folie liegenlassen).
- Wer „Abdeckspielchen" praktiziert, belastet sich und das Publikum (in solchen Fällen lieber eine Folie mehr nehmen).

Quellen und weiterführende Literatur

- ALLHOFF, Dieter-W. und Waltraud: Rhetorik und Kommunikation. Ein Lehr und Übungsbuch zur Rede- und Gesprächspädagogik. 12. Auflage. Regensburg: bvs, 2000. 304 S.; € 15,30
- BITTELMEYER, Andrea: Eindrucksvoll präsentieren! Daten- und Videoprojektoren. In: ManagerSeminare Nr. 30 (Januar 1998), S. 54-61
- BREGER, Wolfram; GROB, Heinz Lothar: Präsentieren und Visualisieren - mit und ohne Multimedia. München: dtv, 2003. 256 S.; € 11,-
- FEY, Heinrich: Sicher und überzeugend präsentieren. Rhetorik, Didaktik, Medieneinsatz für Kurzvortrag, Referat, Verkaufspräsentation. Regensburg, Bonn: Walhalla, 1998. 176 S.; € 9,95
- GRÖSCHEL, Uta C.; HARTMANN, Susanne: Reden – Visualisieren – Präsentieren. Arbeitsmaterialien für die Interessenvertretung. Köln: Bund Verlag, 1995. 73 S. (vergriffen)
- KUHLMANN, Martin: Last Minute Programm für den erfolgreichen Vortrag. Frankfurt (Main), New York, 1999. 193 S.; € 15.90

GRUNDLAGEN DER MÜNDLICHEN KOMMUNIKATION
INFORMATIONSBAUSTEIN 17

Wirksame Argumentation

(Elemente der persuasiven[1] Kommunikation)

---

1 Das Adjektiv „persuasiv" kann je nach Kontext und Absicht sowohl „überredend" wie auch „überzeugend" bedeuten.

1 Vorbemerkungen

Didaktisches Ziel dieses Bausteins ist keinesfalls das Training manipulativer Techniken, um andere überreden zu können, sondern die Förderung einer fairen Argumentation, die überzeugend wirkt. Dazu ist es sinnvoll, eigene Gewohnheiten mit Hilfe des folgenden Katalogs (der nicht nur die „unanständigen" Tricks enthält), zu überprüfen.

Selbstverständlich hilft die Liste auch, bei anderen problematische Argumentations- und Manipulationsversuche erkennen und abwehren zu können.

Überzeugung kann durch richtige Argumentation allein leider nicht garantiert werden. Mit entscheidend sind stets nonverbales Verhalten, Glaubwürdigkeit und Engagement, Einstellung der Zielgruppe, die Gesprächssituation und themenspezifische Aspekte (z. B. Sachkompetenz, Interessenlage, Realisierbarkeit von Vorschlägen).

Auf der nächsten Seite ist deshalb ein metaphorisch zu verstehender „Überzeugungsschlüssel" abgebildet: nur wenn alle Schlüsselteile passen, kann die angesprochene Person(engruppe) wirklich und nachhaltig überzeugt werden.

2 Zehn Regeln für vernünftiges Diskutieren

(nach Frans van EEMEREN und Rob GROOTENDORST: Speech Acts in Argumentative Discussions. Dordrecht, 1984; zitiert nach Manfred KIENPOINTNER: Vernünftig argumentieren. Regeln und Techniken der Diskussion. Reinbek, 1996. S. 24-72)

Regel 1: Redefreiheit

Die Argumentierenden dürfen einander nicht hindern, Standpunkte vorzubringen oder Standpunkte zu bezweifeln.

Regel 2: Begründungspflicht

Wer einen Standpunkt vorbringt, ist verpflichtet, ihn zu verteidigen, wenn er oder sie gebeten wird, dies zu tun.

(Fortsetzung auf der übernächsten Seite)

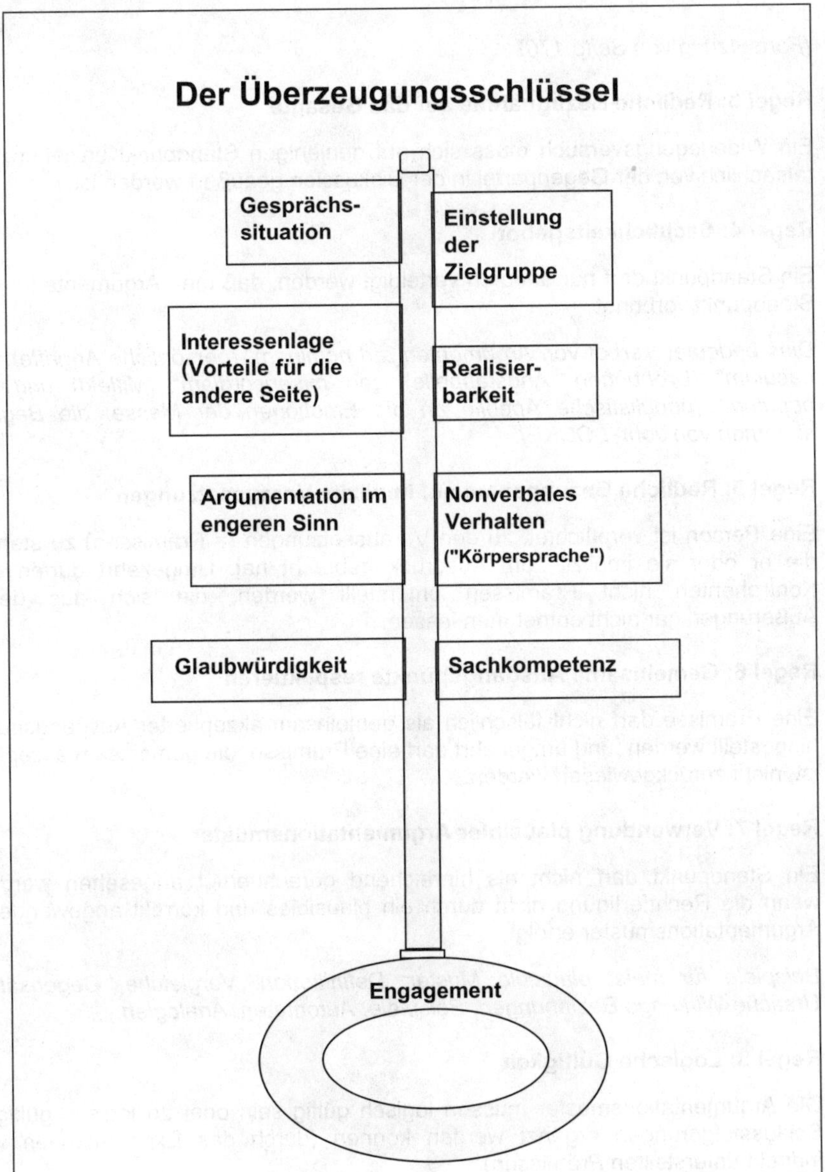
Der Überzeugungsschlüssel
Gesprächs-situation
Einstellung der Zielgruppe
Interessenlage (Vorteile für die andere Seite)
Realisier-barkeit
Argumentation im engeren Sinn
Nonverbales Verhalten ("Körpersprache")
Glaubwürdigkeit
Sachkompetenz
Engagement

(Fortsetzung von Seite 170)

Regel 3: Redliche Bezugnahme auf das Gesagte

Ein Widerlegungsversuch muss sich auf denjenigen Standpunkt beziehen, der tatsächlich von der Gegenpartei in der Diskussion geäußert worden ist.

Regel 4: Sachlichkeitsgebot

Ein Standpunkt darf nur dadurch verteidigt werden, daß man Argumente für den Standpunkt vorbringt.

Dies bedeutet Verbot von Argumenten „ad hominem" (persönliche Angriffe), „ad baculum" (Drohungen, Angstappelle), „ad misericordiam" (Mitleid) und „ad populum" (populistische Appelle an die Emotionen der Masse; die Begriffe stammen von John LOCKE).

Regel 5: Redliche Bezugnahme auf implizite Voraussetzungen

Eine Person ist verpflichtet, zu den Voraussetzungen (= Prämissen) zu stehen, die er oder sie implizit zum Ausdruck gebracht hat. Umgekehrt dürfen den Kontrahenten nicht Prämissen unterstellt werden, die sich aus deren Äußerungen gar nicht entnehmen lassen.

Regel 6: Gemeinsame Ausgangspunkte respektieren

Eine Prämisse darf nicht fälschlich als gemeinsam akzeptierter Ausgangspunkt hingestellt werden, und umgekehrt darf eine Prämisse, die gemeinsam akzeptiert ist, nicht zurückgewiesen werden.

Regel 7: Verwendung plausibler Argumentationsmuster

Ein Standpunkt darf nicht als hinreichend gerechtfertigt angesehen werden, wenn die Rechtfertigung nicht durch ein plausibles und korrekt angewendetes Argumentationsmuster erfolgt.

Beispiele für meist plausible Muster: Definitionen, Vergleiche, Gegensätze, Ursache-Wirkungs-Beziehungen, Beispiele, Autoritäten, Analogien.

Regel 8: Logische Gültigkeit

Die Argumentationsmuster müssen logisch gültig sein oder zu logisch gültigen Schlussfolgerungen ergänzt werden können (durch das Explizitmachen von indirekt unterstellten Prämissen).

Regel 9: Annahme des Ergebnisses der Diskussion

Wenn die Rechtfertigung eines Standpunktes nach den obigen Regeln korrekt erfolgt ist, muss die Person, die den Standpunkt in Zweifel gezogen hat, ihn nun akzeptieren; wenn die Rechtfertigung nicht gelungen ist, muss die Person, die den Standpunkt vertreten hat, ihn nunmehr zurücknehmen.

Regel 10: Klarheit des Ausdrucks und korrektes Verstehen

Die Formulierung der Argumentationen darf weder ungenau noch mehrdeutig sein, und die Gesprächsteilnehmer müssen gegenseitig ihre Formulierungen so sorgfältig wie möglich interpretieren.

3 Ein Katalog von Argumentationsfiguren[1]

3.1 Plausibilitäts-Argumentation

Gemeinsamkeit dieser Gruppe: die Argumente scheinen extrem einleuchtend, werden meist sofort akzeptiert und wirken auf fast alle Zielgruppen.

Beispiele:

- **Argumentationsbeschränkung:**... auf Beispiele oder Vergleiche; (Fehl-) Schluss vom Einzelfall auf das Ganze.
- **Autoritätsbeweise:** Zitate von Fachautoritäten (z. B. bekannte Experten) oder Zielgruppenautoritäten (z. B. prominente Repräsentanten). Aber auch Experten können irren!
- **Behauptungen ohne Bezug zur eigentlichen Thematik:** die Argumentationsreihen werden durch Selbstverständlichkeiten aufgefüllt; bei der „Zustimmungskette" folgt nach mehreren richtigen Prämissen scheinbar logisch die oft fragwürdige These.
- **Evidenzsuggestion:** subjektive Erfahrungsgewissheiten („*wie wir alle wissen...*"), unreflektierte Selbstverständlichkeiten („*Wer rechnen kann, weiß...*"), die Meinung der Mehrheit („*Millionen können nicht irren*"), der

1 Der in diesem Abschnitt vorgestellte Katalog erweitert die vorliegenden Zusammenstellungen von HASELOFF und ALLHOFF (vgl. die Literaturangaben am Ende des Kapitels)

„gesunde Menschenverstand“, Sprichwörter, Zitate, Bonmots (= treffende, geistreiche bzw. witzige Bemerkungen).

- **„Kompromiss“ zwischen Extrem-Alternativen:** zur eigenen These werden zwei „Alternativen“ konstruiert, so dass der Eindruck einer „vernünftigen Kompromisslösung“ entsteht.
- **„Theorie und Praxis“:** vorgeschlagene „theoretische“ Lösungen werden unter Berufung auf die „Praxis“ abgelehnt, „praktische“ Vorschläge als ein „Einzelfall“ gewertet (meist unter Berufung auf die „persönliche Erfahrung“).
- **Thesen-Erweiterung, Folgerung ad absurdum** (Übertreibung): übertriebene bzw. unsinnige Scheinwiderlegung der eigenen Position; Umwandlung einer gegnerischen These in eine Ursache für selbst konstruierte Folgerungen (*„nun wollen wir einmal sehen, wo es hinführt, wenn es alle so machen würden...“*).

Mögliche Konterung bei Plausibilitäts-Argumentation: Demonstration der unsachlichen Vorgehensweise, Gegenbeispiele, rationale Überprüfung der Stichhaltigkeit von Beispielen oder Vergleichen, Nachfragen, eigene Übernahme der Technik, z. B. durch Zitate anderer Autoritäten, Wechsel der Argumentationsebene (z. B. zur rationalen Argumentation).

3.2 Rationale Argumentation

Gemeinsamkeit dieser Gruppe: es entsteht der Eindruck eines nüchternen und sachlichen Argumentierens sowie hoher Kompetenz. Besonders stark ist hier die Stabilität gegenüber Gegenargumenten, sofern diese nicht in ähnlicher Form präsentiert werden.

Nachteiliger Effekt: dieser Stil wirkt manchmal „altklug“ oder belehrend...

Beispiele:

- **Darstellung einer Meinung als Faktum:** eine häufige Angewohnheit!
- **Detaillierung der Fakten:** genaue Angaben und präzise Zahlen, u. U. mit exakter Quellenangabe, sind glaubwürdiger als vage „Circa-Formulierungen“.
- **Isolierung:** Aufspaltung der Argumentation in systematischen Beweis aller Argumentationsglieder oder systematische Gliederwiderlegung der gegnerischen Ansicht. Dabei genügt oft die überzeugende Widerlegung eines

Punktes, um die Glaubwürdigkeit der Gegenseite zu erschüttern („Pars pro toto-Prinzip").

- **Kausalketten:** Verknüpfung einzelner Fakten durch logischen und/oder chronologischen Bezug bzw. Scheinbezug. Berücksichtigen Sie hier v. a. das Ursache-Wirkung-Problem: nicht alles, was vorher war, ist die Ursache für spätere Ereignisse; oft wird der wirkliche Grund einfach weggelassen!
- **Multiplikations- und Divisionseffekt:** Zahlen werden so aufbereitet, dass sie möglichst eindrucksvoll erscheinen (z. B. Pfennige pro Tag statt DM pro Jahr).
- **Quellenangaben:** Sie dienen zum Ausdruck von Wahrhaftigkeit und Kompetenz.
- **Schriftlicher Beleg:** Geschriebenem und Gedrucktem wird eher vertraut.
- **Statistische Belege:** *„Trauen Sie keiner Statistik, es sei denn, Sie hätten sie selbst gefälscht!"* (CHURCHILL zugeschriebenes Bonmot)
- **„Unüberschaubare" Zahlen:** Gemeint sind damit Zahlenangaben, die außerhalb der Vorstellungskraft eines normal gebildeten Menschen liegen (z. B. die Millionen für einen Brückenneubau und die Milliarden in manchen öffentlichen Haushalten). Sie werden in der Regel als richtig akzeptiert.

Mögliche Konterung bei rationaler Argumentation: Nachfragen, eigene Sachkompetenz verstärkt einbringen, Aufzeigen der „Tricks", betonte Sachlichkeit.

3.3 Moralische Argumentation

Gemeinsamkeit dieser Gruppe: die Argumentation wird vor allem auf ethische und moralische Grundsätze gestützt; sie richtet sich besonders an das Gewissen. Hervorzuheben ist die lange Wirkungsdauer dieser Methode.

Nachteil: dieser Stil kann - vor allem in der übertriebenen Form" - als „unsachlich" empfunden werden.

Beispiele:

- **Berufung auf Vorbilder:** die Vorbilder können fachgebunden oder zielgruppenbezogen ausgewählt und eingesetzt werden.

- **Inanspruchnahme „höherer Werte“:** Angemessenheit, Anständigkeit, Gerechtigkeit, Ehrlichkeit, moralische Verpflichtung, Solidarität, Verantwortung usw.
- **Moralische Wertung:** Beurteilt werden Fakten, Thesen, Ansichten, ob sie den gültigen oder selbst festgelegten Moralvorstellungen entsprechen.
- **Personalisierung einer Sachaussage:** es wird eine Verbindung zwischen Aussage und den am Gespräch Beteiligten hergestellt („*Ich als... weiß doch am besten, dass...*“, „*Sie als... müssen doch verstehen, wenn wir jetzt...*“).
- „**Vorfrage“:** vor der eigentlichen Sachdiskussion werden die moralischen Prinzipien angesprochen („*Wir wollen heute fair und verantwortungsbewusst...*“).

Mögliche Konterung bei moralischer Argumentation: Bestätigung der angesprochenen Grundsätze („ja - aber...“), Berufung auf den Grundsatz der Sachlichkeit, Demonstration von Wertschätzung für die andere Person; Anführen von Gegenbeispielen; Hinweis auf die Problematik von Verallgemeinerungen und Schlagwörtern.

3.4 Emotionale Argumentation

Gemeinsamkeit dieser Gruppe: vor allem werden die Gefühle angesprochen. Bei dieser Methode wurden schnelle Persuasionswirkung und lange Wirkungsdauer festgestellt, jedoch nicht bei rational geprägten Zielgruppen.

Beispiele:

- **Angriff:** Gemeint ist der Angriff auf die gegnerische Seite, z. B. durch Emotionalisierung bzw. Reizung mit Hilfe von (kalkulierten?) Unsachlichkeiten, Beleidigungen, Lächerlichmachen, Anspielungen.
- **Appell an die Gefühle:** z. B. Mitleid, Mitgefühl, Angst, Furcht, allgemeine Grundbedürfnisse des Menschen (Sicherheit, Anerkennung usw.).
- **Eigenes Engagement:** persönlicher Einsatz, zuweilen bis hin zum echten oder gespielten Pathos.
- **Feindbilder:** Solidarisierung gegen gemeinsame Gegner, evtl. zur Überbrückung von Widersprüchen im eigenen Lager.

- **Komplimente:**... an die Gesprächspartner bzw. an das Publikum, evtl. verbunden mit einer Abschweifung.
- **Mehrheits-Vorteil:** die Zugehörigkeit zur (echten oder eingeredeten) Mehrheit schafft ein größeres Gefühl der Sicherheit.
- **Pro-Vorteil:** für etwas zu sein, fällt meist leichter, als gegen etwas einzutreten. Ausnahme sind die grundsätzlichen „Opponenten".
- **Verunsicherung:** z. B. durch Angst und Furcht erregende Darstellung, Drohung mit einem empfindlichen Übel. Das dabei entstehende Unbehagen kann jedoch auf die auslösende Person zurückfallen!

Mögliche Konterung bei emotionaler Argumentation: Appell zur Sachlichkeit, Beispiele für negative Folgen emotionaler Zuspitzung; Hervorheben von Gemeinsamkeiten; Demonstration von Humor; bei Angriffen extrem ruhige oder heftige Reaktion (gerade die ungewöhnlich „coolen" Entgegnungen können erregte Personen stark provozieren!).

3.5 Taktische Argumentation

In dieser Sammelrubrik sind verschiedene Strategien zusammengefasst, die entweder isoliert auftreten oder (in der Regel) mit allen bisher genannten Möglichkeiten verbunden werden können. Sie sind meistens für alle Zielgruppen wirksam.

Beispiele:

- **Abhakeffekt:** Nur kurz Angesprochenes erscheint oft den Zuhörenden ausreichend und in ihrem Sinne behandelt.
- **Abwertung:** die gegnerische Seite wird verunsichert, z. B. durch deutlich gezeigtes Desinteresse, bohrendes Nachfragen, dauernde Unterbrechung, Autoritäts- bzw. Imponiersignale (z. B. ungünstige Sitzplatzzuweisung).
- **„advocatus diaboli":** Wörtlich übersetzt bedeutet dieser aus der katholischen Kirchensprache stammende Begriff: „Der Anwalt des Teufels". Es wird so getan, als würde gegen die eigene Überzeugung eine andere Meinung (die des „Teufels") vertreten. Gefährlich ist es, wenn der „Teufel selbst den Teufel spielt".
- **Andeutungen:** wenn etwas gesagt werden soll, aber nicht gesagt werden darf („*Ich will jetzt nicht behaupten, dass Sie gelogen haben...*").

- **Aufwertung:** die eigene Position soll durch bewusst herausgestellte Sachkompetenz aufgewertet werden; vorhandenes und/oder vorgetäuschtes Wissen wird ohne echten Bezug zum eigentlichen Thema demonstriert.

- **Deduktion, Induktion, Argumentationsklammer:** diese Methoden tragen dazu bei, unbegründete Behauptungen zu verhindern. Bei der Deduktion steht zuerst die These, dann folgen Argumente. Das umgekehrte Prinzip der Induktion (erst Argumente, dann die These) ist bei kritischen Zuhörenden wirksamer. Eine Argumentationsklammer umfasst These, Argument(e) und (wiederholte) These.

- **Diversion:** Ablenkung auf andere Sachfragen, mit Hilfe von Gegenfrage, Verzögerung („Zeitschinden"), Angriff oder demonstriertem Verständnis für die echten bzw. unterstellten Ziele der anderen Seite (*„Sie als... müssen ja so reden!"*).

- **Fragetricks: Falsche Alternativfrage, Stimulierungsfrage, Suggestivfrage, Voraussetzungsfrage, Umwandlungsfrage usw.:** Ihnen ist ein eigener Abschnitt (Nr. 18) gewidmet (vgl. S. 182 ff.).

- **Gegenargument-Erweiterung:** es werden mehr bzw. erweiterte Gegenargumente genannt als von der gegnerischen Seite angeführt und evtl. widerlegt (*„Neben dem von Ihnen Angesprochenen könnte noch eingewendet werden, dass..., aber auch das stimmt nicht, weil..."*).

- **Kognitive Konsonanz:** es besteht stets eine Neigung, bereits gefasste Meinungen und Einstellungen bzw. getätigte Handlungen als richtig zu verteidigen (= kognitive Konsonanz); neues Widersprechendes ruft Irritationen oder Gegnerschaft hervor (= kognitive Dissonanz). Zur taktischen Argumentation gehört dabei die Einbeziehung früherer und scheinbar widersprüchlicher Aussagen der Gesprächspartner (*„Sie haben doch damals gesagt, dass..."*) oder - bei anderer Zielsetzung - die Ermöglichung des Meinungswandels ohne „Gesichtsverlust" (z. B. durch vorangestellte positive Wertung der anderen Meinung). Gute Argumente wirken oft erst nach einiger Zeit („Sleeper-Effekt").

- **Der Nebensatz-Trick:** Die strittige Behauptung wird im Nebensatz versteckt und somit eher als Tatsache akzeptiert: *„Kein vernünftiger Mensch kann es verstehen, dass dieser faule Kompromiss geschlossen wurde!"*

- **Positiv-negativ-Strategie:** um Negativa stärker zu betonen oder von anderen zu erfahren, werden zunächst Positiva genannt (bzw. umgekehrt). Wirkt relativ objektiv!

- **Die gezielte Provokation:** Eine riskante Methode, die nicht nur bei Trotzköpfen funktionieren kann. *„Das ist wohl etwas zu teuer für Sie..." „Das schaffst du ja doch nicht..."*

- **Scheinzustimmung:** hier gibt es viele Möglichkeiten, angefangen bei der simplen „Ja-aber-Technik", über die „Prinzipielle Zustimmung bei Ablehnung der Folgerungen", bis hin zu einer detaillierten Wertung der einzelnen Elemente. Prinzip sollte sein, die totale Konfrontation zu vermeiden und Wertschätzung zu demonstrieren.

- **Selbstbekehrung:** eine eigene Meinungsänderung wird zugegeben („*Früher war auch ich der Ansicht, dass..., jetzt aber...*").

- **Semantische Manipulation:** Irreführung durch vieldeutige Aussagen („*so bald wie möglich*" usw.); bewusster Einsatz emotional beeinflusster Begriffe (*Atomkraft - Kernenergie*) oder von gut klingenden „Euphemismen" (z. B. „*freisetzen*" für „*entlassen*").

- **Die Überzeugung zum eigenen Nachteil:** der Eindruck wird erweckt, als würde ein Nachteil für die argumentierende Person entstehen, wenn dieser gefolgt werden würde. Besonders wirksam, wenn glaubhaft vorgetragen! „*Ich zahle dabei selbst drauf, wenn wir meinen Vorschlag akzeptieren, trotzdem biete ich dir...*"

- **Die Überzeugungskette:** Zunächst ein ganz kleiner Gefallen - dann ein größerer - schließlich das, was man wirklich will! „*Hast du 'mal einen Moment Zeit für mich?*"

- **Das Überzeugungs-Paradoxon:** Wer den Eindruck vermeidet, andere überzeugen zu wollen, wirkt überzeugender! „*Mir ist es ja egal, ob du mir folgst!*"

- **Verschiebung der Beweislast:** viele Thesen können nur falsifiziert, aber nicht bewiesen werden. (Können Sie wirklich beweisen, dass keine kleinen Männchen mit grüner Hautfarbe irgendwo auf unserer Erde leben?)

- **Vorwegnahme:** Argumente der Gegenseite werden im voraus angesprochen, z. B. durch Einwand-Thematisierung („*Obwohl es auch Einwände gibt, ...*"), durch Einwand-Erwähnung („*Dagegen wird gesagt, dass...*"), oder durch Einwand-Vorwegwiderlegung („*Das Gegenargument... stimmt nicht, weil...*").

- **Wiederholungen:** semantische (= umschreibende) oder wörtliche Wiederholung von Thesen, Argumenten oder einzelnen Schlüsselwörtern. („*Man muss eine Lüge nur oft genug wiederholen, damit sie geglaubt wird*", schrieb einmal GOEBBELS).

- **Zitatmanipulation:** aus dem Zusammenhang gerissenes, unvollständiges oder falsches, eventuell sogar frei erfundenes Zitat.

Mögliche Konterung bei taktischer Argumentation: zumeist reicht es aus, wenn die Taktik erkannt (evtl. auch angesprochen) und der angestrebte Effekt bewusst vermieden werden kann. Mit Gegenfragen können die meisten Tricks entlarvt werden. Wollen Sie jedoch die „tricksende“ Person später leichter überzeugen, so sollten Sie ihr nicht offenbaren, dass Sie ihre Manipulationsversuche erkannt haben. Wer sich nämlich dadurch bloßgestellt fühlt, sperrt sich wahrscheinlich eher gegen weitere Überzeugungsversuche oder wird vielleicht extrem rechthaberisch.

Quellen und weiterführende Literatur

- ALLHOFF, Dieter-W. und Waltraud: Rhetorik und Kommunikation. 12. Auflage. Regensburg: bvs, 2000
- ALTMANN, Hans Christian: Überzeugungskraft durch sichere Rede-, Verhandlungs- und Konferenztechnik. Ein praktischer Leitfaden für Führungskräfte mit zahlreichen Beispielen, Verhaltens-Tips, Prüflisten und Arbeitsblättern. Kissing: Weka, 1978
- Argumente - Argumentation. Interdisziplinäre Problemzugänge. Hrsg. von J. KOPPERSCHMIDT und H. SCHANZE. München: W. Fink Verlag, 1985
- ERDMÜLLER, Andreas; WILHELM, Thomas: Argumentieren: sicher, treffend, überzeugend. Planegg: WRS, 1998. 238 S.
- GROEBEN, Norbert; CHRISTMANN, Ursula; MISCHO, Christoph: Die Entwicklung eines Trainings zum Umgang mit unintegrem Argumentieren. Teil I: Forschungsbasis, Grundkonzeption und Dimensionen des Trainings. In: sprechen 15 (1997), II, S. 59-76
- KENNEDY, Gavin: Verhandlungsführung. Erfolgreich verhandeln von A bis Z. München: dtv, 1994
- KIENPOINTNER, Manfred: Vernünftig argumentieren. Regeln und Techniken der Diskussion. Reinbek: Rowohlt TB-Verlag, 1996
- SCHUH, Horst; WATZKE, Wolfgang: Erfolgreich Reden und Argumentieren. Grundkurs Rhetorik. 2., neu bearbeitete und erweiterte Auflage. Ismaning: Max Hueber Verlag, 1994. 224 S.
- TEIGELER, Peter: Verständlichkeit und Wirksamkeit von Sprache und Text. Stuttgart: Nadolski, 1968 *(enthält die Argumentationsformen von HASELOFF).*
- UEDING, Gert; JENS, Walter (Hrsg.): Historisches Wörterbuch der Rhetorik. Tübingen: Niemeyer, 1992 ff. *(insgesamt sind acht Bände im Erscheinungsabstand von etwa zwei Jahren geplant)*
- VINÇON, Inge: Argumentationen zwischen Schülern und Lehrer im Deutschunterricht. In: Neuere Entwicklungen in Lehre und Lehrerbildung. Hrsg. v. A. ABELE. Weinheim, 1990. S. 128-137
- WAGNER, Roland W.: Die Trickkiste der rechtsradikalen Rhetorik. Oder: Wie argumentieren gegen Rassismus und Fremdenfeindlichkeit. In: Sprechen als soziales Handeln. Hrsg. v. E.-M. KRECH und E. Stock. Hanau, Halle, 1997. S. 254-263

GRUNDLAGEN DER MÜNDLICHEN KOMMUNIKATION
INFORMATIONSBAUSTEIN 18

Fragen über Fragen

1 Was können Fragen?

Was ist eine Frage? Was für eine Frage? Ist das überhaupt eine echte Frage? Wie viele Arten von Fragen mag es wohl geben? Wollen Sie einmal einen Moment nachdenken, wie viele Frageformen Ihnen einfallen? Ja? Nein? Dann nervt Sie wohl diese Folge von Fragen?

Es gibt zahlreiche Unterscheidungsmöglichkeiten für Fragen. Interessant scheint es mir, zunächst einmal die möglichen Funktionen von Fragen aufzuzeigen (nach TEUCHERT 1985):

Fragen können...

- ein Informationsbedürfnis befriedigen	*Wie spät ist es?*
- Gesprächsteilnehmer aktivieren	*Was wisst ihr schon von...?*
- Probleme verdeutlichen	*Was machen wir jetzt?*
- Gespräche lenken	*Wollen wir abschließen?*
- Denkanstöße / Impulse geben	*Was haltet ihr von diesem Fall?*
- Missverständnisse klären	*Wie habt ihr das verstanden?*
- Widerstände abbauen	*Du hast jetzt keine Lust, oder?*
- Aufmerksamkeit wecken	*Habt ihr schon gehört, dass...?*
- die Verständnisfähigkeit prüfen	*Könnt ihr das wiederholen?*
- Ergebnisse kontrollieren	*Sind die Hausarbeiten gemacht?*
- manipulativ einwirken	*Wollten Sie jetzt nicht gehen?*
- anderen etwas unterstellen	*Haben Sie das absichtlich getan?*
- Äußerungen provozieren	*Wissen Sie überhaupt etwas?*
- Vorwürfe enthalten	*Soll das eine Hausaufgabe sein?*
- Emotionen auslösen	*Weißt du, was du mich kannst?*

Fragen müssen übrigens nicht immer mit einem Fragezeichen formuliert werden. Aussagesätze mit nach oben geführter Fragebetonung erfüllen oft den gleichen Zweck, ebenso Aufforderungen oder Bitten („*Sage mir doch bitte, wie...!*"). Bei grundsätzlicher Antwortbereitschaft können auch die Möglichkeiten des indirekt sprechfördernden Kommunikationsverhaltens (vgl. Baustein 20, S. 207 ff.) dazu beitragen, mehr und präzisere Informationen zu gewinnen.

2 Fragen, um etwas zu erfahren...

Die Situationen sind wohl bekannt: sei es, dass ein Informationsdefizit gespürt wird und die Aussicht besteht, von anderen Personen Informationen zu bekommen, sei es, dass der Wunsch besteht, mit anderen ins Gespräch zu kommen, sei es, dass einfach nur Neugier vorhanden ist - stets bieten sich Fragen an. Aber welche? Je nach Situation und Ziel empfehlen sich verschiedene Formen.

Vorab ein paar grundlegende Unterscheidungen:

Für das Kommunikationsklima - nicht nur in der Schule - ist zunächst ein ganz banaler Unterschied wichtig. Frage ich ehrlich bzw. direkt, oder verschleiere ich meine Interessen und frage indirekt?

Echte Fragen: Die fragende Person möchte wirklich die Antwort wissen. Übliche Folge: eine höhere Antwortbereitschaft.
„Wie spät ist es?" (Ich habe meine Uhr vergessen.)
„Was wisst ihr noch von der letzten Stunde?"
„Was fällt euch zum Thema... ein?"

Ähnlich definiert sind die so genannten **direkten Fragen:** Sie erfragen unmittelbar das, was der Frager wissen möchte.

Unechte Fragen (Scheinfragen): Die Antwort ist bereits bekannt oder interessiert nicht (z. B. bei einer Floskelfrage *„Wie geht's?"*); das Interesseziel ist höchstens, ob die Antwort richtig gegeben werden kann. Die Gefahr dabei: es entsteht ein Frage- und Antwort-Spiel, Aussagen werden schneller bewertet, Unsichere entmutigt.
Lehrkräfte sollten z. B. die Antworten auf folgende Fragen kennen:
„Wann begann der Zweite Weltkrieg?"
„Schreibt man 'Rhetorik' mit 'th' oder ohne?"
„Was haben wir letzte Stunde durchgenommen?"
Ein Tipp: Aus unechten Fragen lassen sich leicht „echte" machen! Beispiel: die Formulierungen *„Wie würdest du... erklären?"*, *„Was kennst du von...?"* , *„Woran erinnern Sie sich...?"* oder ähnliche erleichtern echte Kommunikation!

Begründete Fragen: Es wird den Befragten zusätzlich mitgeteilt, warum die Frage gestellt wird: *„Ich habe selbst das Problem, dass..., deshalb würde ich gerne wissen, ob...?"* Vorteil: es gibt meist präzisere bzw. umfangreichere Antworten. Nachteil: die Frageformulierung dauert etwas länger!

Geschlossene Fragen: Sie lassen nur vorher festgelegte Antworten zu, z. B. einfache Alternativ-Fragen („*Gehört dir der rote oder der blaue Stift?*"), Ja-Nein-Fragen („*Gehört dir der Stift?*"). In diese Gruppe gehören ebenfalls die gerne in Fragebögen verwendeten Mehrfachwahlfragen („Multiple choice") oder Listenfragen mit vorgegebenen Antworten. Vorteile dieser Frageform: es gibt meist schnellere, prägnantere und präzisere Antworten. Nachteile: zuweilen fühlen sich die so Befragten eingeengt, oft entsteht mehr Verhör- als Gesprächsatmosphäre

Offene Fragen sind dadurch definiert, dass viele Antwortmöglichkeiten bestehen. Einsilbige Antworten sind kaum möglich. Beispiel: *„Warum lachen Sie?" „Was denken Sie über...?"*
Vorteile: Sie bringen häufig mehr Informationen und fördern echte Gespräche.

Eine Sonderform ist die offene Frage in der Form einer geschlossenen Frage: *„Könnt ihr mir sagen, wer heute fehlt?"* Gutwillige verstehen trotzdem, wie es gemeint war und antworten nicht nur mit ja oder nein!

Die **Korrektur oder Kombination von Fragen in Form von Frageketten** schafft häufig Probleme: gerade im Unterricht werden die notwendigen Nachdenkzeiten von der Lehrkraft gerne unterschätzt. Machen Sie - vor allem beim Ausfragen - bitte nicht den Fehler, die gleiche Frage wenige Sekunden später unkommentiert in neuer Formulierung zu stellen, da dies ziemlich irritierend wirken kann. Eventuell entsteht sogar der Eindruck, die erste Frage konnte nicht beantwortet werden. Besser: *„Ich stelle die gleiche Frage einmal anders formuliert..."*

2.1 Informationsfragen

- **Alternativfrage:** Entscheidungen mit mehreren Möglichkeiten werden auf zwei Alternativen reduziert.
  „Bleiben wir zu Hause oder gehen wir fort?"

- **Detaillierungsfrage:** Sie fragt nach Teilaspekten, vor allem, wenn die eigentliche Frage nicht oder nur schwieriger beantwortet werden kann.
  Statt: *„Was sollen wir jetzt tun?"* (= offene W-Frage): *„Was meinst du, sollen wir jetzt 'ne Pizza essen?"* (geschlossene Detaillierungsfrage)

- **Kontrollfrage:** Sie klärt, ob das Gesagte verstanden bzw. akzeptiert wurde.
  „Nicht wahr?"
  „Können wir uns so einigen?"

- **Filterfrage:** Sie klärt vorab, ob die eigentliche Frage überhaupt sinnvoll ist.
  „Kennen Sie sich hier aus?" (vor einer Wegauskunft)
  „Warst du letzte Stunde hier?" (vor dem Ausfragen)

- **W-Fragen** (wann, warum, was, wer, weshalb, wie, wo, wozu); je nach Situation können diese Fragen offen oder geschlossen formuliert werden.
  „Wann kommst du?" „Wer von euch hat das getan?"

2.2 Indirekte Fragen

- **Doppelsinnfrage:** Wenn die eigentliche Frage nicht gestellt werden kann (z. B. aus Scheu vor zu großer Aufdringlichkeit).
  „Was machst du denn nach dem Seminar?" statt: *"Willst du mit mir...?"*

- **Voraussetzungsfrage:** Erfragt werden nur Folgerungen oder Details, nicht das eigentlich Interessierende: *„Fährst du mit deinem Freund weg?"* statt *„Bist du in festen Händen?"*

- **Objektivierungsfragen:** Statt direkt nach der Meinung zu fragen, wird nach „allgemein möglichen Ansichten" gefragt. *„Welche Ideen könnte es denn dazu geben?"*

- **Unbeantwortbare Fragen:** Sie dürfen nicht wörtlich genommen werden! Da sie gerade im Unterricht und in Gruppensituationen so oft vorkommen, soll dieser Typus auch hier glossiert werden: *„Haben das alle verstanden?"* Oder bei einer Busreise vor der Abfahrt: *„Sind alle da?"* (Wie soll eine einzelne Person das wissen können?)

3 Fragen, um zu beeinflussen

Grundsätzlich beeinflusst jede Formulierung einer Frage deren Ergebnis. Zu komplizierte Fragen werden nicht verstanden, zu einfache nicht ernst genommen. Positive Formulierungen erzielen mehr Zustimmung, negative mehr Ablehnung. Zusätzlich gibt es eine Reihe von Sonderformen, zum Teil mit starker manipulativer Komponente.

- **Falsche Alternativfrage:** Entscheidungen werden - sachlich unbegründet - auf zwei Möglichkeiten reduziert: *„Gehen wir zu dir oder zu mir?" - „Wollen Sie Espresso oder Cappuccino?"*

- **Fangfragen:** Sie enthalten eine Unterstellung, die die befragte Person in eine Zwickmühle bringen soll: *„Haben Sie aufgehört, Ihre Kinder zu schlagen?" „Warum tun Sie noch nichts gegen diesen Skandal?"* Die beste Konterung: sprechen Sie „metakommunikativ" die Unterstellung an!

- **Gegenfrage:** Sie bedeutet zunächst einmal die Nichtbeantwortung einer Frage, was aber nicht grundsätzlich negativ sein muss. Vielleicht möchte man nur eine präzisere Formulierung der Ausgangsfrage? Beispiel: *„Gehst du jetzt?" - „Wie meinst du das?"*

- **Motivationsfrage:** Diese Form versucht, positiv Persönliches ins Gespräch zu bringen, um z. B. die Atmosphäre zu verbessern. Gefragt wird nach den Themen, auf die der/die andere stolz sein kann. *„Wie lange hast du denn für dein Staatsexamen gelernt?"*

- **Rhetorische Frage:** Sie erwartet keine Antwort von den Angesprochenen; die Antwort bleibt aus (weil sie allen klar ist: *„Muss ich das noch erläutern?"*) oder wird selbst formuliert. Damit können Texte gegliedert (*„Was sagt uns das?"*), Aufmerksamkeit und Interesse geweckt (*„Wie können wir vorgehen?"*) und Einwände vorweggenommen werden (*„Was spricht dagegen?"*).

- **Stimulierungsfrage:** Mit ihr präsentiert sich ein Kompliment in Frageform. Drei Beispiele:
  „Was sagen Sie mit Ihrer großen Praxiserfahrung?", „Woher hast du dieses hervorragende Zitat?", „Wo kann man denn diese tolle Hose kaufen, die du da trägst?"

- **Suggestivfrage:** die Antwort wird durch die Frageform vorgegeben, zumeist mit Wörtern wie „doch", „auch", „sicher", „wohl".
  „Sie sind doch wohl auch der Meinung, dass..."

- **Umwandlungsfrage:** Eine (häufig relativ absolut) geäußerte Meinung wird in Form einer Frage wieder in die Diskussion eingebracht. Damit kann diese sachlicher werden. Statt *„Herr X behauptet..."* also *„Es wurde gefragt, ob... - Was halten Sie davon?"*

4 Fragetechnik im Lehrgespräch: Ein Fragebogen

Der auf der folgenden Seite abgedruckte Fragebogen (nach KAISER, S. 48; z. T. umformuliert) dient primär der Selbst- oder Fremdüberprüfung auf dem Gebiet der pädagogischen Fragetechnik. Darüber hinaus könnte dadurch allgemein ein Nachdenken über das eigene und eventuell auch über fremdes Frageverhalten unterstützt werden.

Das Zutreffende kann jeweils angekreuzt werden.

Art der Fragestellung

echte Fragen	unechte Fragen, Abfragestil
Fragen an alle	Fragen nur an einzelne
gleichmäßige Antwortchancen	Bevorzugung einzelner
Überlegungszeit nach der Frage	keine Überlegungszeit
bei Bedarf hilfreiches Nachfragen	häufige Selbstbeantwortung
einzelne Fragen	Fragenbündel
logisch geordnet	konfuse Reihung ohne Logik
thematisch wichtig	irrelevant, unnötig
auch unerwartete Fragen	meist banale Routinefragen
interessiert, ermunternd	gleichgültig, abschätzig
auch begründete Fragen	nur unbegründete Fragen
faire Fragen	Suggestiv- oder Fangfragen
angemessen (beantwortbar)	zu leicht oder zu schwer

Frageformulierungen

kurz	weitschweifig
präzise	umständlich
eindeutig	missverständlich
einfach	kompliziert
grammatikalisch richtig	grammatikalisch falsch
mit Fragewort oder Verb beginnend	verdreht (invertiert)

5 Ein Sonderfall: Mit Fragen überzeugen

Glauben Sie auch, dass Sie andere leichter überzeugen, wenn Sie möglichst viele Argumente bringen? Woher wollen Sie wissen, welche Argumente überhaupt interessieren? Merken Sie, wenn sich andere nur noch überredet fühlen, vielleicht sogar schon genervt sind? Haben Sie eventuell schon mit Hilfe Ihrer Begeisterungsfähigkeit andere sogar zu deren Nachteil *(hoffentlich nur unabsichtlich!)* manipuliert?

Warum versuchen Sie dann nicht einmal die folgende Strategie (nach Michael und Vera BIRKENBIHL)?

1 Mit begründeten Fragen die Interessen und Möglichkeiten der zu überzeugenden Person herausfinden!

(„Damit ich dir helfen kann, müsste ich zunächst wissen, was...?“)

2 Hilfreiche Zusammenfassung der erhaltenen Informationen mit einer Vergewisserungsfrage.

(„Du brauchst also..., oder habe ich etwas nicht berücksichtigt?“)

3 Spontane Entscheidung, ob die erstrebte Überzeugung sachlich und moralisch haltbar ist.

(Es wäre ja nicht nur höchst unklug, sondern sogar ganz gemein, andere zu deren Nachteil zu etwas bringen zu wollen!)

4 Die für die andere Interessenlage passenden Fakten bzw. Argumente (und nur diese!) werden genannt.

(Natürlich nur, falls Punkt 3 positiv ausfällt!).

Schon SOKRATES erkannte übrigens, welche Wirkungen mit geschickt formulierten Frageketten ausgelöst werden können. Fachleute bezeichnen diese Technik mit dem Begriff der „Mäeutik“ (wörtlich mit „Hebammenkunst“ übersetzbar).

6 Quellen und weiterführende Literatur

- ALLHOFF, Dieter-W. u. Waltraud: Rhetorik und Kommunikation. 12. Auflage. Regensburg: bvs, 2000
- BIRKENBIHL, Vera F.: Kommunikations-Training. 10. Auflage. Landsberg: A-Verlag, 1990
- BODENHEIMER, Aron Ronald: Warum? Von der Obszönität des Fragens. Stuttgart: Reclam, 1984
- KAISER, Artur: Fragetechnik. Richtig fragen - mehr erfahren. Stuttgart: Deutsche Verlags-Anstalt, 1977
- MÖNNICH, Annette: Die Bedeutung des maieutischen Dialoges für Rhetorikkurse. In: sprechen II/92; S. 32-47
- PLATON: Sokrates im Gespräch. - vier Dialoge. Frankfurt, Hamburg: Fischer, 1955
- TEUCHERT, Brigitte: Wer fragt, führt. Zur Methodik von Fragetechniken. In: sprechen II/1985, S. 18 - 24

GRUNDLAGEN DER MÜNDLICHEN KOMMUNIKATION
INFORMATIONSBAUSTEIN 19

Effektive Gesprächs- und Verhandlungsführung, Moderation

Dieser Baustein enthält zahlreiche bewährte Empfehlungen und Methoden zur Gestaltung von schwierigen Gesprächen (Konferenzen, Verhandlungen etc.). Teilweise sind die hier genannten Informationen schon häufig in der Ratgeberliteratur zitiert worden, zum Teil wurden aber auch relativ neue Ansätze (z. B. das Harvard-Konzept) abgedruckt.

Eine Warnung vorab: Nicht alles hier Erwähnte gilt als faire Technik! Aber man sollte schließlich wissen, was fiese Gegner möglicherweise einsetzen!

1 Bewährte Verhandlungs-Empfehlungen

- Eine vertraute Umgebung schafft mehr Sicherheit. Bei schwierigen Themen verbessert ein gemeinsam vereinbarter, neutraler und möglichst angenehmer Ort das Verhandlungsklima.
- Eine Sitzordnung am runden Tisch oder „über Eck" trägt zu einer konstruktiveren Atmosphäre bei. Der in unserem Kulturkreis übliche Abstand zwischen Gesprächspartner(inne)n liegt zwischen 0,5 und 1,5 m.
- Eine angemessene Kleidung und Körpersprache (incl. gutem Blickkontakt) sollte selbstverständlich sein.
- Verständliches und anschauliches Sprechen ist eine unverzichtbare Voraussetzung zum fairen Umgang miteinander. Graphiken oder vorbereitete Papiere steigern die Anschaulichkeit.
- Durch „Ich-Botschaften" (Thomas Gordon) können negative Aussagen ohne Schuldvorwurf formuliert werden. Statt „Ihr Vorschlag ist unmöglich" also „Ich kann mit diesem Vorschlag noch nicht viel anfangen".
- Unterbrechungen signalisieren, dass man momentan nicht mehr zuhören kann und an einem eigenen Beitrag interessiert ist. Lassen Sie sich also ruhig unterbrechen, wenn sie anschließend leichter überzeugen wollen.
- Ausdrücklich sagen, was man tun will (Nicht nur Vorschläge präsentieren, sondern zunächst darauf hinweisen, dass man ein Angebot bringen möchte: „Darf ich Ihnen ein Angebot machen")
- Missverständnisse können Sie durch „Aktives Zuhören", „Klärende Verbalisierung" und Zusammenfassungen vermeiden: „Kann ich Ihr Angebot so verstehen, dass..."
- Mehr fragen als behaupten - so zeigt man Interesse und erfährt mehr über die Gedanken der anderen Seite. Wer die Fragen mit Begründungen formuliert, vermeidet den Ausfrageeindruck.

- Positive Emotionen einbringen: Komplimente, Zufriedenheit über erzielte Ergebnisse, auch ein nicht übertriebener „Small talk“ schaffen eine gute Gesprächsatmosphäre.
- Wenige gute Argumente sind besser als viele schwache. Gute Argumente erscheinen für ihre Verhandlungspartner einleuchtend und vorteilhaft.
- Wirksamer als peinliches Eigenlob sind objektive Vorteilsargumente (möglichst von neutralen Stellen formuliert).
- Vorschläge sollten ernst genommen, sachlich diskutiert und nicht gleich mit Gegenvorschlägen gekontert werden.
- Gute Verhandlungspartner(innen) vermeiden alles, was aggressiv wirken könnte! Auch der Eindruck von Perfektion schafft Aggression (z. B. kann ein ungewöhnlich souveräner Umgang mit bestimmten Methoden einstudiert und damit unglaubwürdig wirken).
- Eine angemessene Nachbereitung ist vorteilhaft: Was lief gut, was lief weniger gut? Muss eventuell „nachverhandelt“ werden? Müssen „atmosphärische Verstimmungen“ bereinigt werden?

2 Klassische und moderne Verhandlungsmethoden

2.1 Die Zwei-Spalten-Methode

Was bietet die eine Seite - was bieten die andere? Beides wird in zwei Spalten geschrieben. Ein Beispiel:

Ausflugsziel 1 bietet...	Ausflugsziel 2 bietet...
Kurze Anreise	Schöne Anfahrt
Museum	Historische Altstadt
Spielplatz	Stadtpark
Freibad	Hallenbad
Rustikale Gaststätte	Luxuriöses Lokal
Kostenlose Führung	?

2.2 Die „Mehrere-Möglichkeiten-Methode"

Statt einem Vorschlag bieten wir mehrere Möglichkeiten an; die andere Seite darf auswählen.
Beispiel: Ein Arbeitgeber bietet entweder € 4000,- pro Monat oder € 3500,- plus Dienstwagen oder € 3000,- plus großer Dienstwohnung.

2.3 Die Bündnis-Methode

Die eigene Position wird durch geeignete Verbündete gestärkt.
Beispiel: Bei den individuellen Gehaltsverhandlungen ist ein Vertreter der Gewerkschaft beteiligt.

2.4 Die Bedenkzeit-Methode

Nachdem die eigenen Vorschläge präsentiert sind, wird um Bedenkzeit gebeten.
Beispiel: Bei Einstellungsverhandlungen gibt es zunächst noch keine Zusage, sondern eine Entscheidungsfrist von einer Woche.

2.5 Die Zeitdruck-Methode

Nachdem die eigenen Vorschläge präsentiert sind, wird auf eine sofortige Entscheidung gedrängt. Oft ist auch der Termin extrem kurzfristig anberaumt, so dass kaum Zeit zur Vorbereitung bleibt.
Beispiel: Bei einer Verhandlung gilt das Angebot nur bei sofortiger Vertragsunterschrift.

2.6 Die Beweisumkehr-Methode

Nachdem die anderen Ihre Forderungen gestellt haben, bitten Sie um hieb- und stichfeste Beweise für deren Berechtigung.
Beispiel: Bei Forderungen nach außertariflichen Zulagen wird gefordert, Belege für die branchenüblichen Zahlungen beizubringen.

2.7 Die Schuldsuggestions-Methode

Das Verhalten der anderen Seite wird mit strengen moralischen Kriterien gemessen.
Beispiel: Nach einer Verspätung erfolgt eine strenge Kritik, verbunden mit der „Chance auf Wiedergutmachung" (= Erwartung von Zugeständnissen)

2.8 Die Desinteresse-Methode

Egal, was vorgeschlagen wird – die Reaktion ist stets desinteressiert.
Beispiel: Statt Interesse am Bewerber zu zeigen, wird betont, dass man eigentlich Personal abbauen müsse.

2.9 Die Überraschungs-Methode

Gemacht wird, was niemand erwartet.
Beispiel: Statt langer Argumentationen wird nur ein kurzes Statement gegeben.

2.10 Die „Goldene-Mitte-Methode"

Die Verhandlungspartner zeigen sich kompromissfähig und treffen sich in der Mitte.
Beispiel: Der Bewerber fordert 4000,- und die Firma bietet 3000,-; man einigt sich bei 3500,-.

2.11 Das Harvard-Verhandlungskonzept

An der renommierten Harvard-University haben Roger Fisher, William Ury und Bruce Patton ein Konzept zum partnerschaftlichen Verhandeln entwickelt, das weltweit Furore machte. Das wichtigste Prinzip ist der gegenseitige Nutzen, Feilschen ist verpönt. Ein weiteres Motto lautet: „Bestimmt in der Sache, aber weich gegenüber dem Verhandlungspartner".

Streitfragen sollten möglichst sachlich und sachgerecht behandelt werden. Es geht nicht um „Positionen", sondern um „Interessen"; ideal sind „Optionen", die für beide Seiten vorteilhaft wären.

Hilfreich ist es, wenn sich die Beteiligten in einer Verhandlung möglichst früh auf objektive Kriterien einigen können, mit denen anschließend die erzielten Ergebnisse beurteilt werden können. Wer beim Verhandeln keinen gemeinsamen Nenner findet, hat nichts zu verhandeln!

Ein Beispiel: Beim Autokauf haben alle Beteiligten das Interesse, möglichst viel zu profitieren: Käufer wollen wenig zahlen, Verkäufer hohen Gewinn erzielen. Ein günstiger Preis verbunden mit guter kostenloser Werbung oder ein etwas höherer Preis mit vielen Garantien sind langfristig die besseren Alternativen.

2.12 Das sachorientierte Klärungsgespräch

Vorbemerkung:

"Sachorientiertes Klärungsgespräch“ ist (noch?) kein Begriff unserer Alltagssprache. Die Rhetorische Kommunikation versteht darunter jene Gattung von Gesprächen, in denen für Sachprobleme möglichst einvernehmliche Lösungen gefunden werden sollen. Beispiele gibt es viele: Verhandlungen, Konferenzen, Diskussionen im Unterricht bzw. an der Hochschule, Arbeitskreise, Gremien- und Vereinssitzungen, Planungen im Familien- oder Freundeskreis usw.

Die hier vorgestellte Methode empfiehlt sich immer dann, wenn ein etwas kompliziertes Problem im Gespräch geklärt werden soll, wenn nicht davon ausgegangen werden kann, dass in wenigen Sätzen eine allgemein zufrieden stellende Einigung erzielt wird. Weniger gut geeignet ist die Vorgehensweise bei Gesprächen, in denen persönliche Probleme im Mittelpunkt stehen („Personenzentrierte Gespräche"; vgl. dazu den Abschnitt 4 und den Informationsbaustein 20, S. 207 ff.). Schwierig dürfte es auch sein, bei allen Arten von Streitgesprächen eine vernünftige und von allen Beteiligten akzeptierte Vorgehensweise durchzusetzen.

Nach einer gewissen Zeit der Einübung wird deutlich, dass durch die vorgenommene Strukturierung Gespräche bessere Ergebnisse bringen und früher beendet werden können. Selbstverständlich wird es manchmal nötig sein, die Reihenfolge zu verändern (z. B. durch das Einfügen einer erneuten Strukturierungsphase, wenn mehrere neue Aspekte auftauchen).

Die hier vorgestellte Methode richtet sich vor allem an Gesprächsleitende. Jedoch kann grundsätzlich jede(r) Gesprächsteilnehmer(in) Anregungen zur Vorgehensweise nach dem Muster des sachorientierten Klärungsgesprächs einbringen.

Übungstipp: Drei Elemente des „sachorientierten Klärungsgesprächs“ bereiten erfahrungsgemäß überdurchschnittliche Schwierigkeiten: den Gesprächsanlass klar zu formulieren, eine sinnvolle Gesprächsstrukturierung vorzuschlagen bzw. durchzuführen und die Gesprächsergebnisse möglichst objektiv zusammenzufassen. Echte bzw. im Fernsehen gesendete (und wenn möglich aufgezeichnete) Diskussionen eignen sich gut zur praktischen Erprobung - entweder als nachahmenswertes Beispiel oder als Chance, eine bessere Gesprächsführung zu demonstrieren.

Die Vorgehensweise beim sachorientierten Klärungsgespräch

1 Gesprächseröffnung
Je nach Gesprächssituation, z. B. Begrüßung, Vorstellung von Referent(inn)en, Klärung organisatorischer Fragen (Zeit, Sitzordnung usw.)

2 Gesprächsanlass
a) Motivation (der Teilnehmenden)
b) Intention (Absicht/Ziel des Gesprächs)
Hilfsfrage (nach LASWELL): „Warum und mit welchem Ziel sprechen wir jetzt in diesem Kreis über dieses Thema?"

3 Gesprächsstrukturierung („Vorgespräch")
a) Festlegung der Themenaspekte / Problemkreise
b) Ausklammerungen/Themeneinschränkungen (falls nötig)
c) Bestimmung der Reihenfolge, in der die ausgewählten Probleme besprochen werden sollen.

4 Gesprächskern - Erster Problemkreis

Themenbezogene Diskussion / Klärung
a) Themanennung / Gesprächsanstoß
b) eigentliche Diskussion des Problemkreises
c) Zwischenzusammenfassung
d) Kontrollfrage („Kann damit dieser Punkt abgeschlossen werden?");

notfalls wieder b), c), d)...

Zweiter Problemkreis
a) b) c) d) (wie oben)

... usw. ... usw.

5 Gesprächsergebnis
Endzusammenfassung der gefundenen Lösungen (wieder mit einer Kontrollfrage); eventuell Abstimmung, Vertagung, Arbeitsaufträge usw.

6 Gesprächsabschluss
Je nach Situation, z. B. Verabschiedung, Dank an die Beteiligten.

(nach einer Vorlage von D.-W. ALLHOFF)

3 Formale Aspekte der Gesprächsleitung

Bei offizielleren Gesprächssituationen (Versammlungen, Konferenzen usw.) werden formale Aspekte ziemlich wichtig. Im folgenden Abschnitt sollen die wichtigsten Regeln kurz erwähnt werden, soweit sie überwiegend praktiziert werden.

Bei der Vielfalt der bei uns existierenden Gremien - vom Bundestag bis zum Festausschuss eines Kleintierzuchtvereins - finden sich in der Praxis teilweise höchst unterschiedliche Regelungen.[1] Zunächst sollte also zum Vermeidung von Blamagen in der jeweiligen Satzung bzw. Geschäftsordnung (falls vorhanden) nachgelesen werden.

Aus juristischen Gründen ist es vor allem bei öffentlichen Versammlungen wichtig, dass die Sitzungsleitung deutlich erklärt: „Die Versammlung ist eröffnet" bzw. „... ist geschlossen". In dieser Zeitspanne hat die leitende Person die „Disziplinargewalt"; sie kann z. B. Ordnungsrufe erteilen oder Störer des Saales verweisen (lassen).

Eine Tagesordnung mit den zu besprechenden Themen sollte allen Beteiligten rechtzeitig zugegangen sein. Zu Beginn der Sitzung wird dann abgestimmt, ob sie in der vorgeschlagenen Form genehmigt wird - notfalls vorher „Änderung der Tagesordnung" beantragen![2]

Ein Antrag auf Änderung der Tagungsordnung ist ein Antrag zur Geschäftsordnung. Optisch werden diese durch das gleichzeitige Heben beider Arme bzw. durch den Ruf „Zur Geschäftsordnung" angekündigt. Geschäftsordnungsanträge müssen stets vorrangig angehört und beschlossen werden[3]. Erfolgt bei einem Antrag kein Widerspruch, gilt er automatisch als angenommen.

Wollen mehrere Leute zu einem Punkt sprechen, so empfiehlt sich eine Rednerliste. Diese sollte möglichst gut geführt und genau eingehalten werden: Wortmeldungen werden mit deutlichem Blickkontakt, Zunicken und Aufschreiben registriert (wenn möglich für alle sichtbar, z. B. auf einer Tafel).

---

1 Keinesfalls gilt überall und automatisch die „Geschäftsordnung des Deutschen Bundestags", so wie es gelegentlich behauptet wird. Für Vereine sind zunächst nur die entsprechenden Paragraphen im „Vereinsrecht" des BGB (§§ 21-79), das „Vereinsgesetz" vom 5.8.1964 und das Gesetz über Versammlungen und Aufzüge vom 24.7.1953 verbindlich, die keine Bestimmungen zur Gesprächsführung enthalten.

2 Problematische Punkte werden von taktisch Geschickten gerne ans Ende gesetzt: Wer nach Hause will, hat kaum mehr Lust auf lange Diskussionen.

3 Andere mögliche Geschäftsordnungsanträge sind beispielsweise Anträge auf Unterbrechung oder Vertagung, auf Redezeitbeschränkung, auf „Schluss der Rednerliste" oder „Schluss der Debatte", auf sofortige oder geheime Abstimmung, auf Prüfung der Beschlussfähigkeit usw.

Riskant, jedoch zuweilen sinnvoll ist die Gesprächsleitungsmethode, direkt Gefragten, Betroffenen oder Angegriffenen außerhalb der Liste sofort eine (hoffentlich kurze) Stellungnahme zu ermöglichen. Der Ausruf „Direkt dazu!“ wird allerdings auch gerne von Ungeduldigen missbraucht!

Abstimmungen können offen oder geheim[4] ablaufen. Bei Sachfragen sollte zunächst stets der weitestgehende oder der zuerst gestellte Antrag abgestimmt werden. Gibt es mehrere Wahlmöglichkeiten, so kann jede Alternative einzeln entschieden oder insgesamt im Block gewählt werden.

Bei Wahlen von Personen empfiehlt sich folgende Vorgehensweise durch den vorher zu wählenden möglichst neutralen „Wahlausschuss“:

1. Bitte an die Versammlung um Vorschläge für das Amt...
2. Frage an die Vorgeschlagenen, ob sie zur Kandidatur bereit sind...
3. Frage an die Versammlung, ob eine Vorstellung der Bewerber(innen) gewünscht wird...
4. Vorstellung der Bewerber(innen)
5. Frage an die Versammlung, ob eine Diskussion über die Bewerber(innen) gewünscht wird...
6. Diskussion über die Bewerber(innen)
7. Wahl, Auszählung, Ergebnisbekanntgabe, notfalls Stichwahl
8. Frage an den/die Gewählte(n), ob sie die Wahl annehmen...

Manchmal sind besondere Mehrheiten vorgeschrieben, z. B. statt „einfacher Mehrheit“ (= mindestens eine Ja-Stimme mehr als Nein-Stimmen) oder „relativer Mehrheit“ (= die meisten Stimmen) die „absolute Mehrheit“ (= mehr als die Hälfte der Anwesenden oder aller Mitglieder) oder eine andere „qualifizierte Mehrheit“ (z. B. mehr als 2/3 oder 3/4). Bei Stimmengleichheit gilt ein Antrag als abgelehnt! Zuweilen ist es sinnvoll, die Beschlussfähigkeit zu überprüfen, falls diese in Satzung oder Geschäftsordnung vorgeschrieben ist.

Ein sauber geführtes Protokoll[5] garantiert schließlich, dass die Gesprächsergebnisse festgehalten und bei Bedarf überprüft werden können.

---

4 Geheime Abstimmungen sind entweder durch Satzung bzw. Geschäftsordnung vorgeschrieben oder sie werden auf Antrag beschlossen. Häufig gilt die Regel: wenn nur ein einziges Mitglied geheime Abstimmung wünscht, so wird dies ohne Abstimmung so praktiziert!

5 Meistens genügt ein Ergebnis- oder Beschlussprotokoll; zuweilen werden auch ausführlichere Verlaufsprotokolle oder sogar wörtliche Protokolle geführt (z. B. im Bundestag).

4 Im Gespräch persönliche Konflikte lösen...

Viele drücken sich gerne vor heiklen Gesprächen, dann nämlich, wenn es zu persönlichen Problemen und Konflikten gekommen ist. Meinungsverschiedenheiten sind bekanntlich eine häufige und nicht grundsätzlich negative Ausgangsbasis für Gespräche aller Art.[6] Doch oft führen sie zu unangenehmen Streitsituationen, die bewältigt werden sollten. Hierzu gibt es eine Reihe von Vorschlägen, wie leichter einvernehmliche Lösungen erzielt werden können.

Voraussetzung ist allerdings, dass die beteiligten Personen grundsätzlich an einer Einigung Interesse haben und bereit sind, gewisse Spielregeln einzuhalten:

- möglichst gute Gesprächsatmosphäre schaffen (Baustein 20, S. 210-211),
- möglichst einander ausreden lassen,
- möglichst die andere Seite reden lassen, wenn diese unterbrechen will (und damit signalisiert, dass sie jetzt nicht mehr zuhören kann),
- möglichst sachlich und ruhig bleiben,
- möglichst Meinungen als Meinungen und Fakten als Fakten formulieren,
- möglichst wahrhaftig bleiben,
- möglichst stets der anderen Seite zugestehen, dass auch sie subjektiv recht hat.

Sind diese Bedingungen erfüllt, könnte das Gespräch durch folgende Fragen gestaltet werden (nach ALLHOFF bzw. FITTKAU):

1. Warum ist dieses Gespräch jetzt sinnvoll und wichtig?
2. Wo liegen unsere gemeinsamen Ziele?
3. Wie sehen wir die Ausgangslage des Konflikts?
4. Können wir es schaffen, dass wir die Fakten annähernd gleich sehen?
5. Welche Lösungen für den Konflikt fallen uns ein?
6. Was spricht für und gegen diese Lösungen?
7. Auf welche Lösung können wir uns einigen?

Eine gute Übung für Konfliktregelungsgespräche ist der „Kontrollierte Dialog" (nach ANTONS, S. 87-89). Wichtigste Spielregel: bevor eine Person einer anderen antwortet, wiederholt sie sinngemäß deren Aussage. Missverständnisse können so rechtzeitig erkannt werden.

---

6 Albert Einstein sagte einmal: „Ein Abend, an dem sich alle Anwesenden völlig einig sind, ist ein verlorener Abend"

5 Grundlagen der Moderation

5.1 Was ist Moderation?

Moderation, so wie sie hier beschrieben ist, ist keine Präsentation von Rundfunk- oder Fernsehsendungen (das bedeutet der Begriff natürlich auch), sondern eine Methode zur besseren Vorbereitung, Durchführung und Auswertung von wichtigen Gesprächen (z. B. Konferenzen, Sitzungen, Besprechungen, Workshops, Seminaren etc.). Wer heute Verantwortung trägt, sollte auch moderieren können.

„Keiner weiß so viel wie alle“ ist ein altbekannter Grundsatz der Gruppendynamik. Bei moderierten Gesprächen wird deshalb versucht, möglichst alle Beteiligten aktiv in den Arbeitsprozess einzubeziehen.

Die Gesprächsfortschritte und Resultate sollten transparenter werden, deshalb nutzt man Strukturierungs- und Visualisierungshilfen. Außerdem soll die Arbeit Spaß machen und effektiv sein, deshalb achtet man auf Offenheit und gute Stimmung.

Oft kann schließlich eine inhaltlich neutrale Moderation Konflikte reduzieren und den Gesprächsbeteiligten größere Freiräume verschaffen, so dass sie sich intensiver auf die eigentlichen Themen konzentrieren können.

5.2 Wo passt Moderation?

Werden Sie nicht auch skeptisch, wenn Ihnen ein absolutes Universalwerkzeug versprochen wird? Auch die Moderation passt nicht für jedes Gespräch. Zum Beispiel sind fast alle privaten Unterhaltungen, alle Small Talks, alle Entscheidungen, die unter großem Emotions- oder Zeitdruck getroffen werden müssen, bestimmte Debatten, die wegen ihrer Komplexität oder auf Grund von Gewohnheiten anders ablaufen (z. B. in Parlamenten) i. d. R. für die Methode ungeeignet.

Für den sinnvollen Einsatz der Moderationsmethode müssen also vorausgesetzt werden:

- Fragen bzw. Themen, die im Gespräch geklärt werden können,
- Beteiligte mit der Bereitschaft zur möglichst objektiven Klärung (unter weitestgehendem Verzicht auf manipulative Elemente),
- Beteiligte, die die Methode grundsätzlich akzeptieren.

5.3 Moderationen vorbereiten

Gut vorbereitete Gespräche erfordern etwas Nachdenk- und Planungszeit. Folgende Fragen sind meistens wichtig:

1. Warum findet das Gespräch statt? Warum wird es als moderiertes Gespräch durchgeführt?

2. Wie sieht der Zeitrahmen aus? Wie planen wir Arbeitsphasen und Pausen?
3. Was ist das Ziel? Warum ist es interessant bzw. wichtig? Welches Minimal- und Maximalziel lässt sich in der vorgesehenen Zeit erreichen?
4. Wer nimmt am Gespräch teil? (Hoffentlich nicht mehr als unbedingt nötig!) Kommen die Einladungen und die Teilnahmebestätigungen rechtzeitig?
5. Welche Personen sind besonders wichtig oder problematisch? Muss eine gewisse Hierarchie beachtet werden?
6. Wie gut kennen sich die Teilnehmenden? Welche Vorkenntnisse, Einstellungen, Ziele, Befugnisse sind vorhanden?
7. Welcher Raum steht zur Verfügung?
8. Welche Materialien brauchen wir, welche stehen bereit, welche müssen noch besorgt werden?
9. Wie sieht die Motivation, Gesprächs- und Methodenkompetenz der Teilnehmenden aus?

5.4 Moderationen beginnen

Fast jede Moderation beginnt mit einer **Begrüßung** und (falls nötig) **Vorstellung** der moderierenden Person, die freundlich, aber kurz ausfallen sollte, da es ja insgesamt um eine effektive Besprechung gehen sollte.
Falls die Teilnehmenden sich untereinander noch nicht kennen, ist eine **Vorstellrunde** sinnvoll. Beachten Sie dabei den Modelleffekt: der Grad der Ausführlichkeit und die Inhalte der ersten Vorstellung wirken meistens vorbildhaft.
Anschließend sollte an den **Grund** und das **Ziel** der Besprechung deutlich erinnert werden (**Motivation** und **Intention**).
Es folgt eine Information zum weiteren Vorgehen: Welche Rolle spielt die moderierende Person? Wann und wie lange ist welche Thematik vorgesehen („Gesprächsstrukturierung")? Welche Teilthemen werden ausgeklammert? Welche Arbeitsformen sind geplant? Wann sollen Pausen stattfinden? Nach welchen Spielregeln soll gearbeitet werden? Welche Befugnisse hat die Gesprächsrunde? Eventuell: welche Funktionen haben die anwesenden Führungskräfte?

5.5 Die Moderationsregeln („Spielregeln" / „Seminarleitlinien" / „Moderate Identity")

Moderationsregeln können zu Beginn oder notfalls auch im Verlauf eines Gesprächs je nach Bedarf mehr oder weniger ausführlich vorgestellt und begründet werden. Keinesfalls sollte der Eindruck von Besserwisserei oder überheblicher Ermahnung entstehen. Edmüller und Wilhelm z. B. sind überzeugt, dass es meistens reicht, auf den gesunden Menschenverstand hinzuwiesen und auf die Regel: „Wir kommunizieren klar, offen, knapp!" (S. 33). Als weitere

Beispiele für typische Spielregeln gelten die Forderungen „Ausreden lassen", „Zuhören" und die These: „Es gibt weder dumme Fragen noch unwichtige Beiträge" (ebenda).

Manchmal kann es nützlich sein, einen ausführlicheren Regelkatalog zu vereinbaren, z. B. die folgenden sieben Gebote (nach Schilling, S. 29 f.):

1. Wir sind für den Ablauf und die Ergebnisse alle mitverantwortlich!
2. Wir achten alle auf die Visualisierungen unserer Beiträge und Ergebnisse!
3. Wir versuchen, unsere Beiträge so kurz wie möglich und so ausführlich wie nötig zu formulieren!
4. Wir lassen die anderen ausreden, solange diese nicht gegen die Regel verstoßen!
5. Wir bleiben so sachlich wie möglich!
6. Wir visualisieren deutlich lesbar (nur eine prägnante Aussage pro Karte)!
7. Wir achten auf Ordnung im Raum!

5.6 Techniken der Moderation

5.6.1 Die Kartenabfrage

Die klassische Moderationstechnik ist die Kartenabfrage. Eine klare Frage wird gestellt und möglichst auch auf eine Pinwand geschrieben. Alle Teilnehmenden erhalten oder nehmen sich mehrere gleichfarbige Pinwandkarten und je einen schwarzen Stift. Pro Karte wird eine Antwortidee stichpunktartig notiert, möglichst in allgemein verständlichen Halbsätzen.

Regel 1: Deutlich schreiben, d. h. Druckbuchstaben, möglichst ohne Serifen, normale Groß- und Kleinbuchstaben, fette Schrift, kurze Ober- und Unterlängen, Buchstaben eher eng zusammen, Schriftgröße je nach Betrachtungsabstand 2,5 – 4 cm.

Regel 2: Maximal 3 Zeilen, maximal 11 Wörter. Beispiel: Nicht nur „Betriebssystem", aber auch nicht: „In unserem Computer läuft noch das uralte Betriebssystem von 1995, das öfters abstürzt und so viel Zeit kostet und ziemlich nervt" sondern „Computer-Betriebssystem von 1995 stürzt oft ab".

Anschließend werden alle Karten eingesammelt, der Anonymität zuliebe gemischt, vorgelesen und mit speziellen Stecknadeln an eine Pinnwand befestigt. Beim Anpinnen können bereits „Cluster" mit inhaltlich zusammengehörenden Ideen gebildet werden.

Auch beim Sortieren sollte die Meinung der Gruppe entscheidend sein, die moderierende Person muss sich weitgehend neutral verhalten und darf keine Karten wegen eventueller Zuordnungsprobleme weglassen. Notfalls kann der Autor der Karte entscheiden oder eine Karte „gedoppelt" werden.

Nach der Sortierphase ist es hilfreich, Überschriften zu den gefundenen Clustern zu formulieren. Diese können auf größere Kartons (evtl. auf die berühmten „Wolken") geschrieben werden.

5.6.2 Die Zurufmethode

Karten sparend, aber dafür nicht anonym und oft chaotischer ist die „Zurufmethode". Eine Frage wird in den Raum gestellt, die moderierende Person notiert alle Antworten deutlich sichtbar auf eine Pinwand oder eine Flipchart.

Zu kurze oder zu lange Beiträge sollten dabei umformuliert werden.

5.6.3 Die Punktmethode

Geht es darum, die Meinungen einer Gruppe dauerhaft zu visualisieren, so hat sich die Klebepunktmethode bewährt: Alle Beteiligten bekommen kleine Klebepunkte, die in die entsprechenden Felder einer Pinwand kommen. Viele Skalen sind denkbar: Gleitende oder gerasterte, ein- oder zweidimensionale Skalen sind möglich, einfache oder mehrfache Abfragen („Mehrpunktfragen"), dazu können evtl. verschiedenfarbige Punkte für unterschiedliche Meinungen stehen. Ohne Klebepunkte geht es auch, wenn alle ihre dicken Stifte benutzen und Punkte bzw. **+**, **–** oder **?**-Symbole eintragen. Ein besonderes Symbol ist der Blitz (ϟ) – er drückt extreme Meinungsunterschiede aus. Umgekehrt könnten ausgeprägte Vorlieben mit dem Herzsymbol (♥) verdeutlicht werden.

5.6.4 Die Listen

Allgemein bekannt dürfte sein, dass Listen, z. B. in der Form von Check- oder Agendalisten die Transparenz positiv beeinflussen. Für manche Besprechungen sind zusätzlich Zeitplanlisten sinnvoll, Maßnahmenkataloge, Pro-Contra-Aufstellungen, Probleme-Ursachen-Lösungsideen-Kombinationen (evtl. ergänzt durch die Rubriken „Mögliche Widerstände" und „Wer macht was bis wann?").

5.6.5 Kleingruppenarbeit

Je größer eine Gruppe, umso geringer ist statistisch die Chance, sich aktiv einbringen zu können. Eine ideale Methode, das Potential zu vermehren, ist die Kleingruppenarbeit. Bei der Moderationsmethode bedeutet dies gleichzeitig, dass jede Untergruppe ihre Arbeitsergebnisse visualisieren und präsentieren sollte. So können entweder mehrere Themen parallel bearbeitet werden oder zu einem Thema kommen verschiedene Lösungsansätze.

Die Präsentationen können „stumm" (per Poster oder Pinwand) oder „laut" (als Vortrag mit Visualisierung) erfolgen.

Die Bereitschaft zur aktiven Mitarbeit wird meist größer, wenn sich die Teilnehmenden ihr Thema und ihre Mitarbeiter selbst aussuchen dürfen. Jedoch haben auch zufällige Konstellationen (z. B. nach Sternzeichen oder nach Puzzle-

Losverfahren) ihren Reiz. Bei mehr als fünf Personen müsste eine Gruppe, bei der alle intensiv mitarbeiten sollen, noch mal geteilt werden.

Die moderierende Person sollte während der Kleingruppenphasen zwar für alle erreichbar sein (falls es Fragen oder Probleme gibt), jedoch nicht den Eindruck eines Arbeitskontrolleurs erwecken.

5.7 Die Rolle der moderierenden Person

Idealerweise gehören zum Moderieren einige wichtige Eigenschaften: Einfühlungsvermögen, Menschlichkeit, Humor, Neutralität, aber auch Schlagfertigkeit und Konfliktfähigkeit. Im besten Fall versteht man sich als Dienstleister, der einer Gruppe hilft, zu einem möglichst guten Ergebnis zu kommen.

5.8 Die richtige Ausstattung

Gutes Moderationsmaterial ist nicht ganz billig. Die meisten gut ausgestatteten Tagungshäuser bieten eine Grundausstattung an (Pinwände, Flipchart, Karten, Stifte). Etwas Geld sparen können Sie, wenn Sie den Koffer im Baumarkt besorgen, Packpapier, Kreppband, Stifte und die Kartons beim Büroartikel-Großhandel (vielleicht zusammen mit einem Schneidegerät).

Der Erinnerung und der weitere Arbeit dient es, wenn man am Ende einer Moderation die Ergebnisse mit einer Digitalkamera abfotografiert und den Teilnehmenden als Ausdruck oder Datei zukommen lässt. Manche Profis verfügen bereits über einen richtigen Pinwandprotokollkopierer.

6 Quellen und weiterführende Literatur

- ALLHOFF, Dieter-W. u. Waltraud: Rhetorik und Kommunikation. 12. Auflage. Regensburg: bvs, 2000. 301 S.; € 15,30
- ALTMANN, Hans Christian: Überzeugend reden, verhandeln, argumentieren. Ideenquelle und Übungsbuch für die erfolgreiche Kommunikation. München: Heyne, 1988. 254 S.
- ANTONS, Klaus: Praxis der Gruppendynamik. Übungen und Techniken. 4. Auflage. Göttingen, Toronto, Zürich: Verlag für Psychologie – Hogrefe, 1975
- DONALDSON, Michael C. und Mimi: Erfolgreich verhandeln für Dummies. Überzeugen ohne Frust. Bonn u. a.: Internat. Thomson Publ., 1998. 380 S.;€ 25,51
- EDMÜLLER, Andreas; WILHELM, Thomas: Moderation. Planegg: STS Verlag, 2000. 125 S.; € 6,60
- FISHER, Roger; ERTEL, Danny: Arbeitsbuch Verhandeln. So bereiten Sie sich schrittweise vor. Frankfurt, New York: Campus Verlag, 1997. 208 S.; (2. Aufl. 1998)

- FISHER, Roger; URY, William; PATTON, Bruce: Das Harvard-Konzept: Sachgerecht verhandeln – erfolgreich verhandeln. 14. Auflage. Frankfurt, New York: Campus Verlag, 1995. 271 S.; € 21,50 (Amerik. Erstausgabe 1983; Neuausgabe 1993)
- FRICKE, Wolfgang: Erfolgreich verhandeln. Diskussionsleitung, Verhandlungsvorbereitung, Verhandlungsführung. 3. Auflage. Köln: Bund-Verlag, 1995. 126 S.; € 9,90
- GRÖSCHEL, Uta C.: Sachlich diskutieren und gezielt verhandeln. Arbeitsmaterialien für die Interessenvertretung. Hrsg. von der IG Chemie-Papier-Keramik. Köln: Bund-Verlag, 1993. 148 S.
- HABERZETTL, Martin; BIRKHAHN, Thomas: Moderation und Training. Ein praxisorientiertes Handbuch. München: dtv, 2004. 280 S.; € 12,50
- HALBERSTADT, Gerhard; HENSEL, Wilfried: Politische Versammlungen. Versammlungstechniken, Geschäftsordnungsregeln, öffentliche Rechte und Pflichten für Vereine, Gewerkschaften, Parteien. 2., korrigierte Auflage. Bonn-Bad Godesberg: Verlag Neue Gesellschaft, 1976
- HANISCH, Horst: Moderation ist Gold. Grundlagen der modernen Moderation. Gesprächsführung, Umfragen, Talkrunden und Manipulation. Norderstedt: BoD, 2003. 216 S.; € 15,90
- HÜBSCHMANN, Wernfried: Gekonnt reden. Erfolgreiche Gesprächsführung schnell gelernt. München: Markt & Technik in Pearson Education Deutschland, 2000. 208 S.; € 14,95
- KENNEDY, Gavin: Verhandlungsführung. Erfolgreich verhandeln von A bis Z. München: dtv, 1994. 318 S.
- PAWLOWSKI, Klaus; RIEBENSAHM, Hans: Konstruktiv Gespräche führen. Fähigkeiten aktivieren, Ziele verfolgen, Lösungen finden. Reinbek: Rowohlt Taschenbuch Verlag, 1998. 352 S.; € 8,90 (3. Auflage 2003)
- SCHILLING, Gert: Moderation von Gruppen. Der Praxisleitfaden für die Moderation von Gruppen, die gemeinsam arbeiten, lernen, Ideen sammeln, Lösungen finden und entscheiden wollen. Überarbeitete Auflage. Berlin: Gert Schilling Verl., 2002. 167 S.; € 19,00
- TOSCH, Michael: Besprechungen moderieren. 3. Auflage. Eichenzell: Neuland Verlag, 2002. 78 S.; € 17,
- UNSER RECHT. Große Sammlung deutscher Gesetze. Textausgabe mit Sachverzeichnis und Einführungen namhafter Juristen. München: Beck/dtv, 1982
- WEISBACH, Christian-Rainer: Professionelle Gesprächsführung. Ein praxisnahes Lese- und Übungsbuch. 6., überarb. u. erw. Auflage. München: dtv/KNO, 2003. XIV, 482 S., € 12,-

GRUNDLAGEN DER MÜNDLICHEN KOMMUNIKATION
INFORMATIONSBAUSTEIN 20

„Nondirektive" Gesprächsführung

(Das indirekt sprechfördernde Kommunikationsverhalten)

1 Warum indirekte Sprechförderung?

Die Sprechwissenschaft versteht sich schon seit einigen Jahren nicht mehr nur als „Lehre vom (besseren) Sprechen“. Heute wird in erster Linie versucht, das Miteinandersprechen in allen seinen Aspekten zu erfassen. Die Didaktik und Methodik der mündlichen (speziell der Rhetorischen) Kommunikation sollte sich deshalb nicht nur mit Sprecherziehung im engen Sinn begnügen. Erst durch Hörerziehung ergänzt kann sie eine allgemein verbesserte Kommunikation ermöglichen. Ähnliche Entwicklungen lassen sich übrigens in der Pädagogik, Psychologie und Deutschdidaktik beobachten.

In einem anderen Aspekt zeichnet sich ebenfalls ein Wandel ab: Jahrhunderte lang war es Hauptziel der Rhetorik, Bedingungen und Methoden der effektiveren Information und Persuasion zu entwickeln. „Wie bringe **ich** anderen am besten etwas bei?“, „Wie kann **ich** am besten sprechen?“ - das sind nicht nur die Fragen, die in der rhetorischen Literatur den überragenden Rang einnehmen („Direktive Kommunikation“), das sind auch die Hauptanliegen, die Besucher entsprechender Seminare und Übungen vorbringen. Erst allmählich - ausgelöst durch psychologische und pädagogische Erkenntnisse - tauchten neue Fragen auf, z. B. „Wie ermögliche ich **anderen** besseres Sprechen?“, „Was kann ich tun, dass sich **meine Gesprächspartner(innen)** gut artikulieren können?“ (= „Nondirektive Kommunikation“)

Dabei gibt es genug gute Gründe, auf die eben genannten Fragen Antworten zu suchen. Sieht man von den Sonderformen Monolog und Zwiegespräch ab, so wird in allen Kommunikationssituationen (einigermaßen symmetrische Bedingungen unterstellt) rein quantitativ mehr passiv als aktiv agiert. Nicht nur in der Fachliteratur, auch in der Praxis wird häufig festgestellt, dass das Zuhörverhalten unbefriedigend ist. Wie viel Gesagtes „kommt nicht an“, wie viel Gehörtes wird nicht verstanden, wie viel zunächst Verstandenes wird nicht gespeichert, wie viel Gespeichertes wird bald wieder vergessen...

Ein anderer Begründungsansatz geht von den Wirkungen aus. Sollen andere informiert oder überzeugt werden, dann können die Regeln nicht vergessen werden, dass sich deren selbst formulierte Aussagen intensiver einprägen, dass deren selbst formulierte Appelle eher akzeptiert werden.

Geht es um neue Einfälle („Kreativität“), so ist die „nondirektive Kommunikation“ ebenfalls produktiver. Zu welchen neuen Erkenntnissen die Sprechenden in günstigen Konstellationen „geführt“ werden können, hat bereits KLEIST in einem heute noch lesenswerten Brief beschrieben („Über die allmähliche Verfertigung der Gedanken beim Reden“, vermutlich 1805/06).

Betrachten wir noch den schulischen Bereich: zahlreiche Untersuchungen beklagen die Tatsache, dass fast immer die Lehrenden mehr als die Schüler(innen) reden, dass die Unterrichtenden viel häufiger als die Unterrichteten agieren, dass dadurch die Möglichkeiten der Klassen zur Beteiligung und zum Sammeln nicht nur sprecherischer Praxis zu selten genutzt werden. Kein Wunder also, wenn die spontanen Sprechfertigkeiten fast aller Erstklässler in den weiteren Schuljahren ziemlich verkümmern!

Nicht speziell eingegangen werden muss in diesem Zusammenhang auf die direkte Förderung des Sprechens durch Appelle, Bitten, Anweisungen oder gar Befehle („Sag doch auch einmal etwas!“; „Sprechen Sie bitte nach dem Pfeifton!“). Hierbei gelten alle Regeln der traditionellen persuasiven Rhetorik, zumeist verbunden mit rollenspezifischen, autoritären Rahmenbedingungen. „Direkte Sprechförderung“ ist deshalb auch den meisten vertraut, sie wird mit unterschiedlichem Erfolg laufend praktiziert. Dabei zeigt sich jedoch ein wichtiger Nachteil: beim „gezwungenen Sprechen“ können nur selten optimale Resultate beobachtet werden. Erzwungene Beiträge wirken gespannt und monoton; sie werden baldmöglichst beendet; die persönliche Beziehung wird belastet.

2 Was heißt indirekte Sprechförderung, wo und wann ist sie sinnvoll?

Indirekte Sprechförderung (bzw. indirekt sprechförderndes Kommunikationsverhalten) bedeutet,
anderen nonverbal und verbal zu signalisieren, dass
sie sich in einer günstigen Gesprächssituation befinden, ihnen zugehört wird,
sie inhaltlich verstanden werden,
versucht wird, ihnen bei der Formulierung und Problembehandlung zu helfen,
ihre Gefühle beachtet, respektiert und eventuell auch besprochen werden,
damit sie
freier, ohne missverstanden zu werden, ausführlicher, treffender und intensiver (vor allem hinsichtlich ihrer Emotionen)
sprechen können und dadurch
allgemein ihre Sprechfähigkeit verbessern,
ihre Situation leichter überblicken,
Probleme erfassen und eventuell lösen,
Vorstellungen, Meinungen, Kenntnisse ausführlicher darstellen und
bessere Eindrücke von ihren Gesprächspartner(inne)n bekommen können.

Von dieser Definition ausgehend können zahlreiche Einsatzmöglichkeiten aufgezählt werden:

- Befragungen, Interviews, mündliche Prüfungen, sogar Verhöre, wenn möglichst viele Informationen gesammelt werden sollen;

- Besprechungen, Diskussionen, Konferenzen, wenn neben der Information auch echte Überzeugung verlangt wird;
- Klärungs- und Beratungsgespräche, wenn der These zugestimmt wird, dass die beteiligten „Probleminhaber“ ihr Problem am besten kennen und deshalb am ehesten lösen können;
- Kennenlern- und Einstellungsgespräche, bei denen ein möglichst umfassender Eindruck von der anderen Person entstehen soll;
- alle Gespräche, bei denen andere mehr und besser sprechen sollen oder bei denen Wert auf eine positive Beurteilung durch die anderen gelegt wird.

Im pädagogischen Bereich ist fast jede Gesprächssituation für die indirekte Sprechförderung geeignet, vor allem, wenn das Ziel „offener“ oder „schülerzentrierter“ Unterricht heißt. Einige konkrete Beispiele dazu:

- Kennen lernen neuer Klassen und Schüler(innen) (= Erstkontakt- und Vorstellungsgespräche);
- Interessen und Vorkenntnisse der Klasse ermitteln;
- im Unterrichtsgespräch Ideen und Lösungsmöglichkeiten (auch bei Interpretationen) sammeln, Beurteilungen vornehmen;
- Themengebiete wiederholen, Wissen kontrollieren (gerade bei mündlichen Prüfungen!);
- Erzähl-, Beschreibungs-, Gesprächsübungen durchführen (z. B. Rollen- und Planspiele, Gruppengespräche);
- Konflikte und Probleme besprechen und lösen.

Auch außerhalb der Lehrer-Schüler-Interaktion gibt es in den Schulen sinnvolle Einsatzmöglichkeiten für das indirekt sprechfördernden Kommunikationsverhalten: Gespräche im Kolleg(inn)enkreis, Unterredungen mit Vorgesetzten, Konferenzen und Beratungen der Eltern.

Selbstverständlich finden sich Fälle, in denen es unsinnig ist, andere zum ausführlicheren Sprechen zu bringen. Dies kann (aber muss nicht!) sein, wenn:

- die Gesprächspartner absolut unwissend oder unehrlich sind;
- die Kommunikation bewusst verweigert wird, weil z. B. der nötige Ernst fehlt;
- der Verdacht besteht, dass Hypochondrie (eingebildete Probleme) oder Logorrhoe (krankhafte Geschwätzigkeit) vorliegen;
- bei einem selbst die Voraussetzungen fehlen und das Interesse am Gespräch nur gespielt ist;
- die eigenen Interessen auf dem Spiel stehen;

- ganz offenkundig die besprochene Thematik durch eine Information geklärt werden kann (und nicht didaktische Absichten im Vordergrund stehen);
- die Rahmenbedingungen kein gutes Gespräch zulassen (vgl. dazu den nächsten Abschnitt).

Diese einschränkenden Bemerkungen beziehen sich auf die uneingeschränkte Anwendung des indirekt sprechfördernden Kommunikationsverhaltens. Sie sagen nicht aus, dass einzelne Elemente daraus nicht auch in den „Negativ-Situationen“ erfolgreich eingesetzt werden könnten.

3 Was gehört zur indirekten Sprechförderung?

Insgesamt werden in diesem Abschnitt sechs Elemente vorgestellt. Die Reihenfolge entspricht dem üblichen chronologischen Auftreten und (mit Ausnahme des letzten Schritts) einer in der Regel zunehmenden Schwierigkeit.

3.1 Gute Gesprächsbedingungen schaffen und aufzeigen

Es mag banal erscheinen, wenn hier auf die Notwendigkeit einer angenehmen Atmosphäre hingewiesen wird. Viele wissen jedoch nicht, was alles Gespräche beeinflussen kann bzw. welche Vorteile zuweilen das bewusste Demonstrieren günstiger Voraussetzungen bringt.

Eine fruchtbare Kommunikation wird erst dann möglich, wenn die eigene Einstellung stimmt. Die Hauptforderung lautet: die Gesprächspartner(innen) mit ihrer Persönlichkeit und alle ihre Äußerungen (verbal wie nonverbal) müssen ehrlich akzeptiert werden. Dies bedeutet keinesfalls, dass Sie alles gut und richtig finden sollten - es geht vor allem um die Achtung vor dem anderen Menschen, vor seinen Ansichten und Emotionen. Was eine andere Person weiß, was sie beschäftigt, was sie sagen will, das weiß **sie** am besten.

Ergänzend müssen einige organisatorische Aspekte berücksichtigt werden:

- Zeit haben! (Falls nicht: Einen günstigeren Termin vereinbaren!)
  Formulierungsbeispiele: *„Das trifft sich gut, ich habe gerade Zeit...“; „Wir können jetzt ohne Zeitdruck darüber sprechen...“; „Ich habe mir genug Zeit genommen, um...“*
- Möglicherweise auftretende Störungsquellen abstellen! (Telefon ausstecken, für Ruhe sorgen, Schild „Bitte nicht stören“, verbleibende und nicht zu verhindernde Störungen vorweg ansprechen)
  Formulierungsbeispiel: *„Ich sorge erst einmal dafür, dass wir uns in Ruhe unterhalten können...“*

- Angenehme Raumatmosphäre wählen oder schaffen! (Gemütlicher Besprechungsraum, freundliches Klassenzimmer, eventuell Spaziergang oder Lokalbesuch)
  Formulierungsbeispiel: *„Hier lässt sich besser reden!“*

- Günstige „symmetrische“ Sitzordnung herbeiführen! (Kreis; im Zwiegespräch über Eck sitzend, keine Asymmetrie der Sitzgelegenheiten [z. B. Stuhl/Sessel], keine Barrieren [z. B. durch Schreibtisch oder Katheder], angenehmer Abstand zwischen den Beteiligten [Zone der persönlichen Distanz = 60 - 160 cm])
  Formulierungsbeispiel: *„Setzen wir uns erstmal gemütlich hin...“*

- Offene Sitzhaltung einnehmen! (kein distanzierendes Verschränken der Arme, keine zu steife oder zu bequeme Haltung!)

- Bei Bedarf Einstieg mit einer Verständnisäußerung für die Gefühle der anderen Person! (z. B. Anspannung, Angst, Erregung...)
  Formulierungsbeispiel: *„Du fühlst dich jetzt vielleicht...“*

- Möglichst offene Ausgangsfrage formulieren! (Keine unechten oder verhörartigen Fragen mit „wer hat wann was wie wo warum gemacht?“; keine Suggestivfragen wie *„Du weißt doch sicher noch...?“*)

  Positive Formulierungsbeispiele: *„Woran kannst du dich noch erinnern?“, „Was fällt dir zu... ein?“, „Woran denkst du, wenn...?“, „Was ist für dich besonders wichtig?“, „Was würdest du sagen, wenn du...?“, „Was meist du, sollten wir über... wissen?“*

- Eventuell Zusage der Vertraulichkeit!
  Formulierungsbeispiel: *„Was jetzt besprochen wird, erfährt außer uns niemand!“*

- Berücksichtigung weiterer nonverbaler Elemente: Gestik, Mimik, Blickkontakt, Stimmlage, Lautstärke, Sprechtempo, Sprechmelodie, Artikulation! Jedoch sollten nur störende Angewohnheiten bewusst beachtet werden - die Analyse muss der sprecherzieherischen Übung überlassen werden!

3.2 Wahrnehmbares Zuhören

Wahrnehmbares Zuhören ist ein überwiegend nonverbal praktiziertes Kommunikationsverhalten der zuhörenden Person, bei dem die sprechende Person den Eindruck gewinnen muss, dass ihr gut zugehört wird.

Folgende Möglichkeiten bestehen:

- Guter Blickkontakt! (Nicht dauernd in die Augen sehen bzw. „fixieren“, nicht Boden oder Decke anstarren, nicht den Blick ins Leere gehen lassen!)

- Nickende Kopfbewegungen! (Dabei sollten komisch wirkende Übertreibungen vermieden werden. Mögliche Gefahr: Eine inhaltliche Zustimmung könnte interpretiert werden. Hier empfiehlt sich eine verbale Zusatzinformation, z. B. *„Wenn ich nicke, zeige ich damit nur, dass ich zuhöre und deine Äußerungen verstehe!“*)
- Hörbare Zuhörbestätigung! (Mmm, ja, aha oder ähnliche im Grenzbereich zwischen verbal und nonverbal liegende Äußerungen. Auch hier müssen Übertreibungen und Intonationen, die evtl. als wertend, zweifelnd oder verwundert empfunden werden könnten, vermieden werden.)
- Formulierte Zuhörbestätigung! (Beispiele: *„Das interessiert mich!“, „Ich höre dir konzentriert zu!“, „Ich bin ganz Ohr!“* - Mögliche Gefahr: es kann der Eindruck der Wertung entstehen.)
- Bewusste Zurückhaltung! (Akzeptierung von Pausen, ohne dabei auf die Uhr zu sehen; kein Anzeichen von Ungeduld im körpersprachlichen Bereich, bewusstes „Nichts sagen“.)

3.3 Demonstriertes Verstehen

Diese Verhaltensweise geht über den gerade genannten Punkt hinaus. Einzelne erhaltene Informationen werden, zumeist umschrieben, zuweilen auch in sich vergewissernder Frageform (in Ausnahmefällen sogar wörtlich) durch die Zuhörenden wieder ins Gespräch gebracht. Bei den Partner(inne)n wird der Eindruck, dass zugehört wurde, zur Gewissheit.

Weitere Effekte des demonstrierten Verstehens: lange Monologe können aufgebrochen werden, es entsteht echte Gesprächsatmosphäre, Pausen werden gefüllt, Missverständnisse können vermieden bzw. korrigiert werden (gerade in kritischen Situationen wird anfänglich oft eine weniger exakte Formulierungsweise festgestellt, die durch „Spiegelung“ verbessert wird), neue Ideen und Anregungen zum Weitersprechen sind die Folge.

Die Möglichkeiten finden sich in der Definition: wörtliche Wiederholung, umschriebene Wiederholung, vergewissernde Wiederholung. „Klassische“ Formulierungen wie *„Habe ich dich recht verstanden, wenn du meinst, dass...“* sollten m. E. durch Paraphrasen (= Umschreibungen) ersetzt werden, die zum jeweiligen Sprechertyp und seinem üblichen Sprachgebrauch besser passen.

Mögliche Probleme beim demonstrierten Verstehen: besserwisserisch klingende Umformulierungen, das berüchtigte „Lehrerecho“ (= permanentes, monotones Wiederholen der Äußerungen aus der Klasse), suggestive Formulierungen, übereilte Lösungsvorschläge, falsche Wiederholungen (z. B. durch unbewusste Berücksichtigung eigener Erfahrungen, Wertung und Beurteilung des Gesagten).

3.4 Hilfreiche Zusammenfassung

In diesem Schritt werden durch die Zuhörenden die als wesentlich empfundenen Inhalte nicht mehr nur einzeln, sondern in zusammengefasster Form geäußert. Dabei empfiehlt sich wiederum ein rückfragender und sich vergewissernder Formulierungsstil. Hauptzweck ist nun, echte Hilfen zur Strukturierung, Problemfindung oder Klärung anzubieten und dabei natürlich wieder Anregungen zum Weiterdenken und -sprechen zu liefern. Ideal wäre es, wenn die Beteiligten das Gefühl bekommen, dass ernsthaft versucht wird, die Problematik „in den Griff zu bekommen“.

Auf Formulierungshilfen wird hier verzichtet - Sie finden sie in den entsprechenden Übungswerken (vgl. Abschnitt 5 dieses Bausteins) -, nicht jedoch auf die Erwähnung möglicher Fehler. Zu nennen sind (neben den in 3.3 angesprochenen):

- die Manipulationsgefahren durch voreilige Interpretationen *(„In meinen Augen...“)*,
- die zu massiven Steuerungen des Gesprächs *(„Gehen wir doch nochmals zum Ausgangspunkt zurück...“)*,
- das Problem, dass häufig gut klingende Formulierungen (vor allem solche von echten oder vermeintlichen Autoritätspersonen) vorschnell akzeptiert werden und dadurch Scheinlösungen entstehen können.

3.5 Ansprechen der Gefühle

Diese Forderung bereitet vielen besondere Schwierigkeiten. Ihr Sinn ist, dass bei Problemlösungen inhaltliche Klärungen allein in der Regel nicht ausreichen, sondern dass dazu auch die emotionalen Hintergründe bewusst angesprochen werden. Die Partner(innen) sollten erkennen, dass neben ihren rationalen Aussagen auch ihre Gefühle verstanden werden; sie werden dadurch ermutigt, intensiver über ihre Situation nachzudenken und zu sprechen. Eine in der Regel ungewöhnliche Atmosphäre von Vertrautheit ist die zu erwartende Konsequenz.

Zahlreiche Fehlerquellen sollten beachtet werden: eine ist die „Psychologisierung“. Es geht eben nicht darum, die beste psychologische Bezeichnung, Erklärung oder Theorie auf den Tisch zu legen *(„Da scheint mir eine gestörte anale Phase vorzuliegen!“)*, es geht auch nicht um phantasievolle Darstellung aller möglichen mit einer Darstellung vielleicht verbundenen Emotionen, sondern um das Ansprechen erkennbarer Gefühle.

Die Grenze zur Aufdringlichkeit ist dabei besonders bei jenen Gesprächspartnern schnell erreicht, die nur selten die Verstandesebene verlassen: hier kann Verunsicherung die unbeabsichtigte Folge sein. Mitleid in seinen Ausprăgungen als Trost, Beruhigung, Beschwichtigung *(„... ist ja nicht so schlimm, du brauchst dich doch nicht so aufzuregen...“)* mündet häufig bei den Adressaten in die Stimmung, nicht ernst genommen zu werden. Deshalb sollte alles Wertende - so gut es gemeint sein mag - unterlassen werden. Umstritten ist allerdings die Frage, ob auch Lob vermieden werden sollte: die pädagogische Literatur befürwortet das Loben, psychologische und rhetorische Ansätze sehen eher die Gefahr der Wertung und der Gesprächssteuerung.

3.6 Der gute Gesprächsabschluss

So fruchtbar ein Gespräch verlaufen kann - ein ungeschickter Abschluss kann alles ruinieren und sogar weitere Kommunikation bei anderer Gelegenheit blockieren. Wer „im Regen stehengelassen wird“, z. B. durch einen abrupten Abbruch mitten in einer emotional geprägten Phase, wird wahrscheinlich in zukünftigen, vergleichbaren Situationen erheblich vorsichtiger und zurückhaltender sprechen. Deswegen reichen am Ende eines guten Gesprächs nicht die bekannten Floskeln für eine Verabschiedung oder Vertagung aus.

Wichtig sind mindestens drei Punkte:

- Zusammenfassung der Gesprächsergebnisse (dabei genügt zuweilen ein Satz!),
- Lob der Gesprächsatmosphäre und des Gesprächs allgemein (besser als Pseudo-Objektivität ist eine persönliche Mitteilung, eine „Ich-Botschaft“!),
- Lob der Gesprächspartner (wieder mit Betonung des eigenen Eindrucks, der im Gespräch gewonnen wurde).

Dass dabei unechte Komplimente unsinnig und gefährlich sind, muss nicht besonders betont werden.

4 Wie kann indirekte Sprechförderung geübt werden?

Die Fähigkeiten zur indirekten Sprechförderung lassen sich am wirksamsten und rationellsten in dafür geeigneten rhetorischen Veranstaltungen trainieren, in denen z. B. mit Rollenspielen oder „Microteaching“[1] Defizite erkannt und beho-

[1] Bei dieser Methode wird stets nur eine einzige minimale Verhaltensänderung angestrebt und geübt, während alle anderen Elemente annähernd identisch beibehalten bzw. wiederholt werden. Ein Beispiel: eine Lehrkraft versucht bewusst, mindestens eine Stimmsenkung mehr pro Minute einzusetzen.

ben werden können. Diese Methoden ersparen außerdem überflüssige Lektüre und die Beschäftigung mit bereits beherrschten Elementen.

In der Realität (auch in den Medien) miterlebte oder aufgezeichnete Gespräche eignen sich, die Theorie in der Praxis zu beobachten. Negative Beispiele helfen, die nötige Sensibilität gegenüber Fehlerquellen zu erlangen.

Wird dann das Kennengelernte selbst eingesetzt, sollten Sie nicht versuchen, alle Elemente der indirekten Sprechförderung von Anfang an gleichzeitig zu realisieren, sondern sukzessiv vorgehen. Gute Bekannte können um „Feedback“, um hilfreiche Beurteilung gebeten werden; Band- und Videoaufzeichnungen ermöglichen eine intensivere Übung und erlauben kritische Selbstkontrolle.

5 Quellen und weiterführende Literatur

- ALLHOFF, Dieter W.: Non-direktives Gesprächsverhalten (ndGV) in Prozessen Rhetorischer Kommunikation. Ein Beitrag zur Lehr- und Lernbarkeit von Gesprächsfähigkeit. In: sprechen lehren - reden lernen. Hrsg. v. D. W. ALLHOFF. München: Reinhardt, 1987 (S. 104 - 120).
- GORDON, Thomas: Lehrer-Schüler-Konferenz. Wie man Konflikte in der Schule löst. Reinbek: Rowohlt, 1981 (München: Heyne, 1989; € 8,95)
- KLEIST, Heinrich v.: Über die allmähliche Verfertigung der Gedanken beim Reden. In: Werke und Briefe in vier Bänden. Bd. 3 (Erzählungen, Gedichte, Anekdoten, Schriften), Hrsg.: Siegfried Streller u. a., Berlin, Weimar: Aufbau-Verlag, 1978, S. 453-459.
- KLINZING, Hans Gerhard: Training kommunikativer Fertigkeiten zur Gesprächsführung und für Unterricht. Weil der Stadt: Lexika-Verlag, 1982 (vergriffen)
- MUCCHIELLI, Roger: Das nicht-direktive Beratungsgespräch. Salzburg: Otto Müller Verlag, 1972 (Neuauflage 1986, 134 S.; € 15,50)
- PALLASCH, Waldemar: Pädagogisches Gesprächstraining. Lern- und Trainingsprogramme zur Vermittlung pädagogischer Gesprächs- und Beratungskompetenz. Weinheim, München: Juventa, 1987 (5., neubearb. u. erw. Auflage 2002. 254 S.; € 17,-)
- RITZ-FRÖHLICH, Gertrud: Das Gespräch im Unterricht. Anleitung - Phasen - Verlaufsformen. 2. Auflage. Bad Heilbrunn: Klinkhardt, 1982 (vergriffen)
- ROGERS, Carl R.: Die nicht-direktive Beratung. Counseling and Psychotherapy. München: Kindler, 1972 (10. Auflage Frankfurt: Fischer, 2003, € 12,90)
- ROGERS, Carl R.: Die klient-bezogene Gesprächstherapie. Client-Centered Therapy. München: Kindler, 1972 (16. Auflage Frankfurt: Fischer, 2003, € 14,90)

- ROSENBERG, Marshall B.: Gewaltfreie Kommunikation. Aufrichtig und einfühlsam miteinander sprechen. 4. Aufl. Paderborn: Junfermann, 2003. 209 S., 18,00 € (1. Aufl. 2001, amerik. Erstauflage 1999)

- SCHWÄBISCH, Lutz; SIEMS, Martin: Anleitung zum sozialen Lernen für Paare, Gruppen und Erzieher. Kommunikations- und Verhaltenstraining. Reinbek: Rowohlt, 1974. Neudruck 2001, € 8,50

- TAUSCH, Reinhard; TAUSCH, Anne-Marie†: Gesprächspsychotherapie. Einfühlsame hilfreiche Gruppen- und Einzelgespräche in Psychotherapie und alltäglichem Leben. 9., erg. Auflage. Göttingen: Hogrefe, 1990. 381 S.; € 18,95

- WAGNER, Angelika C.: Schülerzentrierter Unterricht; Konflikte in Gruppen und Lösungsstrategien; Das Verfahren der Mikroanalyse; Beobachten lernen - das SIK-System; Übungsmaterialien... In: Schülerzentrierter Unterricht, hrsg. v. A. C. Wagner. 2. Auflage. München u. a.: Urban & Schwarzenberg, 1982 (vergriffen)

- WAGNER, Roland W.: Wie kann ich andere besser sprechen lassen? - das indirekt sprechfördernde Kommunikationsverhalten. In: Sprechen - Lesen - Verstehen. Beiträge zum Deutschunterricht. Heidelberg: Pädagogische Hochschule/Institut für Weiterbildung, 1985 (S. 54 - 64)

- WEINBERGER, Sabine: Klientenzentrierte Gesprächsführung. Eine Lern- und Praxisanleitung für helfende Berufe. 8. unveränderte Auflage. Weinheim, Basel: Beltz, 1998. 301 S.; € 19,90

- WEISBACH, Christian-Rainer: Professionelle Gesprächsführung. Ein praxisnahes Lese- und Übungsbuch. 6., überarb. u. erw. Auflage. München: dtv, 2003. XIV, 482 S.; € 12,-

GRUNDLAGEN DER MÜNDLICHEN KOMMUNIKATION
INFORMATIONSBAUSTEIN 21

Erfolgreiche Prüfungsgespräche

Vorbemerkungen: Mündliche Prüfungen haben eine doppelte Funktion. Sie sollen nicht nur Gelerntes kontrollieren, sondern auch (zuweilen: vor allem) die Fähigkeit überprüfen, mit Stress-Situationen umgehen zu können und einen „guten Eindruck“ machen zu können. „Lampenfieber“ ist dabei nicht die Ausnahme, sondern die Regel - was Prüfer(innen) sehr wohl wissen. Eines will und kann dieses Kapitel allerdings nicht: „Patentrezepte“ geben, wie inhaltlich (= fachwissenschaftlich) optimal Vorbereitungen und Antworten gestaltet werden.

1. Effiziente Prüfungsvorbereitung

Falls das Lampenfieber zu unangenehm wird, lautet die wichtigste Frage: Warum habe ich Angst? Ist darauf die mögliche Antwort: „Ich habe zu wenig gelernt, ich weiß zu wenig!“, dann gibt es folgende Alternativen:

Alternative A: es stimmt; somit muss ich mehr/besser lernen, die Prüfung verschieben usw.

(beachten Sie aber, dass überdurchschnittlich Lampenfiebrige sich selbst meist zu kritisch wahrnehmen!);

Alternative B: es stimmt nicht, denn (es folgt eine Auswahl möglicher Begründungen):

- den anderen geht es genauso;
- bislang habe ich alle Prüfungen geschafft und auch nicht mehr gelernt;
- die anderen haben mir Angst eingejagt (viele neigen dazu, nach Prüfungen diese als schwerer hinzustellen; sie wollen damit ihre schlechte Leistung entschuldigen oder gute Leistungen aufwerten);
- niemand kann alles wissen;
- viele, die weniger wissen, haben die Prüfung bereits geschafft;
- ich habe mich ja richtig vorbereitet (= nicht nur gebüffelt, sondern auch Pausen gemacht);
- ich bin mir gegenüber eher kritisch eingestellt;
- ich weiß nach Lektüre dieser Informationen mehr über Prüfungen als die anderen;
- ich kann ja vor der Prüfung noch gar nicht wissen, ob es stimmt, und wenn es stimmt, kann ich die Prüfung wiederholen...

Gegen „Lampenfieber“ ist somit eine sinnvolle Strategie, sich ausführlich (z. B. in guten Gesprächen mit Fremden) mit den Ursachen der „Prüfungsangst“ beschäftigen, nicht auf vorschnelle Ratschläge, auf Beschwichtigung oder Ermutigung hereinfallen, sondern sich selbst über das Problem klar werden. Faustregel: durchschaute Probleme sind oft schon gelöste Probleme!

Was aber tun, wenn eine - nach ausführlichen Überlegungen rational geklärte - scheinbar „unbegründete“ Angst zurückbleibt? Hier setzen zwei Strategien an, die im folgenden vorgestellt werden.

2. Angemessene Spannung in der Prüfung

Vieles mehr oder weniger brauchbare wird hier angeboten: Meditation, Yoga, Progressive Muskelrelaxation, autogenes Training (vgl. Baustein 5, S. 58 ff.). Ziel ist jeweils, auch in kritischen Situationen die körperliche Anspannung in Grenzen halten zu können. Vorsicht ist jedoch geboten, wenn die Methoden übertrieben eingesetzt werden, denn die ideale „Prüfungsspannung“ liegt erheblich höher als die „Normalspannung“; etwas Stress aktiviert das Gehirn. Nachteilig wirkt sich die Tatsache aus, dass alle genannten Methoden erst nach intensiver, regelmäßiger, kontinuierlicher und relativ stressfreier Übungszeit ihre volle Wirkung entfalten, somit also nur zur langfristigen Prüfungsvorbereitung eingesetzt werden können. Voraussetzung ist auch, dass eine tiefere und langsamere Atmung („Ruheatmung“) eingesetzt werden kann (vgl. Baustein 7 zur Atmung, S. 81 ff.).

3. Souveränes Verhalten in der Prüfung

Verhaltenstraining bezweckt zweierlei: sich optimal auf eine Situation vorzubereiten und sich darin möglichst gut - wie der Begriff sagt - zu verhalten. Grundprinzip bei der Vorbereitung ist, soviel Erfahrungen zu sammeln, dass der zu bestehende „Ernstfall“ so wenig „Neues“ wie möglich bietet (Ungewohntes lenkt ja stets von der eigentlich nötigen Konzentration ab, auch unbewusst!).

Folgende Vorbereitungstipps sollten - wenn möglich - befolgt werden:

- möglichst genaue Informationen über Ort und Ablauf der Prüfung sammeln (Prüfungsordnung; Interviews mit früheren Kandidaten; die Prüfer in Veranstaltungen und Sprechstunden kennen lernen; den Prüfungsraum (oder einen ähnlich ausgestatteten) intensiv auf sich wirken lassen; „Lieblingsthemen“ herausfinden; Frageverhalten feststellen; öffentliche Prüfungen besuchen);
- möglichst viel Prüfungssimulationen mitmachen (als Kandidat und Prüfer; dabei sollten die Umstände der echten Prüfung so gut wie möglich nachgestellt werden, also Dauer, Sitzordnung, Fragen der echten Prüfung entsprechen. Zuweilen ist es ganz hilfreich, wenn absichtlich „schlechtes“ Prüferverhalten gespielt wird. Vorsicht: Studierende, die frisch Gelerntes

prüfen, neigen dazu, höhere Anforderungen als die echten Prüfer zu stellen oder klare Antworten auf eigentlich unlösbare Probleme zu erwarten);

- möglichst von qualifizierten Beobachtern Informationen über eigene Verhaltensauffälligkeiten einholen (störende Angewohnheiten, die den Eindruck negativ beeinflussen könnten, werden in der Regel in sprecherzieherischen und rhetorischen Veranstaltungen angesprochen; dabei bestehen auch Korrekturmöglichkeiten);
- möglichst die folgenden Verhaltenstipps ausprobieren (z. B. in Simulationen), die Beherrschung bestätigen lassen (von instruierten Beobachtern) und in der Prüfung einsetzen.

Folgende Verhaltensweisen in der Prüfung verbessern die Chancen:

- eine sichere Haltung einnehmen (nicht verkrampft nur auf der Stuhlkante sitzen; beide Füße sollten Bodenkontakt haben (übereinander geschlagene Beine wirken auf manche Prüfer zu „lässig"; der Rücken sollte einigermaßen gerade oder leicht nach vorne gebeugt sein - das wirkt „interessierter"). Zusatzvorteil: eine sichere Haltung fördert echte Sicherheit!
- eine offene, nicht blockierte Gestik einsetzten (verschränkte Arme wirken abwehrend und unsicher und verhindert die zum guten Sprechen nötige Gestik. Deshalb zu Beginn bewusst beide Hände unverschränkt auf die Oberschenkel oder - wenn vorhanden - auf den Tisch legen, der Rest kommt von selbst. Die Oberarme sollten locker nach unten hängen (entspannt!), die Ellbogen liegen am Oberkörper an (sonst wirkt es leicht aggressiv!);
- keine mimischen Tricks einsetzen (ein künstliches Lächeln wirkt höchstens herausfordernd, im besten Fall unsicher);
- der Situation angemessene Kleidung tragen (Tipp: etwas weniger elegant als die Prüfer, aber im ähnlichen Stil und vor allem ohne ablenkende Merkmale! An besonders heißen Tagen erwarten in Räumen ohne Klimaanlagen nur Sadisten Krawatten, Sakkos oder hochgeschlossene Kostüme.);
- wenn der Sitzplatz frei gewählt werden kann, darauf achten, dass der wichtigste Prüfer nicht in zu helles Licht schauen muss; die beste Anordnung zwischen Hauptprüfer und Prüfling wäre ansonsten ein ca. 90^0-Winkel, die meisten Prüfer wollen jedoch die Kandidaten direkt vor sich haben (vergrößert das Konfliktpotential!);
- die wichtigen Prüfer häufig ansehen: guter Blickkontakt (d. h. nicht „Fixieren") gilt als Signal für Kompetenz (Unsichere schauen die Frager nur selten an!), dazu kann die Mimik der Prüfer beobachtet werden. Ist eine negative Reaktion zu beobachten, kann die Antwort korrigiert werden oder es wird zurückgefragt („Sie sind vielleicht mit der Antwort nicht ganz zufrieden, soll ich eventuell noch..."). Gute Prüfer zeigen eine aufmunternde und bestätigende Verhaltensweise, was größere Sicherheit erzeugt. Soll ein Fragesteller zum

Weiterfragen aktiviert werden, dann muss er primär angesehen werden, will man einen Fragerwechsel, dann sollten am Ende der Antwort eher andere angeschaut werden;

- keine überhöhte Stimmlage entstehen lassen: Unsichere reden eher höher; tiefere Stimmen beruhigen und wirken kompetenter. Es ist deshalb sinnvoll, sich die in ruhigen Situationen gewählte Tonhöhe einzuprägen und in der Prüfung einzusetzen: Oft hilft der Rat, bewusst ein wenig tiefer zu sprechen (durch den „natürlichen" Stress gleicht sich das aus!). Am Ende von Aussagen sollte mit der Stimme in den bequemen Bereich heruntergegangen werden, das ist nicht nur bei professionellen Sprecher(inne)n üblich, sondern entspannt auch die Stimme (damit den ganzen Menschen), wirkt überzeugender und verhindert den inneren Zwang, noch etwas (meist weniger gutes) anzubauen;
- normale Lautstärke verwenden: Unsichere reden eher leise. Die größte Gefahr besteht am Satzende („vernuscheln!");
- so zügig und verständlich wie möglich sprechen: ein leicht erhöhtes Sprechtempo ist nämlich ein wichtiges Kompetenzsignal. Wer sich dabei jedoch leicht verhaspelt, sollte lieber langsamer reden, das beruhigt;
- ohne stärkere dialektale Färbung sprechen: hartnäckig hält sich das Vorurteil, dass Dialektsprecher dümmer sind;
- lieber etwas komplizierter sprechen (= mehr Fremdwörter, mehr Schachtelsätze mit Einschüben), das ist - im Vorurteil - auch ein Zeichen für Klugheit!

Grundsätzlich wichtig bei allen genannten Ratschlägen ist jedoch folgendes: Die Konzentration in der Prüfung muss primär den Inhalten gelten; wer gleichzeitig an alle genannten Verhaltensratschläge denkt, ist zumeist überfordert. Deshalb sollten in den Simulationen speziell Auffälligkeiten beachtet werden, die anschließend so lange trainiert werden, bis die „neue", bessere Verhaltensweise zur Routine geworden ist.

4. Kompetente Prüfungsantworten

Für eine richtige Antwort ist die primäre Voraussetzung, dass die Frage richtig verstanden wurde. Deshalb lieber nachfragen oder sich vergewissern („Sie wollen, wenn ich Sie recht verstanden habe, also wissen..."), als ins Blaue reden.

Vorsicht: viele wohlmeinende Prüfer versuchen den Prüflingen zu helfen, wenn nicht unmittelbar nach der ersten Frage die Antwort kommt. Sie bringen die gleiche Fragestellung in anderer Formulierung, wobei bei den Kandidaten oft der Eindruck entsteht, es wäre eine neue Frage! Nicht verwirren lassen, lieber andeuten, dass die Frage verstanden wurde, dass Bedenkzeit nötig ist - oder eine Gegenfrage stellen („Ist das die gleiche Frage wie eben, nur anders formuliert?").

Bestehen Unklarheiten über die Antwortstrategie, z. B. wenn eine Frage vielschichtig ist und mehrere Aspekte genannt werden können, ist folgende Vorgehensweise sinnvoll:

- sagen, dass es sich um eine vielschichtige Frage handelt;
- sagen, welche Aspekte in der Antwort auftreten könnten (evtl. auch nur in Beispielform, z. B. „Da wäre unter anderem das und das wichtig);
- rückfragen, ob genug Zeit zur ausführlichen Antwort vorhanden ist, oder ob einzelne Aspekte ausgeklammert werden sollen (Hintergrund: auch nur kurz erwähnte und nicht erklärte Begriffe wirken oft als „richtige Antwort"!)

Grundsätzlich verbessert sich der Wisseneindruck in wissenschaftlichen Prüfungen, wenn nicht nur knappe Faktenantworten (quasi „auswendig gelernt") gegeben werden, sondern ein differenziertes Denken und ein größerer Überblick demonstriert wird. Dazu dienen beispielsweise folgende Zitate:

- diese Frage trifft ein Kern-/Rand-Problem; es wurde vor allem... (wann?) von... (wem?)... (wie?) behandelt;
- über dieses Problem besteht Einigkeit in der Literatur (oder nicht?);
- dieses Problem gehört in den Bereich... (Herleitung), wird aber auch von... gleich/anders behandelt;
- natürlich gibt es hierzu auch andere Ansichten, ich beschränke mich vorerst auf die in der Standardliteratur vertretenen...

Natürlich lassen sich diese Antworten nur bringen, wenn wirklich ein Überblick vorhanden ist - Bluffs sind „Eigentore"!

„Nondirektiv" geführte Prüfungen werden immer beliebter. Dabei werden keine „direktiven" Wissensfragen gestellt („Wer hat was wann wo warum?"), die ja nur feststellen können, ob zufällig auf ein bestimmtes Problem die „richtige" Antwort gelernt wurde, sondern „offene" Fragen, die den Kandidaten die Möglichkeit geben, ihr wirkliches Wissen und Denkvermögen zu demonstrieren. Typische Einleitungen sind: „Was halten Sie von...", „Was ist für Sie das Wichtigste im Bereich...", „Was würden Sie tun, wenn...". Die Prüfer (wenn sie gut sind!) bekräftigen dabei die Aussagen der Prüflinge. Ideales Antwortverhalten ist dabei, wirklich „alles" sagen zu wollen, sich nicht mit den Kerngedanken zufrieden zu geben, sondern - mit entsprechenden Hinweisen auf die geringere Wichtigkeit - auch Details einzufügen.

In manchen Studiengängen sind mündliche Gruppenprüfungen üblich (mehrere werden zur gleichen Zeit geprüft). Hier ist das mimische Verhalten besonders wichtig. Wird anderen eine Frage gestellt, die selbst beantwortet werden könnte, so sollte dies deutlich (mit wissendem Lächeln und Nicken) gezeigt werden; macht ein anderer einen offenkundigen Fehler, so kann dies auch - obwohl es etwas unfair ist - in der eigenen Mimik herausgestellt werden. Jedoch sind Bluffs hierbei ebenfalls nicht angebracht!

Und falls Sie dann schließlich die Prüfung besonders gut absolviert haben - werden Sie bitte nicht eingebildet. Prüfungen können nämlich niemals objektiv feststellen, wie viel Expertenwissen Sie angehäuft haben oder gar wie fähig Sie als Mensch bzw. im Beruf sind, sondern nur, wie gut Sie im Vergleich zu anderen Kandidat(inn)en Prüfungen absolvieren können.

Letztendlich ist jede Prüfung zu einem guten Teil eine Art Glücksspiel! Deshalb steht am Schluss dieser Gedanken der Wunsch an alle: „Viel Glück!"

5 Weiterführende Literatur und Quellenangaben

- BARTHEL, Wolfgang: Prüfungen – kein Problem. Bewältigung von Prüfungsangst – effektive Prüfungsvorbereitung – optimales Verhalten. Weinheim, Basel: Beltz, 2001. 135 S.; € 13,-
- BIRKEL, Peter: Die mündliche Reifeprüfung im Spiegel experimenteller Untersuchungen. In: Erziehung und Unterricht 143 (1993), 4, S. 172-182
- BOSSONG, Bernd: Angst als dispositionelle selbstwertdienliche Strategie in Leistungssituationen. In: Zs. f. Sozialpsych. 26 (1995), 1, S. 3-14
- DIETZE, Lutz: Mündlich: ausgezeichnet. Informationen, Tipps und Übungen für ein optimales Examen. Berlin: Cornelsen Scriptor, 1999. 184 S.; € 14,50
- GOURMELON, Andreas; MAYER, Michael; MAYER, Thomas: Prüfungsgespräche erfolgreich führen. Ein Programm. Stuttgart: Trias, 1992. 143 S.
- KNIGGE-ILLNER, Helga: Keine Angst vor Prüfungsangst. Frankfurt/Main: Eichborn, 1999. 184 S.; € 14,90
- MEER, Dorothee: Der Prüfer ist nicht der König. Mündliche Abschlußprüfungen in der Hochschule. Tübingen: Niemeyer, 1998, VI, 226 S., € 54,-
- METZIG, Werner; SCHUSTER, Martin: Prüfungsangst und Lampenfieber. Bewertungssituationen vorbereiten und meistern. Berlin u. a.: Springer, 1998. 205 S.; € 16,95
- WEISS, Hans-Joachim: Prüfungsangst. Wie entsteht sie? Was richtet sie an? Wie begegne ich ihr? 2., aktualisierte und erweiterte Auflage. Würzburg: Lexika Verlag / Krick Fachmedien GmbH, 1997. 109 S.; € 16,-
- WROBEL, Dieter: Psychologische Anmerkungen zum Thema Prüfungsangst. Ein Gespräch via E-Mail mit Prof. Dr. Joachim Brunstein, Lehrstuhl für Pädagogische Psychologie, Universität Potsdam. In: Deutschunterricht 53 (2000), Sonderheft, S. 36-40

GRUNDLAGEN DER MÜNDLICHEN KOMMUNIKATION
INFORMATIONSBAUSTEIN 22

Sprechauffälligkeiten

(Eine kurze Einführung in die Sprechtherapie)

1 Ziele

Pädagogisch Tätige sollten in der Lage sein, massive sprecherische Auffälligkeiten („Sprechstörungen") zu erkennen und angemessene Diagnosen und Therapien anzuregen bzw. zu unterstützen. Dazu gehört ein Grundwissen über die möglichen Probleme und Hilfen. Der hier gegebenen Überblick qualifiziert jedoch keinesfalls zur selbständigen Behandlung. Sie sollte denen überlassen bleiben, die mehrere Jahre lang dafür ausgebildet wurden (= Fachleute mit Examina aus den jeweiligen Gebieten der Medizin, der Logopädie, der Sprachheilpädagogik bzw. der Sprechtherapie etc.).

2 Die normale Sprach- und Hörentwicklung (nach BRÜGGEBORS, S. 146 ff.)

Dieser Abschnitt gibt nur Durchschnittswerte an; stärkere Abweichungen können (müssen jedoch nicht) auf Probleme hinweisen. In Zweifelsfällen helfen Fachleute (vgl. Abschnitt 4 dieses Bausteins).

Am Ende des 1. Lebensjahres sollte ein Kind bei plötzlichen Geräuschen zusammenzucken, bei Ansprache Blickkontakt und mimische Signale zeigen, den Mund überwiegend geschlossen halten, den Speichel hinunterschlucken, einen Löffel mit Lippen und Zunge abschlecken, die Stimme so modulieren, dass daraus auf die Stimmung geschlossen werden kann, husten, quietschen und (mit Fremdnachahmung) lallen können.

Am Ende des 2. Lebensjahres sollte ein Kind auf seinen Namen und auf einfache Aufforderungen und Fragen reagieren, feste Nahrung kauen, die Vokale a, e, i, o, u benutzen, Tierlaute nachahmen, die Konsonanten m, b, p (evtl. auch schon d, f, l, n, t, w) sprechen, einige einfache Wörter nachsprechen (z. B. *Mama, Papa, Oma*), einige Bezugspersonen mit Namen ansprechen („Einwortsätze").

Am Ende des 3. Lebensjahres sollte ein Kind auf Wörter reagieren, die nicht durch Mimik oder Gestik unterstützt werden, auf genannte Gegenstände (z. B. im Bilderbuch) zeigen, einfache unsichtbar geklopfte Rhythmen nachahmen, von sich selbst mit seinem Vornamen sprechen, gängige Verben (z. B. *schlafen, essen*) und einfache Adjektive (z. B. *schön, lieb*) altersgemäß sprechen, ab und zu Artikel gebrauchen („*das Bett*"), die ersten Fragen stellen, Selbstgespräche bzw. Gespräche mit Puppen und Tieren führen.

Am Ende des 4. Lebensjahres sollte ein Kind schwierige Konsonanten (s, sch, r) richtig aussprechen, Wörter wie *„mein, dein, ich, du"* benutzen, ein Erlebnis nachvollziehbar erzählen, ab und zu Mehrzahl- und Vergangenheitsformen korrekt bilden, einfache Vorgänge in Bilderbüchern erkennen und beschreiben.

Am Ende des 5. Lebensjahres sollte ein Kind Konsonantenverbindungen wie ch, ck, ng, sp, fr richtig bilden, kleine kurze Nebensätze benutzen, einige Farben und Körperteile benennen und evtl. deren Funktion kurz erläutern (*„Ich laufe mit den Füßen."*).

Am Ende des 7. Lebensjahres sollte ein Kind Oberbegriffe (z. B. *„Tiere"*) und Unterschiede (z. B. *„Autos fahren - Vögel fliegen"*) finden können, aus drei bis fünf vorgegebenen Wörtern einen kompletten Satz formulieren, kurze Geschichten verständlich erzählen, Phantasiegeschichten erfinden.

3 Die häufigsten Sprechauffälligkeiten

In der Fachliteratur finden sich unterschiedliche Einteilungs- und Begriffssysteme. Oft treten in der Praxis Symptome und Ursachen aus verschiedenen Bereichen kombiniert auf. Der nachfolgend häufig verwendete Schrägstrich (/) ist deshalb als „beziehungsweise" (= je nach Einzelfall als „und" oder „oder") zu lesen.

3.1 Stimmauffälligkeiten (Dysphonien)

Symptome: Die Stimme klingt heiser / belegt / verhaucht / tonlos / gepresst / resonanzarm / es besteht Räusperzwang / die Stimme ermüdet schnell / es bestehen Schmerzgefühle im Kehlkopfbereich / die Stimme bleibt ganz weg (= Aphonie).

Ursachen: Abnormes Schwingungsverhalten der Stimmlippen, verursacht durch stimmliche Überbelastung (= hyperfunktionelle Dysphonie) / zu geringem Energieeinsatz beim Sprechen (= hypofunktionelle Dysphonie) / organische Erkrankungen (z. B. Erkältungen / Knötchen / Ödeme / Polypen / Krebs) / psychische Probleme (z. B. Depressionen / Neurosen) / anlagebedingte Schwächen (z. B. ungenügende Muskelentwicklung) / falsche Stimm- bzw. Artikulationsgewohnheiten / Schwerhörigkeit / Medikamenten-Nebenwirkungen (z. B. bei bestimmten Hormonpräparaten) / Schädigungen als Folge von Rauchen und Alkohol (z. B. Keratosen).

Folgen: Schwerverständlichkeit / ungünstige Persönlichkeitsbeurteilung / Schmerzen (Überbelastungen können wiederum organische Erkrankungen auslösen) / psychische Störungen / Zwang zur Berufsaufgabe / im Extremfall

Verlust der Stimme (z. B. bei nicht rechtzeitig erkanntem Kehlkopfkrebs, der sogar lebensgefährlich werden kann).

Eingriffsmöglichkeiten: Unabdingbar ist eine genaue fachärztliche Diagnose (vgl. S. 230 f.), z. B. mit Hilfe einer Kehlkopfspiegelung bzw. Laryngoskopie (schmerzlos und auf Kosten der Krankenkasse!). Danach wird u. U. eine logopädische Therapie verordnet, bei der die Erziehenden unterstützend tätig werden können (z. B. Verhindern von zu lautem Sprechen, Anregen zu deutlicherer Artikulation).

Ein spezieller Hinweis für Eltern und Erziehende:

Nicht alle „Stimm-Experten" sind für die Arbeit mit Kindern ausreichend qualifiziert. Beispielsweise werden ab und zu voreilig Stimmlippenoperationen vorgenommen, ohne die Möglichkeit einer Therapie auszunutzen (z. B. eine mehrwöchige „Schweigekur").

Manchmal erfolgen schematische und zu kurze Behandlungen ohne Zusammenarbeit mit den Bezugspersonen, die den Kindern keinen Spaß bereiten und relativ erfolglos bleiben müssen. In diesen Fällen sollte rechtzeitig die Praxis gewechselt werden!

3.2 Artikulationsauffälligkeiten

3.2.1 Näseln (Rhinolalie / Rhinophonie)

Symptome: Die gesprochene Sprache klingt verschnupft (= „geschlossenes Näseln" / „Rhinolalia clausa") oder dumpf/verwaschen (= „offenes Näseln" / „Rhinolalia aperta"); manchmal tritt beides kombiniert auf („gemischtes Näseln" / „Rhinolalia mixta").

Ursachen: Beim geschlossenen Näseln Verengungen / Verformungen im Nasen- und Nasenrachenraum (z. B. Polypen), evtl. auch Gewohnheit: es kommt zu wenig Luft durch die Nase. Beim offenen Näseln mangelhafter Verschluss zwischen weichem Gaumen bzw. Zäpfchen und Rachenrückwand (z. B. bei Lippen-Kiefer-Gaumenspalten, Lähmungen; häufig aus [z. T. dialektaler] Gewohnheit, kombiniert mit zu geringer Mundöffnung): es tritt zu viel Luft durch die Nase.

Folgen: Schwerverständlichkeit; evtl. Schleimhautaustrocknung und schnelle Stimmermüdung durch ungünstige Mundatmung; z. T. auch ungünstige Persönlichkeitsbeurteilung aufgrund der oft relativ undeutlichen Artikulation („Nuschler" oder „Arroganz").

Eingriffsmöglichkeiten: Fachärztliche bzw. sonderpädagogische Diagnose und Behandlung, evtl. Operation; falls nur Gewohnheit als Ursache in Frage kommt, hilft Anregung zu bzw. Übung von deutlicherer Artikulation.

3.2.2 Stammeln - Dyslalien - Phonologische Störungen („Sprechstörungen" im engeren Sinn)

Symptome: Bestimmte Laute/Lautverbindungen werden nicht oder falsch gebildet. Besonders oft treten Probleme mit den s-Lauten auf (= Sigmatismus / „Lispeln").

Häufigste Fehlbildungen: „Sigmatismus addentalis" (die Zunge stößt an die oberen Schneidezähne), „Sigmatismus interdentalis" (die Zunge kommt zwischen den Schneidezähnen hervor), „Sigmatismus lateralis" (= „Hölzeln", der Luftstrom geht seitlich an der Zunge vorbei), „Sigmatismus stridens" (S-Laute klingen zu scharf).

Seltener finden sich Fehlbildungen von „r" („Rhotazismus"), „sch" („Schetismus"), „vorderem ch"/[ç] („Chitismus") und anderen Lauten.

Ursachen: überwiegend Gewohnheit bzw. verzögerte Sprachentwicklung, oft bekräftigender Einfluss von Bezugspersonen („*das klingt so süß*"), selten organische Ursachen (z. B. Frequenzschwerhörigkeit, Zahnlücken, Lähmungen etc.; die dadurch entstandenen Störungen werden in Fachkreisen als „Dysglossien" bzw. „Dysarthrien" bezeichnet).

Folgen: auffällige, evtl. vom Inhalt ablenkende Sprechweise; u. U. unerwünschte Persönlichkeitsbeurteilung („kindlich"); in schweren Fällen massive Verstehensprobleme.

Eingriffsmöglichkeiten: Bei Verdacht auf organische Ursachen fachärztliche Untersuchung (einschl. „Hörtest"). Fast alle „funktionellen" (= nicht organisch bedingten) Dyslalien können in wenigen Monaten erfolgreich logopädisch bzw. sprachheilpädagogisch therapiert werden, falls die Betroffenen entsprechend motiviert sind/werden und geduldig üben.

Mit „Ableitungsmethoden" (z. B. [s] von [t] oder [f], [ç] von [j]) gelingt die Anbildung oft schnell; problematisch und langwierig wird dann die Einbindung in die „Normalsprache" (evtl. ist psychologische Unterstützung sinnvoll). Zur Einübung sollte deshalb ein Stufenweg vom Einfachen zum Schwierigen beschritten werden. Bei Kindern sind spielerisch aufgebaute Übungen besonders wichtig.

3.3 Redefluss-Störungen

3.3.1 Poltern (Tachyphemie)

Symptome: Überhastet klingendes Sprechen mit Wiederholungen, Verstümmelungen oder Ausfällen von Lauten, Silben oder Wörtern; abgehackte, monotone Intonation. Polterer wirken oft hastig oder fahrig. Das „Störungsbewusstsein" fehlt normalerweise oder ist stark eingeschränkt („*Ich rede halt nur ein bisschen schnell...*").

Ursachen: die gestörte Koordination von Denken und Sprechen ist vermutlich ererbt oder familiär erlernt; oft nur mangelnde Sorgfalt oder Konzentrationsfähigkeit (= in Stress-Situationen treten weniger Symptome auf!); evtl. minimale cerebrale Dysfunktionen.

Folgen: Schwerverständlichkeit, ungünstige Persönlichkeitsbeurteilung.

Eingriffsmöglichkeiten: Therapien sind schwierig, da die Probleme von den Betroffenen kaum wahrgenommen werden. Mit Hilfe von Tonbandaufnahmen (wenn möglich, zunächst „heimlich") und steter Aufmerksamkeitslenkung können die Störungen bewusst gemacht und reduziert werden.

3.3.2 Stottern (Balbuties)

Symptome: Wiederholen von Lauten / Silben / Wörtern (= klonisches Stottern) und / oder gestörter / gepresster Stimmanfang (= tonisches Stottern), starker Leidensdruck. Zuweilen „singende Intonation" oder „gestöhntes" bzw. „geseufztes" Sprechen (als Folge bestimmter Therapien).

Ursachen (oft sind diese unklar!): Erbfaktoren / minimale Hirnschädigungen (selten!) / Neurosen / seelische Traumen, z. B. durch Unfallschock / Überaufmerksamkeit für eigentlich automatisierte Sprech-Teil-Funktionen.

Folgen: massive Kommunikationsstörungen, Verkrampfungen, extreme Sprechangst, Vermeidungsverhalten, evtl. Atemstörungen, Mitleid und Kontaktscheu bei Partnern.

Eingriffsmöglichkeiten: Zahlreiche Therapien (mit verschiedenen Ansätzen) sind möglich, jedoch ist das Stottern häufig (bei ca. 20 %) nicht zu lindern, nur ca. 40 % werden „symptomfrei".

Wichtigstes Prinzip: Stotternde Personen sollten keinesfalls den Eindruck gewinnen, dass ihr Problem die jeweiligen Gesprächspartner stört. Deshalb ist primär

Geduld wichtig. Leistungsdruck (z. B. "Ausfragen" vor der Klasse), gut gemeinte Hilfen und zu intensiver Blickkontakt müssen vermieden werden; Hänseleien und Imitationen sind strikt zu unterbinden, da sie meist zu einer Verschlimmerung führen.

3.4 Sprachstörungen (Aphasien etc.)

Symptome: Die Möglichkeit, Gedanken und Gefühle sprachlich / sprecherisch ausdrücken zu können, fehlt bzw. ist stark beeinträchtigt (= Aphasie / Dysphasie). Es treten isolierte oder kombinierte Hör-, Wortfindungs-, Schreib-, Lesestörungen auf. Im Extremfall völliger Verlust der Sprache.

Ursachen: Unfälle mit Kopfverletzungen, Durchblutungsstörungen im Gehirn (z. B. als Folge von Schlaganfällen), Tumore etc.

Folgen: je nach Störungsgrad mittlere bis absolute „soziale Katastrophe" (Aphasien etc. werden von Laien häufig als „Geistesstörung" angesehen).

Eingriffsmöglichkeiten: Eine möglichst frühe Übungsbehandlung (schon am Krankenbett) erhöht die Chancen einer Heilung. Die Therapie selbst wird meist extrem langwierig und erfordert viel Geduld. Nonverbale Kommunikation ist i. d. R. noch möglich.

4 Diagnose- und Therapiemöglichkeiten

Für die Diagnose und Therapie von Sprechauffälligkeiten sind verschiedene Berufsgruppen zuständig, die in diesem Abschnitt kurz vorgestellt werden.

4.1 Fachärzte/Fachärztinnen für Stimm- und Sprachstörungen (Phoniater)

Sie sind die „erste Adresse", wenn es um fachgerechte Diagnosen, medizinische Eingriffe und Verschreibung von Übungsbehandlungen geht. In der Regel handelt es sich um HNO-Ärzte, die in einer Zusatzausbildung fundierte Kenntnisse in Phoniatrie (= Stimmheilkunde) und Pädaudiologie (= Behandlung kindlicher Hörstörungen) erwarben. Leider gibt es in Deutschland nur wenige, deshalb folgen hier einige Adressen (Nicht Privatversicherte benötigen vor der fachärztlichen Behandlung einen Überweisungsschein ihrer allgemeinärztlichen Praxis):

- Universitäts-HNO-Klinik, Sektion Phoniatrie u. Pädaudiologie, Killianstraße 5, 79106 **Freiburg** (Tel. 0761-2 70 42 01);

- Abteilung für Stimm- und Sprachstörungen sowie Pädaudiologie der Universitäts-HNO-Klinik, Im Neuenheimer Feld 400 („Kopfklinik"), 69120 **Heidelberg** (Tel. 0 62 21-56 72 38);
- SRH (Stiftung Rehabilitation Heidelberg) - Phoniatrisch-Logopädisches Zentrum, Ludwig-Guttmann-Straße 2/1, 69123 **Heidelberg**-Wieblingen (Tel. 0 62 21-88 20 52);
- Universitätsklinik für Kommunikationsstörungen, Langenbeckstraße 1, 55131 **Mainz** (Tel. 06131-17 24 73);
- Klinikum der Stadt Mannheim, HNO-Klinik, Abt. Phoniatrie-Pädaudiologie, Theodor-Kutzer-Ufer 1-3, 68135 **Mannheim** (Tel. 0621-38 24 50);
- Universitäts-HNO-Klinik, Abt. Phoniatrie und Pädaudiologie, Franz-Josef-Strauß-Allee 11, 93053 **Regensburg** (Tel. 0941-94 40);
- Dr. Erhard Miethe; Phoniater am Katharinen-Hospital, Kriegsbergstr. 60, 70174 **Stuttgart** (Tel. 0711-2 78 32 71);
- Abteilung für Phoniatrie und Audiologie der Universitäts-HNO-Klinik, Silcherstr. 5, 72076 **Tübingen** (Tel. 07071-29 38 21);
- Phoniatrische Ambulanz der Universitäts-HNO-Klinik Ulm, Frauensteige 14 a, 89075 **Ulm** (Tel. 0731-5 02 17 01).

Weitere Adressen können Sie im Internet auf der Homepage der Deutschen Gesellschaft für Phoniatrie und Pädaudiologie finden (www.dgpp.de).

Eine spezielle Rehabilitations- bzw. Kurklinik für Stimmstörungen („Stimmheilzentrum") befindet sich in Bad Rappenau (zwischen Heilbronn und Heidelberg gelegen); dort sind mehrwöchige Intensivtherapien möglich (Waldstraße 9, 74906 Bad Rappenau; Tel. 07264-8 86 00).

4.2 Sonstige Ärzte und Ärztinnen

Fachärzte/-innen für Hals-Nasen-Ohren-Heilkunde, Neurologie und Psychiatrie bzw. Kinderärzte/-innen können in vielen Fällen ebenfalls qualifizierte Ansprechpersonen darstellen. Nicht Privatversicherte benötigen vor der fachärztlichen Behandlung in der Regel einen Überweisungsschein ihrer allgemeinärztlichen Praxis.

Studierende der Pädagogischen Hochschule Heidelberg können sich kostenlos im Rahmen der sprechpädagogischen Einzelberatung genauer über die jeweils angemessene Diagnose und Therapie informieren lassen.
Ähnliche Angebote bieten die meisten anderen an Hochschulen angestellten Sprecherzieher(innen).

4.3 Sprachheillehrer(in) / Sprachbehindertenpädagoge(in)

Diese an Hochschulen pädagogisch und therapeutisch ausgebildeten Lehrkräfte unterrichten vor allem an den Sonderschulen für Sprachbehinderte[1]. Sprach- und sprechauffällige Kinder können dort nach regulärem Lehrplan in kleinen Klassen unter besonderer Berücksichtigung ihrer Probleme lernen. Häufig werden zusätzliche ambulante Kurse und Tests in den Regelschulen angeboten (z. B. Einzeltherapien bei Dyslalien). Nach mehrjähriger Berufserfahrung dürfen Sprachbehindertenpädagogen in manchen Regionen auch private Praxen eröffnen (z. T. nach einer speziellen Heilpraktikerprüfung).

4.4 Logopäd(inn)en und andere medizinische Hilfsberufe

Sie sind primär für die therapeutische Übungsbehandlung nach ärztlicher Verschreibung zuständig; ihre in der Regel dreijährige medizinisch orientierte Ausbildung erfolgt an Fachschulen. Eine vergleichbare Qualifikation besitzen die Atem-, Sprech- und Stimmlehrer(innen) der Schule Schlaffhorst-Andersen (in Bad Nenndorf) und andere Sprachtherapeuten.

4.5 Sprecherzieher(innen) und Sprechwissenschaftler(innen)

Die an Universitäten bzw. Hochschulen ausgebildeten Sprecherzieher(innen) und Sprechwissenschaftler(innen) arbeiten mit sehr unterschiedlichen Schwerpunkten. Seit 1979 ist für die „Sprecherzieher (DGSS)“ auch Studium und Prüfung im Fach „Sprechtherapie“ obligatorisch. Die Stuttgarter „Diplom-Sprecherzieher“ müssen ebenfalls entsprechende Lehrveranstaltungen und Praktika nachweisen, sie können einen „Studienschwerpunkt Sprechtherapie“ wählen. Besonders qualifiziert und in ihrer Therapieberechtigung den Logopäden gleichgestellt sind ferner die in Halle ausgebildeten „Klinischen Sprechwissenschaftler“.

4.6 Sonstige Berufsgruppen

In Einzelfällen können andere Berufsgruppen wertvolle Hilfe leisten. Zum Beispiel werden viele Psycholog(inn)en bei Stotterproblemen konsultiert; klinische Linguist(inn)en wirken z. T. sehr erfolgreich bei der Diagnose und Therapie von Aphasien.

1 Außerhalb Baden-Württembergs arbeiten z. T. Sprachheillehrkräfte an normalen Schulen.

5 Weiterführende Literatur und Quellenangaben

- BEUSHAUSEN, Ulla: Kindliche Stimmstörungen. Ein Ratgeber für Eltern und pädagogische Berufe. Idstein: Schulz-Kirchner Verlag, 2001. 63 S.; € 7,80
- BRAUER, Thomas; TESAK, Jürgen: Logopädie. Was ist das? Eine Einführung mit Tonbeispielen. Idstein: Schulz-Kirchner Verlag, 2003. 90 Seiten + 2 CDs, € 19,60
- BRÜGGEBORS, Gela: So spricht mein Kind richtig. Entwicklungen und Störungen beim Sprechenlernen. Wie Eltern und Erzieher helfen können. Reinbek: Rowohlt Taschenbuch Verlag, Neudruck 2000. 155 S.; € 7,90 (rororo 8100).
- FRANKE, Ulrike: Logopädisches Handlexikon. 7., aktual. Auflage. München, Basel: E. Reinhardt, 2004. 272 S.; € 17,90
- HABERMANN, Günther: Stimme und Sprache. Eine Einführung in ihre Physiologie und Hygiene. 4. unv. Auflage. München: dtv/Thieme 2003. XII, 275 S.; € 22,95
- HERMANN-RÖTTGEN, Marion: Unser Kind spricht nicht richtig... Kindliche Sprachstörungen und ihre Ursachen; Woran man sie erkennt und was Sie dagegen tun können; Viele praktische Ratschläge und Spiel-Ideen zur Sprachförderung. Stuttgart: Trias (G. Thieme), 1997. 186 S.; € 17,95
- MIETHE, Erhard; HERMANN-RÖTTGEN, Marion: Wenn die Kinderstimme nicht stimmt ...: Ein Ratgeber für Therapeuten und Eltern mit vielen Spielen zur Behandlung kindlicher Stimmstörungen. Wehrheim: Verlag gruppenpäd. Literatur, 2002. 112 S., € 18,90
- NAUMANN, Carl Ludwig: Ein Schüler hat einen Sprechfehler - was tun? In: S. Berthold; C. L. Naumann (Hrsg.): Mündliche Kommunikation im 5. - 10. Schuljahr. Bad Heilbrunn: Klinkhardt, 1984 (S. 169 - 176)
- SANDRIESER, Patricia; SCHNEIDER, Peter: Stottern im Kindesalter. Diagnostik und Therapie. 2. aktualisierte und erw. Auflage. Stuttgart, New York: Georg Thieme Verlag, 2003. 198 S.; € 34,95
- SICK, Ulrike: Poltern. Theoretische Grundlagen, Diagnostik, Therapie. Stuttgart: Thieme, 2003. 120 S.; € 29,95
- WEBER, Christine: Poltern - eine vergessene Sprachbehinderung. Berlin: V. Spiess, 2002. 156 S.; € 15,50
- WENDLER, Jürgen; SEIDNER, Wolfgang, KITTEL, Gerhard, EYSHOLDT, Ulrich: Lehrbuch der Phoniatrie und Pädaudiologie. 3., völlig neu bearbeitete und erweiterte Auflage. Stuttgart, New York: Thieme, 1996. € 79,95
- WIRTH, Günter: Sprach- und Sprechstörungen, Kindliche Hörstörungen. Lehrbuch für Ärzte und Logopäden und Sprachheilpädagogen. 5. Auflage, überarbeitet von M(artin) PTOK und R(ainer) SCHÖNWEILER. Köln: Deutscher Ärzte-Verlag, 2000. 820 S.; € 34,95
- WIRTH, Günter: Stimmstörungen. Lehrbuch für Ärzte, Logopäden, Sprachheilpädagogen und Sprecherzieher. 4. überarb. Auflage. Köln: Deutscher Ärzte-Verlag, 1995. 456 S.; € 29,95

Auswahlbibliographie

(Auswahlkriterium: gut und möglichst preiswert)

ALLHOFF, Dieter-W. und Waltraud: Rhetorik und Kommunikation. Ein Lehr- und Übungsbuch zur Rede- und Gesprächspädagogik. 12. Auflage. Regensburg: Bayerischer Verlag für Sprechwissenschaft 2000. 304 S.; € 15.30

(Als Begleitbuch für Rhetorikseminare konzipiert enthält es neben aktuellen und anschaulich formulierten Informationen viele Übungsanregungen zu den Bereichen „Sprecher/Redner", „Rede", „Argumentation und Manipulation" und „Gespräch, Diskussion, Verhandlung")

BERTHOLD, Siegwart: Reden lernen im Deutschunterricht. Übungen für die Sekundarstufe I und II. Essen: Neue Deutsche Schule Verlagsgesellschaft, 1997. 168 S.; € 12,70

BERTHOLD, Siegwart: Im Deutschunterricht Gespräche führen lernen. Unterrichtsanregungen für das 5. - 13. Schuljahr. Essen: Neue Deutsche Schule VG, 2000. 316 S.; € 13,70

(Zwei Zusammenstellungen von bewährten und originellen Übungen speziell für den Schuleinsatz)

DUDEN - (Das) Aussprachewörterbuch. Wörterbuch der deutschen Standardaussprache. 4., neu bearb. u. aktualisierte Auflage (Bearb. Max MANGOLD). Mannheim u. a.: Dudenverlag, 2000. 894 S.; € 21,50

(Manchmal wichtiges Nachschlagewerk zur „richtigen" Aussprache)

GENZMER, Herbert: Rhetorik (DuMont Schnellkurs). Köln: DuMont, 2003. 191 S.; € 14,90

(Ein reich bebildertes und sehr anschauliches einführendes Nachschlagewerk)

GORA, Stephan: Arbeitsmaterialien Deutsch - Grundkurs Rhetorik. Eine Hinführung zum freien Sprechen. Neubearbeitung. Stuttgart: Klett, 2000. 104 S.; € 9,80

(Zielgruppe ist die Sekundarstufe II, doch manches lässt sich auch gut mit Jüngeren behandeln. Dazu ist für DM 13,- ein Lehrerheft mit 64 S. erhältlich.)

KELBER, Magda: Gesprächsführung. 12. Auflage der „Fibel für Gesprächsführung". Opladen: Leske u. Budrich, 1977. 168 S. (vergriffen, aber in Bibliotheken erhältlich)

(Anschauliche Einführung mit wertvollen Anregungen zur Gesprächsführung, z. B. in der Jugendarbeit, im Verein und bei Konferenzen)

LANGER, Inghard; **SCHULZ von THUN**, Friedemann; **TAUSCH**, Reinhard: Sich verständlich ausdrücken. 7., überarbeitete und erweiterte Auflage. München, Basel: E. Reinhardt 2002. 222 S.; € 16,-

(Enthält neben einer kurzen informativen Einführung zahlreiche praktische Übungen zum individuellen Training des verständlichen Formulierens)

PABST-WEINSCHENK, Marita: Reden im Studium. Ein Trainingsprogramm. Frankfurt/M.: Cornelsen Scriptor, 1995. 174 S.; € 12,95

(Behandelt vor allem die Rede- und Gesprächsformen, die für Studierende wichtig sind; viele Übungsanregungen)

PABST-WEINSCHENK, Marita: Die Sprechwerkstatt. Sprech- und Stimmbildung in der Schule. Braunschweig: Westermann Schulbuchverlag, 2000. 144 S.; € 14,50

(Eine unverzichtbare Übungszusammenstellung für die Schüler(innen) der Primarstufe und der Sekundarstufe I)

PAWLOWSKI, Klaus; **RIEBENSAHM**, Hans: Konstruktiv Gespräche führen. Fähigkeiten aktivieren, Ziele verfolgen, Lösungen finden. 3. Auflage, 2003. Reinbek: Rowohlt Taschenbuch Verlag, 1998. 352 S.; € 8,90

(Ein Lehrbuch, das sich wie ein Roman lesen lässt)

Rhetorik. Arbeitstexte für den Unterricht. Für die Sekundarstufe herausgegeben von Michael F. LOEBBERT. Stuttgart: Reclam, 1991. 152 S.; € 3,60

(Typisches Reclamheft mit 19 „klassischen" Texten zur Fachentwicklung)

SCHULZ VON THUN, Friedemann: Miteinander reden: Störungen und Klärungen. Psychologie der zwischenmenschlichen Kommunikation. Reinbek: Rowohlt Taschenbuch Verlag, 1981 (zahlreiche Neuauflagen). 269 S.; € 8,50

Miteinander reden 2: Stile, Werte und Persönlichkeitsentwicklung. Differentielle Psychologie der Kommunikation. Reinbek: Rowohlt Taschenbuch Verlag, 1989 (zahlreiche Neuauflagen). 252 S.; € 7,90

Miteinander reden 3. Das „Innere Team" und situationsgerechte Kommunikation. Reinbek: Rowohlt Taschenbuch-Verlag, 1998. 336 S.; € 8,90

(Drei anschaulich gestaltete und weit verbreitete Taschenbücher für alle, die sich für möglichst störungsfreie Kommunikation interessieren. Übrigens sind die drei Bände auch als Sonderausgabe für insgesamt € 14,90 erhältlich.)

SCHULZ VON THUN, Friedemann; **RUPPEL**, Johannes; **STRATMANN**, Roswitha. Miteinander reden: Kommunikationspsychologie für Führungskräfte. Reinbek: Rowohlt Taschenbuch Verlag, 2000. 192 S.; € 8,90

(Eine nicht nur für Führungskräfte gut geeignete Zusammenfassung der Grundlagenbücher Schulz von Thuns.)

sprechen. Zeitschrift für Sprechwissenschaft, Sprechpädagogik, Sprechtherapie, Sprechkunst. Regensburg: Bayerischer Verlag für Sprechwissenschaft 1983 ff. (erscheint halbjährlich); Einzelheft: € 6,00.

(Einzige deutschsprachige sprechpädagogische Fachzeitschrift; enthält u. a. regelmäßig die von Roland W. Wagner zusammengestellten Bibliographien neu erschienener Literatur)

WAGNER, Roland W.: Die sprechen-Bibliographie. Interdisziplinäre Zusammenstellung aktueller Bücher und Aufsätze zur mündlichen Kommunikation (CD-ROM-Version). Regensburg: Bayerischer Verlag für Sprechwissenschaft, 1996ff.; 12 S. und CD mit 5750 KB Daten. € 18,- (Sonderpreis für Studierende: € 12,-; für Institute mit Mehrplatznutzung € 43,-)

(Halbjährlich aktualisierte Bibliographie für die Computerrecherche mit über 10000 Literaturangaben)

WAGNER, Roland W.: Übungen zur mündlichen Kommunikation. Bausteine für rhetorische Lehrveranstaltungen. 2. erw. Auflage. Regensburg: Bayerischer Verlag für Sprechwissenschaft 2002. 168 S. im DIN-A4-Ordner. € 19,50

(Eine nach Meinung von Fachkollegen ganz brauchbare Zusammenstellung)

WEISBACH, Christian-Rainer: Professionelle Gesprächsführung. Ein praxisnahes Lese- und Übungsbuch. 6. überarb. und erw. Auflage. München: dtv, 2003. XIV, 482 S.; € 12,-

(Obwohl primär auf berufliche Gespräche bezogen, lässt sich vieles aus diesem preiswerten Taschenbuch gut auf die private und schulische Kommunikation übertragen)

Für den Herbst 2004 ist ein neues Handbuch „Grundlagen der Sprechwissenschaft und Sprecherziehung“ angekündigt, das von Marita PABST-WEINSCHENK herausgegeben und im Ernst-Reinhardt-Verlag (München, Basel) zum Preis von € 29,90 erscheinen wird.

Weitere Literaturangaben stehen jeweils am Ende der einzelnen „Bausteine“!

GRUNDLAGEN DER MÜNDLICHEN KOMMUNIKATION - BAUSTEIN 24

Abschlusstest zur Selbstüberprüfung

Der folgende Test dient der Selbstkontrolle und der Wiederholung. In Zweifelsfällen können die Antworten nachgelesen werden. Bei jeder Frage stehen dazu (in Klammern) entsprechende Hinweise auf die jeweilige(n) Seite(n) im Buch.

1 Welche Hauptziele verfolgt die Sprechpädagogik (Sprecherziehung)? (12-13)

2 Welche Probleme können beim sprecherzieherischen Unterricht auftreten? (16-17)

3 Was bedeutet „Feedback“; wie sollte es formuliert werden? (17)

4 Wie könnte Kommunikation mit Hilfe von Modellen verdeutlicht werden? (20-24)

5 Welche Thesen gibt es zur „Pragmatik von Interaktion und Kommunikation“? (28)

6 Welche Forderungen enthält die „Themenzentrierte Interaktion“ (27-28)

7 Welche Kriterien können bei der Beurteilung von Sprech- und Redeleistungen verwendet werden? (40-43)

8 Welche Symptome sind bei Sprechängstlichen festzustellen? (49-50)

9 Welche Einstellungsänderungen können „Lampenfieber“ reduzieren? (51-52)

10 Mit welchen Übungen können die körperlichen Symptome von Sprechängstlichkeit reduziert werden? (52-53)

11 Welche Änderungen im Bewegungs- und Sprechverhalten vermindern die Sprechängstlichkeit; was kann beim „Steckenbleiben“ unternommen werden? (54-55)

12 Welche Aufgaben können nonverbale („körpersprachliche“) Signale wahrnehmen? (73)

13 Was kann als Beispiel(e) für häufig angenommene Interpretationen von „Körpersprache“ genannt werden? (74-76)

14 Wie läuft die ideale „Sprechatmung“ ab? (81-82)

15 Welche Übungen können zur Atmungsbeeinflussung eingesetzt werden? (83-85)

16 Wie entsteht „Stimme“? (87; eine vereinfachte Darstellung genügt!)

17 Warum ist eine überhöhte Stimmlage gefährlich? Wie lässt sich eine angemessene Stimmhöhe ermitteln? (88-89)

18 Welche Probleme entstehen bei zu großer Lautstärke? Wie kann - wenn nötig - hohe und nicht unangenehm klingende Lautstärke erzielt werden? (90)

19 Was kann von der betroffenen Person selbst bei Stimmproblemen unternommen werden? (91)

20 In welchen Kommunikationssituationen bietet Sprechen mit dialektaler Färbung Vorteile, in welchen ist „Mundart“ weniger zweckmäßig? (94)

21 Warum sind die Begriffe „Hochdeutsch“ / „Hochlautung“ / „Schriftdeutsch“ problematisch? Welche Alternativen gibt es? Wo lässt sich die normierte Aussprache nachschlagen (94-95)

22 Welche Faktoren („Artikulationsbasis“) kennzeichnen allgemein die deutsche Aussprachenorm? (96-97)

23 Was bedeuten die Lautschriftzeichen, die nicht der normalen Buchstabenschrift entsprechen, z. B. [ø:], [y:], [z], [ç], [x]? (98-99)

24 Welche Probleme können bei der Aussprache folgender Wörter auftreten: Tag, wenig, stehen, Rad, das, Chemie, Flugzeug, hart, lang, Torf, Paar, Kasse, Reisender, Haut, heute, Genie, Predigt, Kirche, Bären, Kakao, Aktive, Unfall? (100-101)

25 Welche Betonungsmöglichkeiten stehen beim Sprechen zur Verfügung? Welche Grundsätze gelten für die deutsche Satzintonation? (103)

26 Was trägt dazu bei, langsameres Lesen zu erreichen und Überbetonung zu verhindern? (105-106)

27 Welche Forderungen enthalten die vier „Kriterien für verständliches Formulieren“ Einfachheit, Gliederung und Ordnung, Kürze und Prägnanz, Zusätzliche Anregungen? (111-114; einige Beispiele genügen)

28 Welche Elemente können Erzählungen interessanter gestalten? (118-119)

29 Welche Beispiele für „Stilfiguren und Tropen“ könnten genannt werden? (121-127)

30 Was erleichtert die Vorbereitung eines Vortrags? (130-134)

31 Wie kann ein hilfreiches Konzept gestaltet werden? (136-139)

32 Wie kann ein kurzer, anschaulicher Informationsbeitrag strukturiert werden? Welche Vorgehensweise empfiehlt sich eher bei einem anzusprechenden Ärgernis? (142, 144)

33 Was verbirgt sich hinter der „Fünfschritt-Methode“? (146-151)

34 Was sollte bei einer guten Einleitung beachtet werden? (155-157)

35 Womit können Vorträge anschaulicher werden? (161-168)

36 Welche Vor- und Nachteile haben die wichtigsten Visualisierungsmethoden? (161-168)

37 Was sind Beispiele für problematische Argumentationsformen? (173-179)

38 Welche Funktionen können Fragen übernehmen; welche Haupttypen von Fragen gibt es? (182-186)

39 Wie könnte eine möglichst sachliche und effiziente Diskussion („Klärungsgespräch“) strukturiert werden? (195)

40 Worauf sollte man bei einer guten Gesprächsmoderation achten? (200-203)

41 Was gehört zum „indirekt sprechfördernden Kommunikationsverhalten“? (210-214)

42 Wie könnte man sich gut auf Prüfungsgespräche vorbereiten? (217-219)

43 Wie verläuft die normale Sprach- und Hörentwicklung eines Kindes? (225-226)

44 Welche Sprechauffälligkeiten kommen häufiger vor; welche Symptome treten dabei auf? (226-230; Beispiele genügen!)

45 Welche Berufsgruppen sind bei ernsteren Sprechproblemen besonders zur Hilfe qualifiziert? (230-232)

Register

A

B

C

D

L

M

N

R

S

T

U

V

W

Z